Carsten Gansel

Moderne Kinder- und Jugendliteratur

Vorschläge für einen
kompetenzorientierten Unterricht

Der Autor

CARSTEN GANSEL lehrt als Professor für Neuere deutsche Literatur sowie Literatur- und Mediendidaktik am Institut für Germanistik der Justus-Liebig-Universität Gießen. Er ist u. a. durch Arbeiten zur deutschen Literatur des 19. bis 21. Jh.s bekannt und Mitherausgeber mehrerer Buchreihen in verschiedenen Verlagen.

Meinen Eltern

Projektleitung: Gabriele Teubner-Nicolai, Berlin
Redaktion: Birte Meyer, Berlin
Satz/Layout: FROMM MediaDesign, Selters/Ts.
Umschlagkonzept/-gestaltung: Kerstin Zipfel, München
Umschlagfoto: iStock@Aldo Murillo

www.cornelsen.de

8. Auflage, 2. Druck 2021

© 2010 Cornelsen Verlag Scriptor GmbH & Co. KG, Berlin
© 2014 Cornelsen Schulverlage GmbH, Berlin
© 2019 Cornelsen Verlag GmbH, Berlin

Das Werk und seine Teile sind urheberrechtlich geschützt.
Jede Nutzung in anderen als den gesetzlich zugelassenen Fällen bedarf der vorherigen schriftlichen Einwilligung des Verlages.
Hinweis zu §§ 60a, 60b UrhG: Weder das Werk noch seine Teile dürfen ohne eine solche Einwilligung an Schulen oder in Unterrichts- und Lehrmedien (§ 60b Abs. 3 UrhG) vervielfältigt, insbesondere kopiert oder eingescannt, verbreitet oder in ein Netzwerk eingestellt oder sonst öffentlich zugänglich gemacht oder wiedergegeben werden.
Dies gilt auch für Intranets von Schulen.

Druck: AZ Druck und Datentechnik GmbH, Kempten

ISBN 978-3-589-22927-7

PEFC zertifiziert
Dieses Produkt stammt aus nachhaltig bewirtschafteten Wäldern und kontrollierten Quellen.
www.pefc.de
PEFC/04-31-2260

Inhalt

Vorwort – Neue Entwicklungen ... 5

1 Kinder- und Jugendliteratur – Begriff, Geschichte, Didaktik ... 12
1.1 Zum Begriff Kinder- und Jugendliteratur ... 12
1.2 Das Handlungs- und Symbolsystem Literatur ... 14
    Das Handlungssystem ... 14
    Das Symbolsystem ... 21
    Zur Rolle der Adaption ... 23
    Zur Geschichte – Von der Sozialisation zur Autonomie ... 25
    Zur Systemlogik des Subsystems KJL ... 31
    Handlungsrolle Produktion – der Autor ... 35
    Handlungsrolle Literaturvermittlung – Buchmarkt und Verlage ... 39
    Handlungsrolle Literaturrezeption – die Leser ... 44

2 Erzähltheoretische Grundvoraussetzungen ... 50
2.1 KJL und Narratologie ... 50
2.2 Das Zweiebenenmodell ... 52
2.3 Das „Wie" des Erzählens ... 55
    Die auktoriale Erzählinstanz ... 56
    Die Ich-Erzählinstanz ... 59
    Die personale Erzählinstanz ... 62
    Ergänzungen zum klassischen Erzählmodell ... 66
    Neue Entwicklungen in der Narratologie ... 69
2.4 Das „Was" des Erzählens ... 75
    Die Handlung ... 75
    Die Figuren ... 78
    Der Raum ... 83
    Spannung und Spannungsaufbau ... 87
    Zwischen Leseförderung und literarischem Lernen ... 89

3 Neue Gattung: Der moderne Kinderroman ... 91
3.1 Literarischer Wandel ... 91
3.2 Gesellschaftliche Modernisierung ... 94

3.3	Entwicklungen in der KJL nach 1945 in Ost und West	98
	Entwicklung in der DDR	98
	Entwicklung in der Bundesrepublik	102
3.4	Der moderne Kinderroman	107
	Zum Begriff	108
	Gattungsbestimmungen	109
	Problemorientierter bzw. sozialkritischer Kinderroman	111
	Psychologischer Kinderroman	118
	Komischer Kinder- bzw. Familienroman	126
	Phantastischer Kinderroman	131
	Der Phantastikboom	137
4	**Neue Gattung: Der Adoleszenzroman**	158
4.1	Vom Jugendbuch zum Adoleszenzroman	158
4.2	Problemorientierte Jugendliteratur	163
4.3	Der Adoleszenzroman	165
	Zum Begriff Adoleszenz	166
	Merkmale und Geschichte	168
	Der Adoleszenzroman als neue Gattung	171
	Vom klassischen zum postmodernen Adoleszenzroman	177
	Adoleszenz- und Popliteratur – Neue Entwicklungen ab Ende der 90er-Jahre	186
	Der Adoleszenzroman in der DDR	192
	Ausblick – Kindheit und Adoleszenz in der Erinnerung	196

Literatur 201
Primärliteratur 201
Sekundärliteratur 202

Register 207

Vorwort – Neue Entwicklungen

Mit Beginn des neuen Jahrtausends haben sich in der deutschsprachigen Literatur unübersehbar Veränderungen abgezeichnet, die ihren Kern in einer neuen Lust am Erzählen fanden. Schon kurz vor Ende des 20. Jahrhunderts war von einem „literarischen Fräuleinwunder" die Rede, und schließlich wurden die Leser auf eine neue Erzählergeneration aufmerksam gemacht. Diese jungen Autoren, so der Tenor einer Reihe von Literaturkritiken, würden „literarische Theorien und Dogmen" missachten und „so saftig, unterhaltsam und unbekümmert" erzählen, „wie einst der junge Grass" (HAGE 1999, 244 ff.). Gefeiert wurde das „vitale Interesse am Erzählen, an guten Geschichten und wacher Weltwahrnehmung". Als Belege für diesen Trend galten so unterschiedliche Autoren wie CHRISTIAN KRACHT („Faserland",1995) BENJAMIN VON STUCKRAD-BARRE („Livealbum", 1998; „Soloalbum", 1999); BENJAMIN LEBERT („Crazy", 1999), TANJA DÜCKERS („Spielzone", 1988); THOMAS BRUSSIG („Helden wie wir", 1996; „Am kürzeren Ende der Sonnenallee", 1999); ALEXA HENNIG VON LANGE („Relax", 1998); JUDITH HERMANN („Sommerhaus, später", 1998); DANIEL KEHLMANN („Mahlers Zeit", 1999); THORSTEN KRÄMER („Neue Musik aus Japan", 1999). Einzelne dieser Texte waren vor ihrer Entdeckung innerhalb der Allgemeinliteratur längst Gegenstand des jugendliterarischen Diskurses, sie galten als Exempel für den (post)modernen Adoleszenzroman und gehörten bereits zur Lektüre junger Leute. Was sich ab 2000 bereits andeutete, hat in den folgenden 20 Jahren seine weitere Ausprägung gefunden und eine Grundtendenz bestätigt: Die Annäherung von Allgemeinliteratur auf der einen und Kinder- und Jugendliteratur (KJL) auf der anderen Seite.

Mit Blick auf die KJL sollte man in dem Bemühen, ihre gestiegene literarische Qualität herauszustellen, Texte nicht allein deswegen als literarisch innovativ ansehen, weil die Autoren vermeintlich avancierte Darstellungsweisen wie innerer Monolog, Bewusstseinsstromtechnik, personales Erzählen oder Wechsel der Erzähl- und Zeitebenen nutzen. Die Form eines Textes, das „Wie" des Erzählens, der *discourse*, lässt sich nicht vom „Was", der erzählten *story*, lösen. UWE JOHNSON hat ganz in diesem Sinne betont: „Die Geschichte sucht, sie macht sich ihre Form selbst." Ähnlich sehen dies inzwischen Autoren, die für Kinder und Jugendliche schreiben bzw. geschrieben haben wie KIRSTEN BOIE, JUTTA RICHTER, ANDREAS STEINHÖFEL. TORMOD HAUGEN, MATS WAHL, CORNELIA FUNKE, TAMARA BACH, ALINA BRONSKY. Auch für sie ist die Frage entscheidend, ob der Einsatz der literarischen Mittel dazu beiträgt, dass die Geschichte, die erzählt wird, „funktioniert". Die jeweils erzählte Geschichte (*story*) kann einmal einfachere, ein andermal kompliziertere literarische Formen (*discourse*) verlangen. Ganz in diesem Sinne hat Mats Wahl betont, der u.a. mit dem Deutschen Jugendliteraturpreis ausgezeichnet wurde: „Die Story ist mir wichtig. Die Story entwickelt sich nach und nach. Sie beginnt in mir zu arbeiten."

Der Trend zu „All-Age-Büchern"
Die neue Wertschätzung für das Erzählen bricht unproduktive Gegenüberstellungen auf, etwa zwischen sogenannter U- und E-Literatur oder auch KJL und Allgemeinliteratur, sie provoziert einen Blick-Wechsel und ermöglicht einen vorurteilsfreieren Blick auf die deutsche Literatur nicht nur im 21. Jh. Offensichtlich wird dabei, dass die KJL keineswegs in Opposition zur Moderne steht, im Gegenteil, sie partizipiert an den modernen Entwicklungen und setzt sie gewissermaßen in spezifischer Weise um. Was ist damit gemeint? Gottfried Willems hat mit Recht den Standpunkt vertreten, das „Postulat der Lebensunmittelbarkeit" sei der eigentliche Motor der Moderne, der es darum gegangen sei, die Kluft zwischen Kunst und Leben zu überbrücken, ihren Dualismus zu überwinden und Kunst und Wirklichkeit einander anzunähern (Willems 1989, 431). Während dies in der Allgemeinliteratur mit dem Infragestellen klassischer Konzepte, der Auflösung der Form und der Aufgabe einer Wirklichkeitskohärenz einhergeht, führt die Übernahme des modernen Prinzips der „Lebensunmittelbarkeit" in der KJL zur Öffnung für neue Stoffe und Themen. Aber – und das ist der Unterschied zu manchen Entwicklungen in der Allgemeinliteratur – in der KJL werden weiter Geschichten erzählt. Die Autoren nutzen dabei zunehmend jene Formen, die der realistische Roman seit dem ausgehenden 18. Jh. entwickelt hat. Es kommt im KJL-System zu einer dosierten, einer gebremsten, einer selektiven Modernisierung, weil trotz zunehmender Offenheit der Bezug zum Leser erhaltenbleibt, ja erhaltenbleiben muss. Das bewahrt die KJL vor allzu radikalen Dekonstruktionen, formalen Experimenten oder eben dem Zerstören von Geschichten, und dies garantiert wiederum ihre Lesbarkeit.

Es verwundert daher nicht, wenn gerade in Zeiten, da die erzählerische Literatur totgesagt war, sie aus der KJL in die Allgemeinliteratur drängte und ihre Lebendigkeit bewies: Michael Endes „Die unendliche Geschichte" (1979) und „Momo" (1973) wurden bei Erwachsenen auch darum zu Kultbüchern. Und in den 90er-Jahren war es Jostein Gaarder, der mit „Sofies Welt" (1991/dt. 1993) über das KJL-System eine neue Gattung begründete, die man „*scientific novel*" nennen könnte. Auch hier war für den Millionenerfolg entscheidend, dass Gaarder die Geschichte der Philosophie in eine

Geschichte verpackt hatte. „Aber das Wichtigste beim Schreiben von Büchern, die eine Botschaft enthalten", so sagte GAARDER mit Recht, „ist ihr epischer Anteil. Es muß eine story geben."

GAARDERS Roman, der 1991 erschien und seitdem in 65 Sprachen übersetzt wurde, wurde in 54 Sprachen übersetzt, wurde zu einer Art Trendsetter für eine Entwicklung hin zum „All-Age-Buch", ein Phänomen, das mit JOANNE K. ROWLINGS „Harry Potter" seinen wahren Durchbruch erlebte. Gemeint sind damit Texte, die von Kindern und Jugendlichen wie Erwachsenen gleichermaßen gelesen werden. Wenn nun vom All-Age-Phänomen die Rede ist, muss mitbedacht werden, dass bereits ein nicht geringer Teil der romantischen Kunstmärchen im besten Sinne als All-Age-Literatur bezeichnet werden kann und inzwischen zu den ‚Klassikern der KJL' zählt. Dazu gehören u. a. LUDWIG TIECKS „Die Elfen" (1811), E. T. A. HOFFMANNS „Nussknacker und Mausekönig" (1816) und „Das fremde Kind" (1816) dann WILHELM HAUFFS „Kalif Storch" (1825), „Der kleine Muck" (1825), „Zwerg Nase" (1826) oder HANS CHRISTIAN ANDERSENS „Die kleine Meerjungfrau" (1837). Sämtliche dieser Texte verdanken ihren Erfolg bei Kindern wie Erwachsenen ihrer Polyvalenz, ihrer Vieldeutigkeit, mithin also zunächst ihrer formalen Struktur, dem „Was" und „Wie" des Erzählens. Dies gilt auch für nachfolgende All-Age-Texte, die zu ‚Klassikern der KJL' wurden: LEWIS CAROLLS „Alice im Wunderland" (1865), P. L. TRAVERS' „Mary Poppins" (1934), ANTOINE DE SAINT-EXUPÉRYS „Der kleine Prinz" (1943), J. R. R. TOLKIENS „Der Herr der Ringe" (1954/55) sowie die bereits genannten Texten von M. ENDE, J. GAARDER und J. K. ROWLING. Auffällig dabei ist der Umstand, dass in sämtlichen Texten der Einsatz des Phantastischen unterschiedliche Leseweisen möglich macht (s. S. 131 ff.).

Neben ROWLING reicht das Spektrum von erfolgreichen All-Age-Texten inzwischen von den Vampir-Romanen von STEPHANIE MEYER „Bis(s) zum Morgengrauen" (2005/dt. 2006), „Bis(s) zur Mittagsstunde" (2006/dt. 2007), „Bis(s) zum Abendrot" (2007/ dt. 2008) und „Bis(s) zum Ende der Nacht" (2008/dt. 2009) über CORNELIA FUNKES Trilogie „Tintenherz" (2003), „Tintenblut" (2005), „Tintentod" (2007), EOIN COLFERS „Artemis Fowl" (2001 – 2007), CHRISTOPHER PAOLINIS „Eragon"Serie (2004 ff.), P. C. CAST und KRISTIN CASTS „House of Night" (2009 ff.) bis zu SUZANNE COLLINS „Die Tribute von Panem" (2008 – 2010). Zu denken ist auch an Romane wie Wolfgang Herrndorfs „Tschick" (2010) oder Benedict Wells „Hard Land" (2021).

Die Klassifizierung der genannten Texte als All-Age- oder Crossover-Literatur – so der im angloamerikanischen Sprachraum genutzte Begriff – darf freilich nicht unterschlagen, dass es jeweils deutliche Unterschiede hinsichtlich der hinter den Texten stehenden Literaturbegriffe, der Autorkonzepte und der ‚Programme' gibt. Die „Harry Potter"-Reihe hat auf Grund ihrer Bau- bzw. Machart – und dies dürfte die Ausnahme im All-Age-Bereich sein – breite Leserkreise erreicht, die von Kindern bis bis weit in bildungsbürgerlichen Schichten reichen. Wenngleich auch STEPHANIE MEYERS „Twilight"-bzw. „Biss"-Reihe als All-Age-Literatur gilt und die weltweite Auflage bei inzwischen 100 Millionen liegt, verfügen die Texte auch nicht ansatzweise über die Vielschichtigkeit von „Harry Potter". Die „Biss"-Reihe kombiniert vielmehr die aus der KJL wie der Allgemein- und Heftliteratur bekannte Form des Mädchen- und Frauenliebesromans mit den phantastischen Accecoires aus der Tradition der erfolgreichen Vampirliteratur. Hinzu kommt die Adoleszenzproblematik mit den Fragen nach Freundschaft, erster Liebe und erwachender Sexualität (Vgl. auch 2011).

Seit „Harry Potter" hat sich zudem gezeigt: Ohne das Internet gäbe es nicht diese weltweit agierende Kommunikationsgemeinschaft, die in kürzester Zeit einen Austausch über Leseerfahrungen ebenso ermöglicht wie eine neue Art von Gemeindebildung. Vor allem der mediale Aspekt spielt bei nachfolgenden Erfolgstexten im All-Age-Bereich eine zentrale Rolle. Die auf sechs Bände angelegte Fantasy-Reihe der beiden Französinnen ANNE PLICHOTA und CENDRINE WOLF „Oksa Pollock. Die Unverhoffte" (2011 ff.) ist überhaupt erst durch das Internet bekannt geworden. Nachdem das Manuskript von Verlagen abgelehnt wurde, veröffentlichten die Autorinnen den ersten Band im Selbstverlag und richteten eine Website ein, die schnell eine eigene Fangemeinde fand und Ausgangspunkt für den dann einsetzenden Erfolg in der Buchbranche war.

All-Age-Literatur und „angeborene epische Schemata"
Der Erfolg wie die Dominanz von All-Age-Texten im Gewand der Fantasy ist von manchen Kritikern als Ausdruck für eine Flucht in phantastische Parallelwelten gewertet worden. Agesehen davon, dass es für diese These keine empirischen Belege gibt, handelt es sich hier um ein Argument, das bereits gegen MICHAEL ENDES „Die unendliche Geschichte" (1979) ins Feld geführt wurde und auf eher vereinfachte Vorstellungen von der Funktion wie den Möglichkeiten der Literatur schließen lässt. Zustimmen allerdings wird man Kritikern können, die auf die Machart der Texte verweisen, also auf das „Was" und „Wie" des Erzählens (Vgl. GANSEL 2012b). „Wenn man die ‚Bis(s)'-Bücher anschaut – das ist Schmonzette pur", hat REGINA PANTOS 2010 als Vorsitzende des Arbeitskreises Jugendliteratur notiert. In der Tat, die erzählerische Vermittlung keineswegs nur in der „Biss"- bzw. „Twilight"-Serie, sondern auch bei PAOLINIS „Eragon" oder in „House of the Night" ist ausgesprochen konventionell und richtet klassische Muster der Unterhal-

tungsliteratur für den Bereich KJL zu. Dabei werden – wie in der Allgemeinliteratur von KARL MAY bis zu ROSAMUNDE PILCHER – wiederkehrende Handlungsmuster gebaut (s. S. 76, 137), die auf Spannungserzeugung (s. S. 88 f.) aus sind und über eine stereotype Figurenzeichnung (s. S. 80 ff.) jeweils bestimmte moralische Wertvorstellungen transportieren können. Als Schemaliteratur wurden Texte diesen Typs in den Diskussionen der 1970er und frühen 1980er Jahre bezeichnet. Nun führt es nicht weiter die überkommende Debatte um Trivialliteratur und ihre Didaktik zu erneuern. Inzwischen gibt es durchaus Ansätze, die den Erfolg gerade einfach gebauter Texte evolutionspsychologisch erklären und zu bedenken geben, ob es nicht möglicherweise so etwas wie „angeborene epische Schemata" (EIBL 2004, 265) gibt, die auf Seiten der Leser gewissermaßen nach ‚Bestätigung' in literarischen Texten ‚dürsten' und in dem Fall, da dies zutrifft über kulturelle Grenzen hinweg erfolgreich sind. Unter evolutionären Gesichtspunkten werden sich solche Schemata durchgesetzt haben, „die zur Füllung durch möglichst viele kulturell divergierende Situationen geeignet waren" (EIBL 2004, 267). Die Offenheit der Verhaltensprogramme machte es möglich, dass in der Evolution der Literatur das Schema „Lösung einer schwierigen Aufgabe" zentrale Bedeutung erlangte. Im Einzelfall kann es sich bei der dann einsetzenden Queste um die Suche nach einem Schatz, einem Gral, aber auch einer Prinzessin handeln. In den All-Age-Texten – so kann man annehmen – werden nun neben dem bereits genannten Schema jeweils bestimmte Grundplots bedient: Zwei Menschen unterschiedlichen Geschlechts wollen zueinander kommen, werden durch diverse Umstände davon abgehalten und schaffen schließlich doch die Vereinigung. In Verbindung damit steht der Kampf zwischen zwei männlichen Konkurrenten. Dieses Schema etwa ist der Ausgangspunkt der „Twilight"-Serie und wird in den verschiedenen Folgen beständig in unterschiedlichen Handlungskonstellationen variiert. Hinzu kommt, dass für All-Age-Texte des Typs „Twilight" zutrifft, was JOSEPH CAROLL unter Bezug auf DAVID BUSS vermutet, dass das Interesse der Leser nämlich in dem Maße steigt, wie man sich in literarischen Texten den grundlegenden Prinzipien der indirekten Fitness nähert, also Fragen des Überlebens und der Reproduktion, einschließlich der familiären Beziehungen, behandelt. „Power and love", so BUSS, „emerge consistently an cross-culturally as the two most important dimensions of interpersonal behavior" (GANSEL 2012a, 99).

Evolutionspsychologische Überlegungen, die produktive Verbindungen zwischen Geistes- und Naturwissenschaften herstellen, sind eher geeignet, dem Phänomen von All-Age-Literatur näher zu kommen, als Positionen, die in der Rezeption von All-Age-Texten durch Erwachsene schlichtweg einen Ausdruck für die Infantilisierung der Gesellschaft sehen.

‚Angesichts der skizzierten Entwicklungen konnte eine Zeit lang der Eindruck entstehen, dass erfolgreiche KJL bzw. All-Age-Literatur einzig als Phantastik denkbar ist. Dies wäre an sich nichts Neues, denn ein Blick in die Geschichte der KJL zeigt, dass es vor allem phantastische Texte gewesen sind, die Erfolg bei jungen Lesern und Erwachsenen hatten und zu Klassikern der KJL wurden, etwa „Pu der Bär", „Pinocchio", „Pippi Langstrumpf", „Alice im Wunderland", „Jim Knopf", „Momo" oder „Die unendliche Geschichte". Aktuelle Entwicklungen zeigen nun, dass der Phantastik-Boom mit seinen Megasellern zwar nicht vorbei ist, aber in den letzten Jahren haben verstärkt Texte Erfolg haben, die das kultivieren, was man „realistisches Erzählen" nennt. John Greens „Das Schicksal ist ein mieser Verräter" (2012) ist ein realistischer Roman, der zu einem Weltbestseller wurde und von dem bereits 2014 eine Verfilmung in die Kinos kam. Damit ist ein Trend erfasst, denn es gibt zahllose weitere Beispiele. Zu denken ist an Texte wie: Marie-Aude Murail „Simpel" (2004), Raquel J. Palacio mit „Wunder" (2012), Wolfgang Herrndorfs „Tschick" (2010) oder jüngst Becky Albertalli „Love, Simon" (2015). Fragt man nach einer Gemeinsamkeit, dann zeigt sich: Im Zentrum dieser realistischen Texte stehen Figuren, die gehandicapt oder in gewisser Weise Außenseiter sind oder zu einer Minderheit gehören. Der jugendliche Protagonist in Claire Christians „Du bringst mein Leben so schön durcheinander" (2019) ist autistisch und sucht mit Hilfe seines Therapeuten seine Probleme zu bewältigen. Insofern handelt es sich immer auch um Texte, die auf „Wirklichkeitsnähe" und einen „Wiedererkennungseffekt" setzen. Nur einige wenige aktuellere Romane seien hier genannt: Jan de Leeuw „Eisvogelsommer" (2016); Anne-Laure Bondoux „Von Schatten und Licht (2016), Lena Gorelik „Mehr Schwarz als Lila" (2017); Mirjam Presslers letzter Roman: „Dunkles Gold" (2019), Markus Zusak „Nichts weniger als ein Wunder" (2019) oder Michael Gerad Bauer „Dinge, die so nicht bleiben können" (2021). Mit der Zunahme des Realismus einher geht ein erneuter Anstieg an – sagen wir – politischen Themen. Betrachtet man den Trend zu realistischen Darstellungen, dann wird auf diese Weise – zumindest was die KJL betrifft – an Entwicklungen seit den Endsechziger Jahren angeknüpft. In diesem Prozess haben sich bekanntlich die Gattungskonventionen der KJL gewandelt. Es ist zum Entstehen des modernen Kinder- und Jugendromans mit seinen unterschiedlichen Subgattungen gekommen (siehe S. 91 ff).

Zu dieser Ausgabe

Die vorliegende Ausgabe baut in Teilen auf dem Band „Moderne Kinder und Jugendliteratur" auf, der 1999 in erster, 2002 in zweiter und 2004 in dritter Auflage er schienen ist. Die vierte Auflage von 2010 war eine inhaltlich verdichtete Überarbeitung. Bei der nunmehr vorliegenden 9. Auflage handelt es sich um eine aktualisierte Fassung. Seitdem hat es weitere Veränderungen in der KJL gegeben. Unübersehbar etwa ist die Tendenz, dass zunehmend Übersetzungen auf dem deutschen KJL-Markt erfolgreich sind. ROSWITHA BUDEUS-BUDDE, die Feuilletonverantwortliche für Kinder- und Jugendliteratur bei der Süddeutschen Zeitung, hat darauf aufmerksam gemacht, dass es für deutsche Verlage einfacher erscheint, erfolgreiche Titel aus dem Ausland einzukaufen. „Wenn dann noch ein guter Übersetzer hinzukommt, ist das Buch eigentlich zweimal privilegiert", so ihre Einschätzung. Ein Beispiel dafür ist der britische Autor KEVIN BROOKS. Der Erfolg von BROOKS hängt aber natürlich in besonderer Weise mit dem „Was" und „Wie" des Erzählens zusammen. Das gilt für sämtliche Entwicklungen in der KJL, die bis in das Jahr 2021 reichen. Weil das so ist, erscheint es notwendig, genauer auf Kategorien und Elemente von Erzähltexten einzugehen (Vgl. GANSEL/KORTE 2009). Dies macht es möglich, neuere Entwicklungen in der KJL zu erfassen und ausgehend vom Aufbau der Texte zu entscheiden, in welchen Zusammenhängen – etwa in schulischen Kontexten – sich ihr Einsatz eignet. Es geht daher nachfolgend neben Grundinformationen zur Theorie und Geschichte der KJL auch darum, Einsichten in Bau- und Strukturformen von narrativen Texten zu vermitteln, wobei eine Beschränkung auf die epische KJL erfolgt. Mit Blick auf die Ausbildung von Kompetenzen zielt der Band auf die Vermittlung von Arbeitstechniken. Dazu sind in der Marginalspalte u. a. Aufgabenstellungen für Schülerinnen und Schüler zusammengefasst, die dazu beitragen sollen, diese Kompetenzen beim Umgang mit moderner Kinder- und Jugendliteratur zu erwerben. Die Modelle, Checklisten und Schaubilder im Text sollen zudem auf den Umgang mit unbekannten Texten vorbereiten und dazu befähigen, aus dem unübersehbaren Angebot von Texten selbstständig auszuwählen.

Ab Ende der 80er-Jahre haben eine Reihe von Forscherinnen und Forschern wesentliche Beiträge zur Theorie und Geschichte der KJL geliefert und aktuelle Entwicklungen erfasst. Dazu gehören HANS-HEINO EWERS, MARIA LYPP, EMER O'SULIVAN, RÜDIGER STEINLEIN, INGE und RAINER WILD, DAGMAR GRENZ, BETTINA HURRELMANN, GISELA WILKENDING, BETTINA KÜMMERLING-MEIBAUER, CAROLINE RROEDER, PETRA JOSTING oder TOBIAS KURWINKEL. Auf umfassende Angaben zur Sekundärliteratur wird allerdings verzichtet.

Mein Dank für Unterstützung wie Gespräch gilt Dr. Gundula Engelhard, Dr. Roswitha Budeus-Budde, Dr. Tina Schneider, Dr. Monika Hernik und Dr. José Fernández Pérez.

Kinder- und Jugendliteratur – Begriff, Geschichte, Didaktik

1.1 Zum Begriff Kinder- und Jugendliteratur

Eine hinreichende Verständigung über den Begriff von KJL und seiner historischen Entwicklung bildet eine nicht zu unterschätzende Voraussetzung, um Neues in der KJL der Gegenwart zu erkennen und didaktische Vorschläge zu unterbreiten. Dies umso mehr, da sich in den letzten Jahrzehnten innerhalb der KJL rasante Entwicklungen vollzogen haben. Wer heute das Feld der KJL zu überblicken sucht, wird von der Vielfalt der Erscheinungsformen überrascht sein.

KJL als Mittel zur moralischen Belehrung

Sehr schnell ist bei einer Lektüre der Texte zu erkennen, dass die KJL eben nicht mehr bevorzugt als Mittel zur moralischen Belehrung funktioniert oder eine Art Erziehungsmittel ist. Natürlich gibt es nach wie vor Texte im Bereich der KJL, die darauf abzielen, den jüngeren Lesern spezifische gesellschaftliche Werte und Normen zu vermitteln, aber keineswegs erschöpft sich die KJL in dieser wertsetzenden Funktion. Auch in der Kinderliteratur hat der sogenannte moralische Zeigefinger zunehmend an Bedeutung verloren.

> Die KJL ist keineswegs als eine besondere „Textsorte" zu klassifizieren, die an bestimmten Textmerkmalen erkennbar ist, an vermeintlicher Einfachheit, Linearität, Regelhaftigkeit, Handlungsdominanz, typisierender Figurengestaltung, Leseranreden oder hervorgehobener Schriftgröße und Illustrationen. Mit der Annäherung von KJL und Erwachsenenliteratur haben vielmehr sämtliche jener Darstellungsweisen, die ursprünglich der Allgemeinliteratur vorbehalten blieben, auch im Bereich der KJL ihren Platz, es existiert auch hier eine nicht abgeschlossene Vielfalt künstlerischer Präsentationen, Gattungen, Genres.

Es gibt eine Vielzahl literarischer Niveaus wie Qualitäten, und die sollte man nicht gegeneinander ausspielen. Texte, die zur KJL gehören, sind mithin nicht an eine besondere ästhetische Form gebunden, prinzipiell ist alles möglich. In einem solchen Bereich bzw. System wie dem der KJL muss es vielfältige Textgruppen geben, die jeweils unterschiedliche Funktionen erfüllen, also solche, die als „Einstiegsliteratur" konzipiert sind, lesepädagogische Intentionen verfolgen (Erstleseliteratur), einfache Geschichten erzählen (Anfängerliteratur), die Handlung favorisieren und Spannung erzeugen (Abenteuerliteratur, Krimi) oder eine romanhafte Darstellung des Kinder-

bzw. Jugendalltags mit seinen Konflikten anstreben (Kinderroman, Adoleszenzroman).

Aber, wenn die Vielfalt so groß ist und die Übergänge zur Erwachsenenliteratur mitunter fließend sind, was wird dann eigentlich unter KJL verstanden? Der Begriff Kinder- und Jugendliteratur hat mittlerweile sehr verschiedene Facetten, und es meinen nicht alle das Gleiche, wenn sie von KJL reden. KJL kann meinen:

Nicht alle meinen das Gleiche, wenn sie von KJL reden

1. Die Gesamtheit der für Kinder und Jugendliche als geeignet empfundenen Literatur (intentionale KJL).
2. Die Gesamtheit der für Kinder und Jugendliche geschriebenen fiktionalen und nichtfiktionalen Texte (spezifische KJL).
3. Die Gesamtheit der von Kindern und Jugendlichen rezipierten fiktionalen und nichtfiktionalen Texte (Kinder- und Jugendlektüre).
4. Ein Teilsystem des gesellschaftlichen Handlungs- bzw. Sozialsystems „Literatur" („Subsystem KJL").

Es zeigt sich also: KJL wird unterschiedlich definiert, der Begriff hat verschiedene Bedeutungen. KJL lässt sich nicht fassen als eine Gruppe von Werken mit gleichen Merkmalen. Auf diese Weise ist ihren vielgestaltigen Erscheinungsformen nicht beizukommen. Denn: Für Kinder geeignete Literatur muss ja nicht für sie geschrieben worden sein, wie „Gullivers Reisen", „Don Quichote" oder „Robinson Crusoe" zeigen. Es sind Texte, die nicht an Kinder adressiert waren, die ihnen dann aber zum Lesen empfohlen wurden. Von daher ist es nicht ohne Logik, wenn HANS-HEINO EWERS vorschlägt, das einigende Element erst einmal nicht auf textlicher, sondern auf der Rezeptions- bzw. der institutionellen Ebene zu suchen. Das heißt, (intentionale) KJL „entsteht" zunächst durch den Akt einer Zuteilung, einer Zuschreibung (EWERS 2000).

Mit anderen Worten: Erzieher, Pädagogen, Eltern, Kirche und Schule sind der Auffassung, dass ein bestimmter Text bzw. bestimmte Texte für Kinder besonders geeignet sind: die intentionale Kinder- und Jugendliteratur. Dazu gehören Werke der National- und Weltliteratur sowie die Volksdichtung/Folklore (Fabeln, Sagen, Märchen, Reime), die ursprünglich nicht Kinder als Adressaten hatten. Im Gebrauch kamen die Erwachsenen bzw. die Institutionen (Kirche, Schule, Verleger usw.) dann aber zu dem Ergebnis, sie seien für Kinder besonders geeignet.

Seit dem ausgehenden 18. Jh., der Zeit der Aufklärung, gewinnen Texte besondere Bedeutung, die eigens für Kinder verfasst wurden: die spezifische KJL (2). Klar dürfte aber sein, dass Kinder keineswegs nur das lesen, was man ihnen zuteilt (1) bzw. was man speziell für sie schreibt (2). Die Gesamtheit der von Kindern und Jugendlichen wirklich rezipierten fiktionalen und nichtfiktionalen Texte wird als Kinder- und Jugendlektüre (3) bezeichnet.

Nachdem es also zu einer eigens für Kinder publizierten Literatur gekommen ist (2), bildet sich ein eigenständiges gesellschaftliches bzw. literarisches Handlungs- und Symbolsystem (4) heraus: ein Teilsystem des gesamten gesellschaftlichen/literarischen Handlungs- bzw. Symbolsystems „Literatur", das sich speziell auf Kinder und Jugendliche bezieht.

1.2 Das Handlungs- und Symbolsystem Literatur

Das Handlungssystem

Im ausgehenden 18. Jh. kommt es im Rahmen eines gesellschaftlichen Modernisierungsprozesses zur Ausbildung eines eigenständigen sozialen Systems „Literatur", das sich als Teil des Systems „Kunst" von anderen Systemen unterscheidet bzw. abgrenzt.

Wenn man vom Handlungs- bzw. Sozialsystem „Literatur" spricht, ist damit ein spezifischer Kunstbereich gemeint, der sich von den anderen Bereichen wie den übergeordneten Systemen von „Religion", „Recht", „Erziehung", „Wirtschaft", „Politik", „Wissenschaft", „Medien" durch besondere Handlungen (systemspezifische Handlungen) unterscheidet.

Das Handlungssystem „Literatur" verfügt a) über eine innere Struktur und b) über Merkmale und Funktionen, die eine spezifische Abgrenzung von anderen Systemen ermöglichen (vgl. SCHMIDT, 1991). Die innere Struktur lässt sich modellhaft durch folgende Handlungen mit den entsprechenden Institutionen kennzeichnen:

Innere Struktur des Handlungssystems

1. Literarische Produktion (Autor, Herausgeber, Bearbeiter, Nacherzähler, Übersetzer, Lektor)
2. Vermittlung (Verleger, Vertreter, Grossist, Buchhändler, Kritiker, Bibliothekare, Lehrer)
3. Rezeption und Verarbeitung (Normalleser, Rezensenten, Literaturwissenschaftler und -didaktiker, Lehrer, Schüler)

Handlungsrollen von Literatur-Produktion, Literatur-Vermittlung, Literatur-Rezeption und Literatur-Verarbeitung definieren, was die jeweils erlaubten „Handlungsspiele" um Literatur sind. Sie sind über Regeln, Konventionen, Codes, Leitdifferenzen im Handlungshaushalt des Einzelnen wie der Gesellschaft verankert (Werte, Wertorientierungen, Normen, Literaturbegriff) und bieten Strategien angemessenen Verstehens für literarische Texte.

Literarische Produktion	Vermittlung	Rezeption/ Verarbeitung
Autor, Erzähler, Herausgeber	Verleger, Redakteur, Verlagsvertreter, Lizenzabteilung, Marketingabteilung	Normalleser
Bearbeiter, Nacherzähler	Buchhandel (Barsortimente, Buchhändler, Kauf- und Warenhäuser)	Literaturkritiker (Rezensenten), Literaturwissenschaftler
Übersetzer, Illustrator, Grafiker	Literaturkritiker, Zensoren	Verleger, Lektoren
Literaturagent, Redakteur, Verleger	Lehrer, Bibliothekarinnen	
	Normalleser, Eltern, Großeltern	

Struktur des Handlungssystems „Literatur" mit Handlungsrollen

Neben der inneren Struktur setzt sich das Handlungssystem Literatur durch besondere Merkmale, man spricht von der sogenannten Außen-Innen-Differenzierung wie den Funktionen, von anderen Systemen ab. Als Teil des gesamten Literatursystems verfügt auch das Handlungssystem KJL über zwei spezifische Merkmale, sogenannte Makro-Konventionen. Dazu ist zum einen die *ästhetisch-literarische Konvention* (ÄLK) zu zählen. Sie besagt, dass innerhalb eines literarischen Handlungssystems literarische Texte nicht nach ihrem praktischen Nutzen (nützlich/nutzlos) bzw. ihrem Wahrheitswert (wahr/falsch) rezipiert und bewertet werden. In ihrer idealtypischen Variante ist also literarischen Texten bzw. Aussagen kein Wahrheitswert zuzumessen. Man wird demnach von der stillschweigenden Übereinkunft ausgehen können, dass ein historischer Roman keinen authentischen Tatsachenbericht über die dargestellte Zeit liefert und als 1:1-Entsprechung an ihr zu messen ist. Anders gesagt: Literatur eröffnet Mög-

Unterscheidung von anderen Systemen durch Außen-Innen-Differenzierung

lichkeitsräume. Zum anderen zählt dazu die *Polyvalenzkonvention* (PK), die eine Vieldeutigkeit der literarischen Texte meint, ihre sogenannten Leerstellen (vgl. SCHMIDT 1989, 1991; GANSEL 1999).

Weil Texte vieldeutig und mehrdeutig sind bzw. sein können, ergeben sich überhaupt erst verschiedene Leseweisen und Interpretationsmöglichkeiten eines Textes. Aus diesem Grund hat sich im Literatursystem insbesondere ab Mitte des 19. Jh.s die Handlungsrolle bzw. Berufsgruppe des Literaturwissenschaftlers und Literaturkritikers überhaupt erst ausgebildet. Es bedarf also gewissermaßen professioneller Leser, um die Texte aufzuschließen.

Besonderheiten im Handlungssystem
Wenn also von gesellschaftlichen Systemen die Rede ist, dann ist klar, dass diese jeweils bestimmte Funktionen bzw. Aufgaben erfüllen, die andere Systeme so nicht realisieren. Die Funktionen des Systems „Literatur" liegen a) im kognitiv-reflexiven, b) im moralisch-sozialen, c) im hedonistisch-emotionalen Handlungs- und Erlebnisbereich.

Literatur als Form der Selbstbeobachtung

Die Aufgabe von Literatur ist daher in jüngerer Zeit darin gesehen worden, der „kulturellen Selbstwahrnehmung und Selbstthematisierung" einer Gesellschaft zu dienen. „In Texten beobachten sich Kulturen selbst", hat WILHELM VOSSKAMP notiert. Da literarische Texte „spezifische Formen des individuellen und kollektiven Wahrnehmens von Welt und Reflexion dieser Wahrnehmung" sind, sind sie „durch ein hohes Maß an Selbstreflexion" gekennzeichnet (VOSSKAMP 1998, 405). Auch HARTMUT BÖHME sieht in der Literatur eine „ausgezeichnete Form der Selbstbeobachtung von Gesellschaften" (BÖHME 1998, 482).

Dabei kann einmal mehr angenommen werden, dass Literarizität sich nicht im „luftleeren Raum" vermittelt, wie DORIS BACHMANN-MEDICK betont, sondern „immer erst in Begleitung kulturspezifischer Themen, Bedeutungsfelder und Handlungsweisen, denen im Weg über die Fiktionalisierung neue Deutungsaspekte erschlossen wurden" (BACHMANN-MEDICK 1998, 465). Insofern stellt sich die Frage, welche „kulturspezifischen Themen" es jeweils sind, die fiktionalisiert werden.

Betrachtet man allerdings die KJL bzw. das Subsystem KJL im Besonderen, dann zeigt sich mit Blick auf die Geschichte, dass sie – anders als die Allgemeinliteratur – weniger der Selbstbeobachtung gedient, sondern vielmehr eine moralisch-soziale Funktion erfüllt hat. KJL ist bis weit ins 20. Jh. vor allem eine didaktische, erzieherische Funktion zugeschrieben worden.

Während die künstlerisch anspruchsvolle Erwachsenenliteratur sich im ausgehenden 18. Jh. gerade von der Indienstnahme durch Pädagogik, Religion und Philosophie emanzipierte, hatte die KJL – und dies ist das Besondere – bis ins 20. Jh. hinein neben den allgemeinen literarischen Kommunikationsregeln vor allem pädagogischen Erwartungen zu entsprechen. Ja, es war gerade so, dass die Erziehungsfunktion Dominanz besaß.

Dies ist ein Grund, warum KJL bis in die Gegenwart von manchen einseitig als eine Art „Erziehungs-" bzw. „Sozialisationsliteratur" verstanden wird, als literarisch wenig avanciert gilt und mitunter immer noch abgewertet wird.

Historisch gesehen, werden ab dem ausgehenden 18. Jh. spezifische Funktionsbestimmungen für die KJL angesetzt, die in engem Zusammenhang mit den jeweiligen Kindheitsvorstellungen (u.a. ARIÈS 1975) stehen und bis in die Gegenwart hineinreichen:

Funktionsbestimmungen für die KJL

1. KJL als Mittel der Erziehung

Danach ist die KJL ihrem Wesen und ihren Funktionen nach Enkulturations- bzw. Sozialisationsliteratur. Dies ist die älteste und zugleich weitestgehende Bestimmung. KJL wird definiert nach den Inhalten, Normen, Werten, die Kindern und Jugendlichen, den Heranwachsenden in einer Gesellschaft, zu vermitteln sind. Insofern wird KJL als eine Art Sozialisationsmittel gebraucht. Über Literatur sollen Kinder erzogen und zu nützlichen Mitgliedern der menschlichen Gesellschaft gemacht werden.

2. KJL als kind- bzw. jugendgemäße Literatur

Danach ist KJL eine dem kindlichen Wesen entsprechende, ihm gemäße Literatur. Es dominiert das Bestreben, den Text, die Darstellung, den Stoff, das Thema, die Struktur dem kindlichen Rezipienten und seinen aktuellen Bedürfnissen anzupassen (Adaption). Insofern wird KJL als kindgemäße Literatur definiert. Dazu gehört, dass solche Stoffe und Themen eine Rolle spielen, die jeweils aktuelle kindliche Bedürfnisse und Wünsche erfüllen: Spiel, Abenteuer, Tierfreundschaften, erste Liebe.

Zweifellos kann diese Auffassung erst in dem Maße stärker werden, wie die KJL zunehmend ein eigenes Subsystem konstituiert und sich von allzu strengen didaktischen Aufgaben emanzipiert.

Freilich stellen die meisten Texte eine Mischung zwischen diesen beiden Funktionsbestimmungen dar, es handelt sich also vielfach um kindgemäße Sozialisationsliteratur. Literarische Texte, die uneingeschränkt als reine Sozialisationsliteratur gelten können, sind auch in der Geschichte der KJL so häufig nicht anzutreffen. Dominant sozialisatorische Funktionen erfüllen jene Gattungen, die in der frühen Aufklärung eine vorherrschende Rolle spielen. Dazu gehören die zumeist aus dem Französischen übersetzten Elementarbücher, Enzyklopädien und Kinderlogiken.

Kinderenzyklopädien waren nach der katechetischen Form von Frage und Antwort gebaut. In JEAN PALAIRETS Elementarbuch „Kurzer Inbegriff aller Wissenschaften zum nützlichen Gebrauch eines Kindes von drey bis sechs Jahren" (1759) heißt es im „Siebenten Abschnitt" unter dem Schwerpunkt Historie:

> *Frage. Welches sind die erhabensten Stuffen nach der Konigl. Würde?*
> *Antw. Die Churfürsten, sodann die Erzt-Hertzoge, die Hertzoge, die Margrafen, die Fürsten und Grafen, die Marquis, die Freyherren, und endlich die Edelleute.*
> *Frage. Welches sind die Stände, die hierauf folgen?*
> *Antw. Der Bürger, und der Bauer.* (H.-H. Ewers 1990, 162)

Das die kindliche Fassungskraft weit übersteigende Wissen wurde in einer kurzen Antwort gebündelt, die die Kinder auswendig zu lernen hatten. Offensichtlich ist, auf welche Weise in Texten diesen Typs die Werte und Normen der Gesellschaft den Kindern vermittelt werden: Auf ihre kognitiven Möglichkeiten wird keine Rücksicht genommen, eine stofflich-inhaltliche Anpassung, eine Adaption des Textes an die kindlichen Bedürfnisse wie Erfahrungen liegt nicht vor.

Die Vorstellungen über das Wesen von KJL, die man gleichsam als kinder- und jugendliterarische Konzepte bzw. Programmatiken bezeichnen kann, lassen sich vereinfacht weiter wie folgt erfassen:

3. KJL als „Wiedergeburt der Volkspoesie"
Nach diesem Konzept soll KJL mit ihrer „breiten Gattungspalette von Spruch, Reim und Lied über Märchen, Sage und Schwank bis hin zum Tierepos und Kasperlspiel" eine Art „Wiedergeburt der Volkspoesie" sein (EWERS 2000, 185). Diese Funktionsbestimmung wurde insbesondere in der Epoche der Romantik vertreten. Entsprechend findet sich diese Konzeption von KJL in den „Kinder- und Hausmärchen" der Brüder GRIMM (1812/15) sowie in den Kunstmärchen der Romantik exemplarisch umgesetzt.

4. KJL als „richtige" bzw. vollwertige Literatur

Der Ansatz von KJL als „Wiedergeburt der Volkspoesie" steht in Verbindung mit einer weiteren Funktionsbestimmung. Danach müsse KJL die jeweils für die Allgemeinliteratur gültigen „ästhetischen Grundsätze und poetischen Gesetzmäßigkeiten uneingeschränkt [respektieren]" (EWERS 2000, 182). KJL soll insofern eine „vollwertige Ausprägung von Literatur" sein. JOHANN KARL WEZEL hatte im Vorwort zu seinem „Robinson Krusoe" (1779/80) bereits herausgestellt, dass man „für alle Alter deutlich und mit Geschmack schreiben [muss]".

Freilich konnte sich diese Auffassung trotz verschiedener Bemühungen seit dem ausgehenden 18. Jh. nicht durchsetzen. Erst ab Ende des 20. Jh.s gibt es mit der Annäherung von KJL und Erwachsenenliteratur sowie dem Trend zum All-Age-Buch in Teilen der KJL eine weitgehende Einlösung dieses Programms.

Die hier vereinfacht dargestellten Funktionsbestimmungen für KJL zeigen: Mit Blick auf die kindlichen und jugendlichen Adressaten erfüllten die Texte über einen historisch langen Zeitraum vor allem Aufgaben in Hinblick auf Erziehung, Belehrung bzw. Unterweisung und damit sehr praktische Bedürfnisse. Während die Allgemein- bzw. Erwachsenenliteratur sich von dem Zwang befreit, bestimmten Interessen zu dienen, sich von Religion, Philosophie und Moral, Recht und Politik, Wissenschaft und Pädagogik abgrenzt und autonom sein will, ist Literatur, die sich an Kinder wendet, bestimmten Zwecken verpflichtet. Insofern stellt KJL das Gegenteil von autonomer Literatur dar, sie ist eine Spielart von heteronomer, also nichtautonomer Literatur. Dies bleibt sie – mit Ausnahmen – über einen langen historischen Zeitraum.

KJL ist das Gegenteil von autonomer Literatur

> Mit „nichtautonom" sind Konventionen, Regeln, Merkmale bezeichnet, die vor dem Entstehen des autonomen Handlungssystems Literatur für die Textproduktion und -rezeption galten, und die auch nach 1800 keineswegs ihre Gültigkeit verlieren. Heteronome Literaturproduktion und -rezeption funktionalisiert die Texte in Hinsicht auf bestimmte Zwecke, auf kognitive, emotionale, regionale, didaktische, aufklärerische.

Da für die KJL die Adressatenspezifik historisch wie aktuell eine besondere Rolle spielt, ist es nachvollziehbar, wenn man sagt: KJL ist zunächst einmal „Zielgruppenliteratur". Das heißt, sie wendet sich an potentielle Leser, die über spezifische Merkmale verfügen (Alter, kognitive Fähigkeiten, soziale

> **Einen Text lesen**
> **Vor dem Lesen:**
> Lies den Titel und den Klappentext des Buches.
> Überlege:
> - In welcher Zeit spielt die Handlung, was weißt du über diese Zeit?
> - Um welches Problem geht es vielleicht?
>
> **Während des Lesens:**
> - Lies die Kapitelüberschrift und überlege, worum es gehen kann.
> - Lies den Text genau und notiere Textstellen, die du nicht verstehst. Kläre diese Stellen durch: erneutes Nachlesen, Nachschlagen oder Nachfragen.
> - Notiere wichtige Textstellen zur Handlung und zu den Figuren.
>
> **Nach dem Lesen:**
> - Beantworte dir die W-Fragen (Wer, was, wann, wo, warum?) und fasse den Inhalt des Textes mit eigenen Worten zusammen.
> - Überlege, was du im Text Neues erfahren hast.

Rolle). Wo von „Zielgruppenliteratur" die Rede ist, muss sich dies auf die formale Struktur der Texte auswirken. Die Narrationen sind mit Erzähler, Figuren und Sprache auf die potentiellen Adressaten zugeschnitten und ihnen angepasst.

Die Tatsache, dass es eine relativ klar abgrenzbare Lesergruppe mit bestimmten „Eigenschaften" gibt, führte dazu, dass sich ein speziell auf Kinder und Jugendliche ausgerichtetes literarisches Handlungssystem ausgebildet hat, das die literarischen Handlungen von der Produktion über die Vermittlung bis hin zur Rezeption/Verarbeitung umfasst. Im Bereich der KJL haben sich daher vor allem seit dem ausgehenden 18. Jh. spezielle Autoren, Verlage, Rezensenten auf die Verbreitung von KJL konzentriert. Diese Produzenten und Vermittler sind dabei von bestimmten Funktionssetzungen bzw. einem spezifischen Literaturbegriff ausgegangen. Sie hatten zudem folgende Besonderheit zu beachten: Für die KJL als literarisches Handlungssystem ist kennzeichnend, dass die beteiligten kindlichen Leser erst bei der Beschäftigung mit den (literarischen) Texten etwa in der Familie oder im Sprach- und Literaturunterricht Grundfähigkeiten und -fertigkeiten des Umgangs mit der Literatur erlernen. Dazu gehört auch die Unterscheidung zwischen Fiktion und Wirklichkeit. Über die Fragen „Ist das wirklich passiert?", „Gibt es das?" oder „Wo gibt es das?" wird gewissermaßen Fiktionalität eingeübt, deren Bewusstsein dann – in Abhängigkeit von den Texten – im Alter zwischen zehn bis zwölf Jahren ausgeprägt ist (vgl. HURRELMANN 1982).

Die Regeln bzw. Leitdifferenzen für das Handlungssystem KJL sind zunächst also nur einem Teil der Handelnden, nämlich den Erwachsenen (Autoren, Eltern, Verlegern, Kritikern) bekannt. Auch das Polyvalenzkriterium hat für die literarisch handelnden Kinder und Jugendlichen nur sekundäre Bedeutung, und es gilt für einen Teil der Texte lediglich in abgeschwächter Form. Mit anderen Worten: Texte vor allem für jüngere Leser sind kaum polyvalent und verfügen seltener über die sogenannten Leerstellen. Dies ist ein Grund, warum Begriffe wie doppelsinnige Kinderliteratur oder „ambivalente" KJL in die Diskussion eingeführt wurden. Gemeint sind damit Texte, die sowohl für kindliche wie erwachsene Leser „Leerstellen" eröffnen und für die in der Gegenwart der Terminus All-Age-Literatur gebraucht wird. Als „doppelsinnig" galten in der Geschichte der KJL beispielsweise die phantastischen Kunstmärchen von E.T.A. HOFFMANN, wie „Nussknacker und Mausekönig" (1816) oder „Das fremde Kind" (1817) und im 20. Jh. dann MICHAEL ENDES „Die unendliche Geschichte" (1979) oder auch J. K. ROWLINGS „Harry Potter" (1999 ff.).

Das Symbolsystem

Unter der KJL als einem Symbolsystem versteht man vereinfacht gesagt die aus den Handlungsrollen Produktion und Distribution hervorgegangenen Texte mit ihren Stoffen, Themen, Darstellungsweisen, Gattungen (vgl. TITZMANN 1991, 416; GANSEL 1995).

> **Wichtig**
> Die Gesamtmenge der kinder- bzw. jugendliterarischen Texte, die jeweils zu einem bestimmten konkret-historischen Zeitpunkt zur Verfügung steht, bildet einen Textkorpus, ein Textsystem, genauer das Symbolsystem.

In historischer Perspektive gelten im Handlungssystem bestimmte Kriterien, Regeln, Bewertungsmaßstäbe für den Umgang mit dem Symbolsystem, den Texten. Von daher lässt sich eine Typologie von (axiologischen) Werten aufstellen, die eine Art Maßstab dafür abgibt, was im Rahmen eines bestimmten Literaturbegriffs als literarisch anspruchsvoll oder literarisch weniger anspruchsvoll bzw. gar anspruchslos gilt. In Hinblick auf Texte lassen sich modellhaft Werte von formaler, inhaltlicher, relationaler und wirkungsbezogener Art unterscheiden (HEYDEBRAND/WINKO 1996, 111 ff.), die sich wiederum aus unterschiedlichen Parametern zusammensetzen, allgemeiner Natur und historisch wandelbar sind. Die folgende Typologie (s. S. 22) ist stark vereinfacht und gibt nur einen sehr allgemeinen Rahmen vor.

Es versteht sich von selbst, dass für eine Literatur, die sich – wie die KJL – an bestimmte Adressaten wendet, nach wie vor wirkungsbezogene Werte in besonderem Maße bedeutsam sind, ja es vor allem darum geht, durch den Einsatz bestimmter formaler wie inhaltlicher Mittel bei den Rezipienten kognitive, praktische, emotionale Reaktionen zu erzielen und spezifische Kompetenzen zu „erzeugen". Die skizzierten Werte geben nicht zuletzt einen ungefähren Rahmen für Bewertungen im Handlungssystem KJL ab, beispielsweise innerhalb der Literaturkritik oder auch dem Literaturunterricht.

Grundsätzlich lässt sich sagen: Veränderungen im Literatursystem, auch im kinder- und jugendliterarischen, sind zunächst Folge von veränderten Wirklichkeitsverhältnissen und -erfahrungen. JÖRG SCHÖNERT hat in diesem Sinne herausgestellt, dass Veränderungen im „System der Gattungen und Genres" eine Reaktion „auf die Umwelt, auf die Entwicklungen in den Sozialsystemen, auf Prozesse der gesellschaftlichen Modernisierung" sind (SCHÖNERT 1993, 42). Mit anderen Worten: In einem Prozess von gesellschaftlicher Modernisierung haben sich im Handlungssystem KJL die Handlungsrollen der Produzenten, Vermittler und Rezipienten verändert, was nicht ohne Folgen für das Symbolsystem KJL, also die Texte, geblieben ist. Über das „Stoffliche" hinaus ergeben sich Konsequenzen für die Darstellungsweise, die Struktur der Texte, ja sie sind ein wesentlicher Grund für das Entstehen des modernen Kinderromans wie auch des Adoleszenzromans.

Werte		Bestimmung
1. formale Werte (betreffen die Struktur des Textes, seine Eigenschaften)	1.1 1.2 1.3 1.4	Selbstreferenz/Wirklichkeitsreferenz Polyvalenz/Eindeutigkeit Offenheit/Geschlossenheit Schönheit (Stimmigkeit, Sprache, Musikalität/Rhythmus)
2. inhaltliche Werte (betreffen den allgemeinen Inhalt)	2.1 2.2 2.3	Wahrheit/Erkenntnis Moralität Gerechtigkeit/Humanität
3. relationale Werte (betreffen den Wert eines Textes im Vergleich)	3.1 3.2 3.3 3.4	Abweichung, Normbruch Originalität, Innovation/Variation (Abwandlung von vorgegebenen Mustern, Regeln) Neuheit/Tradition, Bewährtes Realismus, Wirklichkeitsnähe, Wahrheit, Authentizität
4. wirkungsbezogene Werte (betreffen die anvisierten oder erreichten Wirkungen eines Textes)	4.1 4.1.1 4.1.2 4.1.3 4.1.4 4.2 4.2.1 4.2.2	Individuelle Werte Kognitive Werte (Gewinn von Erkenntnis, Information, Wissensvermittlung) Praktische Werte (Lebensbedeutsamkeit: Betroffenheit, Handlungsorientierung, moralische Belehrung/Sinnstiftung, Lebenshilfe) Emotionale Werte (Auslösung von Affekten: Rührung, Mitleid/Gleichmut; Identifikation/Distanz) Hedonistische Werte (durch Lektüre ausgelöste Gefühle: Lust/Unlust, Betroffenheit, Unterhaltung, Spannung/Langeweile, Angst, Grauen/Lachen) Gesellschaftliche Werte Ökonomischer Wert (Auflage, Verkaufs-zahlen) Prestigewert (,symbolisches Kapital': Ansehen in der Gesellschaft, dem Literatursystem)

Axiologische Werte

Während KJL als Symbolsystem eine Menge von Texten bezeichnet, meint KJL als Handlungssystem ein „literarisch kommunikatives Handeln" bzw. ein „System gesellschaftlicher Handlungen in Bezug auf literarische Texte" (HAUPTMEIER/SCHMIDT 1985, 14). Innerhalb dieses Gesamtsystems gelten bestimmte Regeln, die die Stellung eines konkreten Textes, eines Autors und auch einer Gattung bezeichnen können.

Zur Rolle der Adaption
Fragen der Anpassung bzw. der Adaption spielen gerade im Subsystem KJL eine besondere Rolle. Und dies meint a) literarische Produktion, b) Vermittlung, c) Rezeption und Verarbeitung. Auf der Ebene der literarischen Produktion wie der Vermittlung von KJL erweist sich die Adaption an das Subjekt, also die kindlichen Adressaten, als besonders relevant (vgl. KLINGBERG 1973, 92 ff.).

Adaption im Subsystem KJL bezeichnet alle Handlungen, Methoden, Formen, einen Text so zu gestalten, zu verändern, zu bewerben, anzupreisen, zu bewerten, auszuwählen, dass er den kognitiv-psychischen Dispositionen, den Bedürfnissen, dem Erwartungshorizont des anvisierten Adressatenkreises entspricht. Dies betrifft Fragen von Inhalt und Form, jene nach Stoff, Thema, Handlungen, Episoden, Figuren, Erzähler, Darstellungsweisen.

Auf der Seite der Rezeption und Verarbeitung trägt die Beschäftigung mit literarischen Texten dazu bei, die kognitiven Schemata wie Wissensrahmen, Verhaltens-, Handlungs- und Bewertungsraster gleichermaßen zu erweitern und zu differenzieren. Damit ist auf (literarische) Verstehensprozesse, kognitions- sowie lernpsychologische Vorgänge verwiesen und insbesondere auf Untersuchungen von JEAN PIAGET zu Kognition, Erkenntnis wie Weltbild des Kindes.

Die von PIAGET im Rahmen der Adaption vorgenommene Unterscheidung in Assimilation und Akkomodation kann allerdings nicht undifferenziert auf literarische Texte, mithin die literarische Produktion und Vermittlung übertragen werden. Hinsichtlich der Anpassung der Texte an die vorgestellten Adressaten lassen sich daher folgende Formen der Adaption unterscheiden:

Formen der Adaption

1. Stoffliche Adaption
Der Stoff bezeichnet ein „außerhalb der Dichtung" (ELISABETH FRENZEL) existierendes Faktum, ein Ereignis, ein Erlebnis, einen Bericht. Anders gesagt:

Beim Stoff handelt es sich um das in der Wirklichkeit existierende Material, das ein Autor zur literarischen Gestaltung nutzen kann. Eine stoffliche Adaption liegt dann vor, wenn Elemente von Wirklichkeit zum Ausgangspunkt literarischer Gestaltung werden, die die Erfahrungswelt von Kindern betreffen und ein Stoff zum Gegenstand einer Geschichte wird, der für kindliche Rezipienten von aktueller Bedeutung ist. Das betrifft also die Wahl von Stoffen wie Ferienabenteuer, Pferde, Hunde, Freundschaft, erste Liebe, phantastische Welten usw.

Dass solche Stoffe beständig zum Gegenstand literarischer Darstellung werden, zeigt die große Zahl an Texten mit Titeln wie: „Ferien mit Schnüpperle", „Ferien im Reitstall", „Ferien in London", „Hurra Ferien", „Alexanders Ferienfahrt", „Ferien mit Pferden", „Ferien mit Zitrone", „Feriengeschichten vom Franz", „Ferien mit Oma".

2. Formale Adaption

Die formale Adaption trägt der erreichten kognitiven Stufe, den Fähigkeiten, dem Wissen usw. der kindlichen Leser in besonderer Weise Rechnung. Dazu gehört die Schwierigkeit, komplexe Texte zu erfassen, also eine mehrsträngige Handlung, ein multiperspektivisches Erzählen, einen Wechsel der Erzählinstanzen oder der Räume und Zeiten (s. S. 50 f.). Hierzu gehört auch die Frage, ob zur Vermittlung der Geschichte ein auktorialer, ein personaler oder ein Ich-Erzähler eingesetzt wird. Während mit dem auktorialen Erzähler die Chance verbunden ist, direkt wertend und kommentierend einzugreifen, hat der Einsatz eines Ich-Erzählers die Konzentration auf das erzählende Ich zur Folge. Auch Elemente der Leseranrede können als formale Adaption gelten. Zu denken ist an den Anfang von ASTRID LINDGRENS „Mio, mein Mio": „Hat jemand im vorigen Jahr am fünfzehnten Oktober Radio gehört? Hat jemand gehört, dass man nach einem verschwundenen Jungen forsche?" Auch ERICH KÄSTNERS „Das doppelte Lottchen" beginnt mit einer Leseranrede.

3. Sprachlich-stilistische Adaption

Die sprachlich-stilistische Adaption steht in Verbindung mit der formalen und meint eine sprachlich-stilistische Anpassung an den kognitiven Stand der Adressaten. Es kann dies einen Verzicht bedeuten auf:
- komplexe Satzkonstruktionen mit mehr als zwei Teilsätzen (Satzperiode), die attributive Verwendung von Adverbien oder von Präpositionalgruppen,
- Komposita mit mehr als drei Konstituenten, Nominalkonstruktionen, abstrakte Nomina,
- Perspektivenwechsel und Zeitsprünge bei der wörtlichen Rede.

Solche Möglichkeiten werden genutzt, wenn in Texten etwa für Leser um elf Jahre eine Ausrichtung auf Aktion, Handlung (erhöhter Einsatz von Verben), Verwendung kurzer Sätze, Konkreta erfolgt.

4. Thematische Adaption
Dies bedeutet, dass das aus dem Stoff herausgearbeitete „Grundproblem", die „Botschaft", Kinder ansprechen muss. Anders gesagt, es sind der Aussagegehalt, der Sinn, die Problematik, der gedankliche Hintergrund gemeint, die in Beziehung zu den Erfahrungen von Kindern bzw. Jugendlichen stehen. Die Entscheidung, inwieweit eine thematische Anpassung vorliegt, wird in bestimmten Fällen erst nach der Untersuchung des Textes (Analyse und Interpretation) möglich sein.

5. Axiologische/wertende Adaption
Hiermit ist die Frage gemeint, wer als Wertungsinstanz im Text dominiert. Dabei können – beispielsweise über einen auktorialen Erzähler – im Text die Werte, Normen, Leitbilder der Erwachsenen bzw. der Gesellschaft systemprägend sein, was kennzeichnend für Sozialisationsliteratur ist. Es ist aber auch möglich, dass das Kind als Wertungsinstanz die Chance hat, sich frei auszusprechen, ja es kann sogar in Form eines Ich-Erzählers über die Auffassungen der Erwachsenen dominieren. In diesem Fall handelt es sich eher um kindgemäße KJL.

6. Mediale Adaption
Sie betrifft u. a. die Wahl einer Gattung, eines Genres, des Mediums (literarischer Text, Film, Video). Ist die Entscheidung für den Erzähltext gefallen, so ist unter dem Gesichtspunkt einer medialen Anpassung an Kinder zu entscheiden über Schriftgröße, Buchformat, Umschlaggestaltung, Illustrationen. Die mediale Adaption ist von besonderer Bedeutung für die sogenannten Erstlesebücher und meint hier die entsprechenden Gestaltungsprinzipien. Dazu gehören u. a. Schriftgröße, größerer Zeilenabstand, Druckschrift, Illustrationen (vgl. CONRADY 1990, 16).

Nun kann man an historischer wie an aktueller KJL gleichfalls untersuchen, ob und in welcher Weise ein Text an den vorgestellten kindlichen bzw. jugendlichen Leser angepasst, also adaptiert ist und welches Kindheits- bzw. Jugendbild bzw. welche Auffassung von Wesen wie Funktionen der KJL dahintersteht.

Zur Geschichte – Von der Sozialisation zur Autonomie
Im letzten Drittel des 18. Jh.s kommt es innerhalb des Literatursystems zur Ausbildung eines relativ eigenständigen Bereichs, der sich an Kinder und

Jugendliche als Adressaten wendet. Dahinter steht die Auffassung, dass eine solche Literatur gleichermaßen notwendig wie verkäuflich ist. Schon JOHN LOCKE empfahl in seinen „Gedanken über die Erziehung" (1693), jener Schrift, die für die aufklärerischen Pädagogen fundamentale Bedeutung besaß, dem Kind „leichte, vergnügliche Bücher" in die Hand zu geben, „die seinen Fähigkeiten angemessen sind". Er zählte dazu die Fabeln des ÄSOP und den „Reineke Fuchs", spezifische KJL-Texte wusste er nicht zu nennen. Das war verständlich, weil LOCKE noch nicht an eine eigens für Kinder geschaffene spezifische KJL dachte, sondern an Bücher, die aus der „Allgemeinliteratur" stammten oder an Auszüge aus solchen Texten (vgl. EWERS 1990, 10).

Erziehungsvor-stellungen der Pädagogen

In der Mitte des 18. Jh.s wuchs das Bedürfnis nach einer ausdrücklich für Kinder und Jugendliche produzierten Literatur, die zunächst von jenen geschaffen wurde, die sie in der täglichen Arbeit benötigten: Erzieher, Lehrer, Hofmeister. Sie fertigten gewissermaßen für den Hausgebrauch Sammlungen aus vorhandenen Schriften oder eigenen Texten an. Die Verbreitung dieser Schriften konzentrierte sich auf die wohlhabenden Schichten des gebildeten Bürgertums wie Teile des Adels, jene Gruppen also, die sich finanziell einen Erzieher leisten konnten. Mit dem wachsenden Bedürfnis nach solchen spezifischen Lesestoffen wurden die Texte schließlich nicht mehr nur für den eigenen Bedarf produziert, sondern für einen literarischen Markt mit entsprechenden Vermittlungsinstanzen. In die nunmehr entstehende spezifische KJL gingen die jeweiligen Erziehungsvorstellungen der aufgeklärten Pädagogen ein.

Wenngleich Überlegungen nach einer kindgemäßen Angemessenheit früh eine Rolle spielten, schlug sich das aufklärerische Gedankengut vor allem nieder in a) einer aufklärerisch-rationalistischen, der sogenannten vorphilanthropischen Phase (Mitte des 18. Jh.s) und b) einer durch den Philanthropismus geprägten sogenannten philanthropischen KJL, die ihren Höhepunkt in den 80er-Jahren des 18. Jh.s hatte (EWERS 1990, 14 ff.). Bei allen Unterschieden eint die Strömungen ihr aufklärerisches Potential, was sie absetzt von jenem neuen Ansatz, der mit der Romantik ab 1800 modellbildend wirkt.

Nürnberger Trichter: Kinder werden mit Wissen geradezu zugeschüttet

Unterschiede bestanden auch in der Rolle der Adaption. Die rationalistische vorphilanthropische Strömung begriff Kinder als Vernunftwesen und zielte darauf ab, sie früh mit dem notwendigen Wissen auszurüsten. Es dominierte das Prinzip des sogenannten Nürnberger Trichters, Kinder wurden mit Wissen geradezu zugeschüttet. Entsprechend maß man in der vorphilanthropischen KJL der Adaption eine eher untergeordnete Rolle zu, die

Texte funktionierten insbesondere als Sozialisationsliteratur. Spielten Fragen der Adaption doch eine Rolle, dann die, auf welche Weise die Lehren, Regeln, Erziehungsgrundsätze am besten zu vermitteln sind. Anders bei der philanthropischen Richtung, ihr ging es darum, die Texte der kindlichen Denkungsart wie ihrem Empfinden anzupassen.

Da die Erzieher sich an Kinder als noch unentwickelte Vernunftwesen wandten, hatte die Darbietung des Wissens sich auch in der vorphilanthropischen KJL nach bestimmten Gesetzen der Logik zu richten. Der Exempelmethode kam eine wichtige Funktion zu, weil sie die Möglichkeit gab, Wissen, moralische Lehren, Erziehungsregeln (literarisch) einzukleiden. Durch die Wertschätzung der Exempelmethode etwa in Fabel, Beispielgeschichte oder moralischer Erzählung kam es tendenziell zu einer Überschreitung der rationalistischen Richtung, einer Öffnung hin zu neuen Textgruppen wie auch einer Ablösung von der bis dahin dominanten Traktatliteratur, die Wissen, Regeln, Gebote direkt belehrend darbot und vom Zögling verlangte, sie auswendig zu lernen. Gleichwohl blieb das Ziel bestehen: Sozialisation, Erziehung, Belehrung. Dies traf auch für die im engeren Sinne literarischen Texte zu. So finden sich in der ersten deutschen Kindergedichtsammlung der Aufklärung, Christian Felix Weißes „Lieder für Kinder" (1767), sämtlichst Texte, die der moralischen Belehrung, der Vermittlung einer Lehre oder dem Vorführen von Tugenden dienen. Erstaunlich sind dabei die vielfältigen Formen, in denen diese lehrhafte Dichtung sich ausspricht: Tugendlob, lyrische Betrachtung, Exempelgedicht, Mahngedicht, lyrische Beispielgeschichte (vgl. Ewers 1992).

Exempelmethode bewirkt Ablösung der Traktatliteratur

Ein Beispiel aus Gottlieb Wilhelm Burmanns Sammlung „Kleine Lieder für kleine Mädchen, und Jünglinge" (1777), in der sich das Gedicht „Arbeit" findet, zeigt die didaktische Intention:

Arbeit macht das Leben süß/Macht es nie zur Last/Der nur hat Bekümmerniss,/Der die Arbeit hasst./Kräfte gab uns die Natur/Zu Beruf und Pflicht;/ Faule Müßiggänger nur/Gähnen, Leben nicht ...//
Etwas handeln muss der Mensch/Wenn er Mensch will seyn!/O ich will, als junger Mensch/Schon geschäftig seyn/Unbeträchtlich sey mein Thun,/ ich thu was ich kann:/Nach der Arbeit ist gut ruhn,/Arbeit macht zum Mann!//
Nervt den Leib, giebt frohen Muth/Und zufriednen Sinn: Schafft im Körper rasches Blut/Wuchert mit Gewinn!/O mir kleinem Knaben sey/Früh schon Arbeit Lust;/Müßiggang und Tandeley/Schimpft die Knabenbrust!

(H.-H. Ewers 1990, 220f.)

Es handelt sich bei diesem Gedicht um ein offensichtlich in Versform gebrachtes Lob der Tugend „Arbeit". Mit der kinderliterarischen Erlebniswelt hat der Text wenig zu tun, eine stoffliche und thematische Adaption existiert nicht. Es geht eigentlich darum, dass das Kind – hier der Knabe – eine Lehre der Erwachsenen verinnerlicht. Er soll gewissermaßen das historisch verbindliche kulturelle Wissen (vgl. TITZMANN 1991, 402) übernehmen. Und ebendiesen Prozess der Wissens- bzw. Wertübernahme führt der Text exemplarisch vor, wenn im Ergebnis das kindliche Ich notiert: „O mir kleinem Knaben sey/Früh schon Arbeit Lust;/Müßigang und Tandeley/ Schimpft die Knabenbrust!" Insofern lässt sich berechtigt von Sozialisationsliteratur sprechen.

CHRISTIAN ADOLF OVERBECK: „Fritzchens Lieder"

Ganz anders sieht dies aus bei einer Sammlung, die nur vier Jahre später, 1781, unter dem Titel „Fritzchens Lieder" erschien und an Kinder ab zwölf Jahre adressiert war. Der Verfasser CHRISTIAN ADOLF OVERBECK stimmt in seiner Vorrede vor allem die Eltern darauf ein, dass es sich hier um Gedichte handle, die von den für die Zeit typischen Vereinbarungen gänzlich abweichen. OVERBECK begründet das folgendermaßen: „In diesen Liedern hab ich versuchen wollen, wie weit ichs etwa im Kinderton treffen könnte. Hier geb ich sie zur Beurteilung. Ist mirs ein bisschen gelungen, darf ich wohl sagen, dass dies die ersten Kinderlieder unter uns sind." (OVERBECK 1781, 3) Dabei setzt OVERBECK sich bewusst zu WEIßES erfolgreichen „Liedern für Kinder" ins Verhältnis und grenzt sich von ihnen ab. Bei WEIßE nämlich „hört man den herablassenden Lehrer, zwar meist im Ausdruck der Kinder, aber doch mit den Ideen eines Erwachsenen". Dem setzt OVERBECK sein für die damalige Zeit revolutionäres Programm entgegen: „Hier spricht, wenn ich's gut gemacht habe, wirklich ein Kind." (ebd.) Dies ist von weitreichender Konsequenz. Während man die Sammlung von WEIßE „den Kindern ganz in die Hände geben" könne, muss OVERBECK sich das „von der Meinigen ... laut verbitten": „Mein Fritzchen – es wäre freilich besser, wenn er ein Engel hätte seyn können: aber er ist nun einmal ein Menschenkind. So lieb ihn auch vielleicht mancher Leser einst gewinnen mag, so muss ich dem Leser doch sagen, dass er zum Ideal für die Kleinen nicht taugt." (ebd., 4) Damit ist der fundamentale Unterschied zum dominanten Verständnis von KJL beschrieben.

OVERBECK lässt den kindlichen Protagonisten in „Fritzchens Liedern" unzensiert von jenen Dingen sprechen, die für Kinder wichtig und wertvoll sind: dem Herumtollen, dem Laufen, Springen, Klettern, dem Kinderspiel, dem Singen oder dem Frust über allzu viel Schularbeiten. Das Gedicht „An den May" bringt die Wünsche exemplarisch zum Ausdruck und erreichte

Bekanntheit vor allem durch Wolfgang Amadeus Mozarts Vertonung. Es setzte damit eine „Folklorisierung" des Textes ein, wobei der Autor in Vergessenheit geriet. Lediglich die erste Strophe blieb im Bewusstsein, die nachfolgenden wurden wegen ihres antiautoritären Gestus gestrichen, ja gewissermaßen zensiert.

An den May
Komm, lieber May, und mache/Die Bäume wieder grün,/Und lass mir an dem Bache/Die kleinen Veilchen blühn!/Wie möchte ich doch so gerne/Ein Blümchen wieder sehn!/Ach lieber May, wie gerne/Einmal spaziren gehen!//
In unsrer Kinderstube/Wird mir die Zeit so lang; Bald wird' ich armer Bube/ Für Ungeduld noch krank./Ach, bey den kurzen Tagen/Muss ich mich oben drein/Mit den Vokabeln plagen,/Und immer fleißig sein.//
Mein neues Steckenpferdchen/Muss jetzt im Winkel stehn,/Denn draussen in dem Gärtchen/Kann man für Schnee nicht gehen./Im Zimmer ists zu enge/ Und staubt auch gar zu viel,/Und die Mama ist strenge,/Sie schilt aufs Kinderspiel.//

Am meisten aber dauret/Mich Lottchens Herzeleid;/Das arme Mädchen lauret/Auch auf die Blumenzeit./Umsonst hohl' ich ihr Spielchen/Zum Zeitvertreib heran;/Sie sitzt in ihrem Stühlchen,/Und sieht mich kläglich an.//

Ach, wenns doch erst gelinder/Und grüner draussen wär!/Komm, lieber May, wir Kinder/Wir bitten gar zu sehr!/O komm, und bring vor allen/Uns viele Rosen mit;/Bring' auch viel Nachtigallen,/Und schöne Kukus mit!//

(H.-H. Ewers 1990, 221 f.)

Betrachtet man die vorliegenden Prinzipien von Adaption, dann handelt es sich hier um eine stoffliche, thematische, formale, axiologische Adaption, was im Rahmen der damaligen literarischen Vereinbarungen eine kinderliterarische Innovation darstellte.

CHRISTIAN ADOLF OVERBECKS Sammlung „Fritzchens Lieder" (1781) stellt auch mit den anderen dort gesammelten Texten eine Abweichung von den damals im KJL-System dominierenden Regularitäten dar, weil das Bemühen vorherrscht, ein kindliches Ich sich spontan, unzensiert und zwischen allen Stimmungslagen pendelnd äußern zu lassen. Damit gingen einzelne der Texte über die im damaligen Kultursystem der Spätaufklärung dominanten Regeln (Kindheitsbild, Wert, Normen) hinaus. Insofern ist OVERBECKS Textsammlung keine Variation im KJL-System, sondern verletzte die das System bestimmenden Regeln in einer Weise, dass sie Träger für einen kinderliterarischen Wandel hätte werden können. Dazu kam es allerdings nicht. OVERBECKS Lyriksammlung leitete nicht wie etwa GOETHES „Die Leiden des jungen Werthers" (1774) in der Allgemeinliteratur einen Wandel ein, sie blieb singulär, unakzeptiert und vermochte in ihrer Zeit nicht modellbildend zu wirken. Der Versuch, „nicht-pädagogische Kinderlieder" (vgl. BRÜGGEMANN 1990; GANSEL 1999) zu schreiben, blieb letztlich unbeachtet.

Form der Adaption	Kennzeichen
Stoffliche Adaption	Geschehen, Probleme, Situationen stammen aus dem Alltag eines Kindes
Mediale Adaption	Da die Texte von Erwachsenen ausgewählt werden sollten, fällt eine mediale Adaption weitgehend aus (Schriftgröße, Verzicht auf durchgängige Bilder).
Formale Adaption	Ein Kind steht im Zentrum der Handlung (lyrisches Ich), Kinderrollengedicht, Reim.
Sprachlich-stilistische Adaption	Gebrauch von Adjektiven (klein, grün, lieber, arm); Diminutive (Blümchen, Steckenpferdchen, Spielchen); Abschleifungen (Möcht', werd', hohl'); Kontamination (Zusammenrückung: „ists"); Interjektionen (Ach, O komm).
Thematische Adaption	Das aus dem Stoff herausgearbeitete Grundproblem betrifft die Wünsche, Sehnsüchte eines Kindes, die sich im Widerspruch zu den Anforderungen der Erwachsenen befinden (Lernen).
Axiologische/ wertende Adaption	Der Text zeigt zwei gegenüberstehende Norm- bzw. Wertsysteme: a) das Wertsystem der Erwachsenen (Mutter) und b) des Kindes (Fritzchen). Das kindliche (lyrische) Ich muss sich zwar der Autorität der Erwachsenen beugen, aber im Innern lehnt es die strengen Vorgaben ab. Das Besondere besteht darin, dass das kindliche Normsystem nicht korrigiert und die Auflehnung nicht zurückgenommen wird.

Adaption in Christian Adolf Overbecks „Fritzchens Lieder"

Der Zustand des Literatursystems wie des Teilsystems KJL war der Grund, weshalb OVERBECKS Abweichung eine Ausnahme blieb. Erst im historischen Rückblick wird einsehbar, dass die Leser es bereits hier mit einem „konsequent antiautoritären Kinderbuch" (H.-H. EWERS) zu tun bekamen, dem ersten in deutscher Sprache. In OVERBECKS Sammlung sind bereits jene antiautoritären Parameter ausgebildet, die dann unter anderen Rahmenbedingungen – und nach der Zwischenstation beispielsweise der Kindergedichte in PAULA und RICHARD DEHMELS „Fitzebutze" (1900) – erst in den 70er-Jahren zum Durchbruch kamen und zu konstitutiven Merkmalen eines veränderten kinderliterarischen Systems wurden.

„Fritzchens Lieder" – erstes antiautoritäres Kinderbuch in deutscher Sprache

Zur Systemlogik des Subsystems KJL

Im Anschluss an die Systemtheorie NIKLAS LUHMANNS (vgl. 1988, 2004) soll die Systemlogik des Literatursystems und seines Subsystems KJL abgeleitet werden.

Wie bisher dargestellt, lässt sich das System „Literatur" als soziales System einordnen, das operiert, indem es kommuniziert. Denn: Kleinere und größere soziale Systeme entstehen und reproduzieren sich durch Kommunikation. NIKLAS LUHMANN unterscheidet innerhalb der Gesellschaft folgende soziale Systeme:

Systemtheorie nach NIKLAS LUHMANN

a) Interaktionssysteme (Familie, Liebesbeziehung, Seminargespräch), die auf Anwesenheit der Interaktionspartner basieren,
b) Organisationssysteme (Schule, Verlag, Universität), die auf Mitgliedschaft basieren,
c) funktional ausdifferenzierte Teilsysteme der Gesellschaft wie „Recht", „Erziehung", „Religion", „Wirtschaft", „Politik" oder „Kunst".

Diese funktionalen Teilsysteme haben sich im Prozess der Modernisierung von Gesellschaft herausgebildet und unterscheiden sich voneinander grundlegend durch die Systemlogik bzw. die Systemrationalität, in der sie operieren, wenn sie kommunizieren. Die genannten Systeme bilden zueinander ihre jeweilige Umwelt.

In der Systemtheorie wird die Systemlogik funktional ausdifferenzierter Teilsysteme der Gesellschaft in den Kategorien a) Funktion, b) Leistung, c) Medium, d) Code und e) Programm beschrieben.

Während es die Funktion der Wissenschaft ist, neues wahres Wissen zu erzeugen, besteht die *Funktion* der Literatur darin, die Welt bzw. die Wirklichkeit zu beobachten und über die Präsentation von Geschichten mit interessanten Stoffen und Themen Kommunikation über diese zu ermöglichen. Der Aspekt *Leistung* sagt etwas über die Beziehungen von Systemen aus:

> **Wichtig**
> Die Funktion eines Systems besteht darin, für ein spezifisches Problem „funktional äquivalente Problemlösungen" (KRAUSE 2005, 151) anzubieten.

Die einen stellen für die anderen Leistungen zur Verfügung. So dient Literatur z. B. der Unterhaltung von Rezipienten (psychischen Systemen). Das *Medium* in der Systemlogik meint ein symbolisch generalisiertes Medium, ein Erfolgsmedium. Es konditioniert die Motivationen und Selektionen unbestimmter Kommunikationen – einem Autor geht es letztlich darum, dass seine Texte anerkannt und viel gelesen werden und ihm möglichst viel gesellschaftliche Anerkennung, gegebenenfalls sogar Ruhm einbringen. Der *Code* bildet die binäre Leitdifferenz des Systems, von der bereits die Rede war. *Programme* sind die flexibelsten Bereiche funktional ausdifferenzierter Systeme. Sie versorgen das System mit den zulässigen Regeln des Kommunizierens (vgl. KRAUSE 2005). Die Flexibilität von Poetiken oder Gattungs- und Genrekonventionen als Programmen der Literatur zeigt sich in einem ständigen Prozess des literarischen Wandels. In diesem Prozess kommt es zur Ausdifferenzierung in zahlreiche Subgattungen bzw. Genres (z. B. Epik – Roman – Kinderroman – Phantastischer Kinderroman).

Moderne KJL und Allgemeinliteratur unterscheiden sich kaum noch in ihrer Systemlogik

Die folgende Tabelle (s. S. 33) regt eine Beschreibung der Systemlogik des funktional ausdifferenzierten Systems „Literatur" der Gesellschaft und seines Subsystems KJL an. Dabei erfolgt zugleich die Absetzung der traditionellen KJL (KJL1) von der modernen KJL (KJL2). Deutlich wird, dass moderne KJL und Allgemeinliteratur sich in ihrer Systemlogik kaum noch unterscheiden. Die traditionelle KJL (KJL1) hingegen hat eine Systemlogik entwickelt, die sich durchaus in Anlehnung an das Erziehungssystem beschreiben lässt. Dies ist auch historisch nachvollziehbar, denn die seit der Aufklärung entstehende spezifische KJL, die zuerst von Hauslehrern verfasst wurde, hatte das vordergründige Ziel bzw. die Funktion, im didaktischen Sinne den kindlichen Adressaten Normen und Werte zu vermitteln und sie mit dem notwendigen Wissen auszustatten. Entsprechend bestand ihre Leistung vor allem darin, zu erziehen, zu belehren und in bestimmten Regeln zu unterweisen.

Kommunikationsbegriff nach LUHMANN

Wenn LUHMANN davon spricht, dass soziale Systeme kommunizieren, dann ist es erforderlich, seinen Kommunikationsbegriff zu bestimmen, da er von anderen abweicht. LUHMANN versteht Kommunikation als eine dreifache Selektion von a) Information, b) Mitteilung und c) Verstehen. Verstehen ist die Grundlage für Anschlusskommunikationen. Ausgehend von der vorgeschlagenen Systemlogik des Systems „Literatur" kann man sich nun die dreifache Selektion in folgender Weise vorstellen: Autorinnen und Autoren beobachten ihre Umwelt, aus der sie Informationen als Stoffe und Themen selektieren. Diese verarbeiten und gestalten sie in Mitteilungen (Texten) auf der Grundlage des Codes und der Programme, die sie flexibel variieren und verändern. Auf diese Weise entsteht das Symbolsystem Literatur, das grundsätzlich die Voraussetzung für das Literatursystem insgesamt darstellt. Um mit Texten kommunikativ und sozial handeln zu können, müssen sie zunächst existieren.

System	Funktion	Leistung	Medium	Code	Programm
		Systemlogik/Systemrationalität			
Literatur	Beobachtung der Gesellschaft (Selektion von Stoffen, Themen)	Unterhaltung Entlastung Lebenshilfe Bildung Störung Stabilisierung	Ruhm Erfolg Kanonisierung Gedächtnis Archivierung	schön/ hässlich interessant/ nicht interessant polyvalent/ nicht polyvalent	Gattungen Darstellungsweisen
Subsystem KJL1: Traditionelle KJL	Normen- und Wertevermittlung	Erziehung Belehrung Unterweisung Didaktik	Moral	moralisierend/nicht moralisierend	Gattungen Darstellungsweisen
Vergleichsgröße: Erziehungssystem	Selektion für Karrieren	Ermöglichung/ Befähigung von/zu unwahrscheinlicher/noch unbekannter Kommunikation	Lebenslauf (Kind, Jugendliche)	Lob/Tadel gut gelernt/ schlecht gelernt versetzt/ nicht versetzt	Lehr- und Lernprogramme
Subsystem KJL2: Moderne KJL	Adressatenspezifische Beobachtung der Gesellschaft (Selektion von Stoffen, Themen)	Unterhaltung Unterscheidung von Fiktion/Nicht-Fiktion im Rahmen kognitiver Entwicklung	Ruhm Erfolg Kanonisierung Gedächtnis Archivierung	schön/ hässlich interessant/ nicht interessant spannend/ nicht spannend (polyvalent/nicht polyvalent)	Gattungen Darstellungsweisen

Systemlogik des Systems „Literatur" und seines Subsystems KJL

Innerhalb des Symbolsystems wird die Funktion des Systems „Literatur" umgesetzt – nämlich die Welt in Texten zu beobachten. Wenn Texte von Autorinnen und Autoren produziert werden, heißt dies jedoch noch nicht, dass sie automatisch ihre Normalleserinnen und Normalleser erreichen. Erst das Handlungssystem „Literatur" sichert die Verbreitung, das Verstehen und die Anschlusskommunikationen. Man könnte sagen, dass es somit ein Leistungssystem in Bezug auf das Symbolsystem darstellt. Indem es die Handlungsrollen a) Produktion, b) Vermittlung und c) Rezeption und Verarbeitung steuert und realisiert, wandelt es die Unwahrscheinlichkeit von Verstehen und Anschlusskommunikationen in Wahrscheinlichkeiten um.

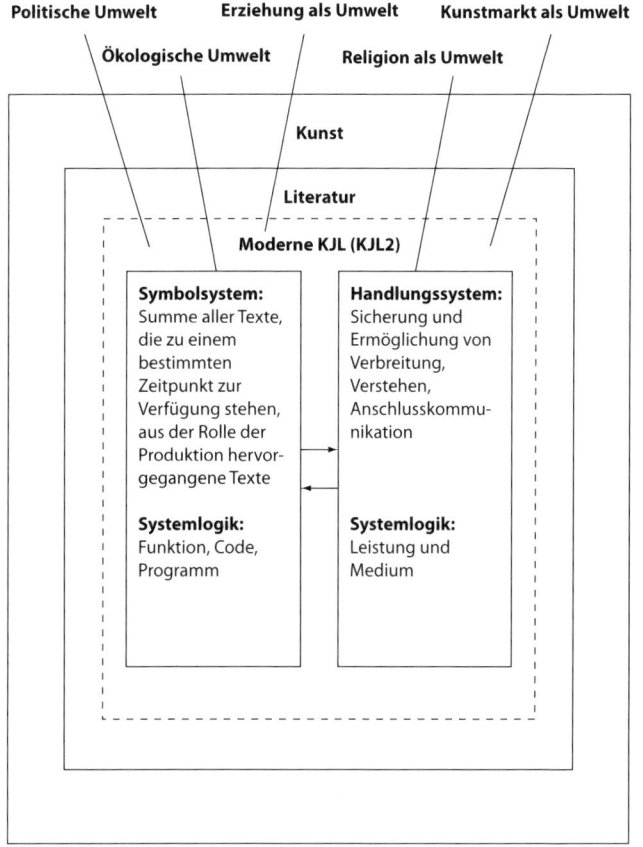

Das Subsystem KJL und seine Umwelt

Zu fragen bleibt, ob eine Autorin oder ein Autor von sich aus, ohne auf das Handlungssystem „Literatur" zurückgreifen zu können, im Medium „Ruhm, Erfolg, Kanonbildung usw." operieren kann. In ausdifferenzierten hochmodernen Gesellschaften erscheint dies unwahrscheinlich, und insofern ist davon auszugehen, dass maßgebliche Leistungen im Handlungssystem Literatur integriert sind. Die Abbildung auf Seite 34 verdeutlicht die kurz umrissenen Zusammenhänge.

Handlungsrolle Produktion – der Autor
Autorrollen und gesellschaftliche Modernisierung
Die bisherigen Überlegungen zum Handlungs- und Symbolsystem (Kinder- und Jugend-)„Literatur" sind theoretischer Natur. Dies ist insofern problematisch, als die konkreten Handlungen und damit das Funktionieren nicht an Beispielen nachvollziehbar gemacht wird. Ein Grund dafür ist, dass für größere Teile der Literaturwissenschaft die konkreten Abläufe und Funktionsweisen innerhalb der Buchbranche nicht einsehbar bzw. auch nicht wirklich Gegenstand der Betrachtung sind. Am umfassendsten ist in diesem Zusammenhang noch Aspekten von Autorschaft nachgegangen worden. Dabei stößt man auch hier auf Probleme (vgl. GANSEL 2002).

Es erscheint unmöglich, den Schreibantrieb von Autoren auf eine einfache Formel zu bringen. Gleichwohl versucht Literaturwissenschaft seit dem 18. Jh. genau dies immer wieder. Man verwendet viel Mühe, den Konnex zwischen Person und Werk aufzuschließen, um auf diese Weise dem „genialischen Menschen", seiner Individualität, seiner Subjektivität und seiner literarischen Selbstverwirklichung auf die Spur zu kommen. Die (positivistische) Biographieforschung war (und ist) dabei ein *erster* Weg, ein *zweiter* besteht in der Untersuchung literarischer Schaffensprozesse, ein *dritter* Ansatz führt zu literaturpsychologischen Untersuchungen, die danach fragen, wie ein kreativer Mensch beschaffen ist, um daraus wiederum Anhaltspunkte für die Interpretation seines Werkes zu finden.

Worin besteht der Schreibantrieb des Autors?

Die genannten Versuche haben etwas gemeinsam: Es geht ihnen – auch der modernen Kreativitätsforschung – um die „inneren Bedingungen" von Autorschaft und dazu gehören: *Fähigkeiten, Begabungen, Bedürfnisse, Motivationen*. Diese inneren Bedingungen lassen sich allerdings nur schwer erfassen. Einfacher erscheint es, den „äußeren Bedingungen" von Autoren auf den Grund zu gehen, womit letztlich nach der *sozialen Rolle* von Autoren gefragt ist. Es ist dies im Kern ein *literatursoziologischer Ansatz*. Untersucht wird nämlich die Stellung des Autors in der Gesellschaft, und in den Blickpunkt gelangt die Institution „Literatur". Nicht das Selbst-Bild des Autors

„Innere und äußere Bedingungen" von Autorschaft

steht im Zentrum, sondern das Verhältnis des Autors zur Gesellschaft, zu den Lesern, den Verlegern, den Medien (vgl. EBERLE 1995, 86). In diesem Fall sind die Realisierungsbedingungen von Autoren in einem gesellschaftlichen bzw. kulturellen Feld bis hin zu der Frage nach seinem gesellschaftlichen Renommee zu prüfen.

Autorschaft konstituiert sich eben nicht nur über das Grundmodell der literarischen Kommunikation, das Dreieck Autor – Text – Leser, sondern gerade in Verhandlungen mit Verlegern, bei Lesungen, Preisvergaben, Auftritten in den Medien oder auch der Kommunikation im Internet. Eine „Soziologie des Autors" hat daher ihren Blick auf die *„äußeren Bedingungen"* von Autorschaft zu richten, wobei klar sein dürfte, dass der Zusammenhang zu den inneren Bedingungen gewahrt bleiben muss.

Aber was ist ein Autor? MICHEL FOUCAULT hat diese Frage unter den Bedingungen einer modernen Informationsgesellschaft – und in der spielen Texte neben bewegten Bildern eine entscheidende Rolle – gestellt. Keineswegs jeder, der namentlich einen Text zeichnet und zu dessen „Urheber" wird, ist gleichsam ein „Autor". „Ein Privatbrief kann einen Schreiber haben, er hat aber keinen Autor; ein Vertrag kann wohl einen Bürgen haben, aber keinen Autor. Ein anonymer Text, den man an einer Hauswand liest, wird einen Verfasser haben, aber keinen Autor" (FOUCAULT 1991, 19).

Der entscheidende (ökonomische, soziale, politische, kulturelle) Einschnitt auch für die KJL liegt Ende des 18. Jh.s im Entstehen eines eigenständigen Handlungs- und Symbolsystems Literatur. Erst mit der Ausbildung des Handlungssystems Literatur, also mit der Existenz von Autoren, Vermittlungsinstanzen, Rezipienten, ja der Existenz eines literarischen Marktes wird Autorschaft primär als Urheberschaft an Texten, als Werkherrschaft über Geschriebenes verstanden.

Dabei ist der Aufstieg des Autors an den Autonomieanspruch der Literatur gebunden, also daran, dass „Literatur als Kunst" nicht bestimmten Zwecken zu unterstellen ist. Den Kern des neuen Literaturverständnisses bildet somit eine „Ästhetik der Autonomie" mit ihrem Geniebegriff, die an die Stelle der bis dahin gültigen Regelpoetik tritt. GOTTSCHEDS vielzitierter Satz aus der „Critischen Dichtkunst" (1751) kann vom neuen Autorentypus nicht mehr akzeptiert werden: „Zuallererst wähle man sich einen lehrreichen moralischen Satz, der in dem ganzen Gedichte zum Grunde liegen soll ..."

> **Wichtig**
> Der Autor ist Produkt eines Prozesses von gesellschaftlicher Modernisierung.

Autor-Stereotype in der KJL
Die neue Schreibregel „Schreibe wie du selbst" verlegt im Gegensatz zu
GOTTSCHEDS Äußerung (s. o.) die Konkurrenz in die unveröffentlichte Individualität der Seele; Dichtung ist Selbstausdruck des Ichs und eben nicht mit
Blick auf einen bestimmten Adressaten geschrieben (vgl. BOSSE 1981,
VOLLHARDT 1995).

Dieser Autonomieanspruch gilt allerdings für die KJL nur eingeschränkt, es dominiert weiterhin eine Auffassung von Literatur, die das Gewicht auf Belehrung und Erziehung legt. In Abgrenzung zum Literaturbegriff der Geniebewegung bzw. der Epoche des Sturm und Drang verstehen sich die aufgeklärten Pädagogen als „Erziehungsschriftsteller" (S. BAUR). Für KJL-Autoren scheint vorab entschieden, für wen und was geschrieben wird. Entsprechend gelten die Autoren als Produzenten von Zielgruppenliteratur, als Schreiber von „heteronomer", von nicht-autonomer Literatur.   *„Erziehungs-schriftsteller"*

Doch können keineswegs alle Autoren von KJL als a) „Erziehungsschriftsteller" eingestuft werden. Innerhalb der KJL taucht schon frühzeitig ein zweiter Autortyp auf, den man b) mit dem Terminus des „kinderliterarischen Erzählers" fassen kann (vgl. EWERS 2000, GANSEL 1999). Dessen Absichten liegen nicht mehr vordergründig in der Erziehung, der Belehrung, der Unterweisung, sondern darin, die kindlichen Leser zu unterhalten, indem ihnen eine spannende Geschichte erzählt wird. Beim Erzählen für Kinder kann dabei eine gänzlich neue Geschichte entstehen, in der die Autorin wie bei „Pippi Langstrumpf" ihrer Phantasie freien Lauf lässt, es kann aber auch auf bekannte Texte zurückgegriffen werden. In diesem Fall geht es – wie bei den Bearbeitungen von Mythen, Sagen, Legenden – darum, alte Geschichten für Kinder neu zu erzählen.   *„Kinderliterarischer Erzähler"*

Die beiden Autortypen des Erziehungsschriftstellers bzw. des kinderliterarischen Erzählers sind als „Zielgruppenliteratur" erkennbar und haben wenig zu tun mit jenem von der Geniebewegung im 18. Jh. ausgehenden Anspruch, Dichtung müsse Selbstausdruck der Gefühle, Gedanken, Schmerzen des Dichters sein. Gleichwohl haben auch solche Autortypen in abgewandelter Form Eingang in die KJL gefunden.

Es ist vor allem die Zeit der deutschen Spätromantik, in der innerhalb der KJL nun zwei Dichterrollen auftauchen, die dann mit dem Terminus c) naiver Kinderdichter und d) sentimentalischer Kindheitsdichter bezeichnet werden. Der naive Kinderdichter ist einer, der sich auch als Erwachsener kindliche Eigenschaften bewahrt hat: Naivität, Unbekümmertheit, Schlichtheit. In den Texten spricht er, über einen Erzähler vermittelt, eigentlich von sich, aber in dem, was er ausdrückt und wie dies geschieht,   *Naiver und sentimentalischer Kinderdichter*

Authentischer Wirklichkeitserkunder

erreicht er Kinder (vgl. GANSEL 1999, EWERS 2000). Stellvertretend für diesen Typus stehen JOSEPH VON EICHENDORFF, WILHELM HEY, HOFFMANN VON FALLERSLEBEN, im 20. Jh. auch ASTRID LINDGREN.

Schließlich entstand im Zuge der gesellschaftlichen Modernisierung ein weiteres Autorstereotyp, das man mit dem Terminus des e) „authentischen Wirklichkeitserkunders" bzw. „kritischen Kindheitsdichters" bezeichnen kann und das in Verbindung mit der sozialkritisch-realistischen Großstadtliteratur am Beginn des 20. Jh.s sowie der proletarisch-revolutionären KJL der 20er-Jahre steht (s. S. 95 ff.). Nach 1945 bzw. ab Ende der 60er-Jahre gewinnt dieser Autortypus besondere Bedeutung.

Autoren, die ab den 70er Jahren den modernen Kinder- und Jugendroman repräsentieren, treffen den Typus des kritischen Kindheitsdichters: KIRSTEN BOIE, DAGMAR CHIDOLUE, ZORAN DRVENKAR, PETER HÄRTLING, RUDOLF HERFURTNER, KLAUS KORDON, GUUS KUIJER, CHRISTINE NÖSTLINGER, GUDRUN PAUSEWANG, MIRJAM PRESSLER, BENNO PLUDRA, JUTTA RICHTER. Und aktuell etwa: ANDREAS STEINHÖFEL, TAMARA BACH, MARIT KALDHOL, ANNA WOLTZ oder SUSANN KRELLER.

Autor-Typen	Kennzeichen, Funktion, Methode	Adressat
kinderliterarischer Erzieher (Erziehungsschriftsteller)	Erziehung, Belehrung, Unterweisung; Stoffe aus dem Leben von Kindern und Erwachsenen, Wiederverwertung alter Stoffe, Grundprinzip des Kompilierens	kindliche Leser als Zielgruppe
kinderliterarischer Erzähler	Unterhaltung der kindlichen Leser/Zuhörer; zurückgreifen auf Vorhandenes oder neu erzählen für Kinder, Grundprinzip: Erzählen von Geschichten	kindliche Leser als Zielgruppe
naiver Kinderdichter	Selbstverständigung über das eigene Dasein; reden von sich durch Darstellung harmonischer Beziehungen, Einheit von Ich und Welt, Grundprinzip: Beobachtung und Erinnerung	Selbstverständigung des Dichter-Ichs, Erwachsene und Kinder
sentimentalischer Kindheitsdichter	Wehmütige Erinnerung an die eigene Kindheit als verlorenes Paradies, Kindheitsdarstellung aus der Sicht des Erwachsenen, Widerspruch von Ich und Welt, Grundprinzip: Erinnerung	Selbstverständigung des Dichter-Ichs, Kinder und Erwachsene
authentischer Wirklichkeitserkunder	Wirklichkeitserkundung, kritische Darstellung der aktuellen Situation von Kindern, Grundprinzip: Beobachtung, Analyse	kindliche und erwachsene Leser als Zielgruppe

Autortypen

Auch eine Reihe von Autoren aus dem angloamerikanischen Sprachraum wie die auf dem deutschen Buchmarkt erfolgreichen KEVIN BROOKS und DAVID KLASS wollen die Wirklichkeit von Kindern und Jugendlichen als kritische Beobachter und Chronisten erfassen. Es kommt ihnen darauf an, kindliches Dasein mit allen seinen Facetten zum Gegenstand der Darstellung zu machen.

Diese Autoren setzen sich von Erziehungsaufträgen ab, und es geht ihnen nicht primär darum, das eigene Selbst zum Gegenstand der Darstellung zu machen. Vielmehr bestehen ihre Ziele in Wirklichkeitserkundung wie Wahrheitsfindung. Von daher ist die Auffassung, Autoren, die für junge Leute schreiben, würden das „Was" und „Wie" der literarischen Darstellung von vornherein auf eine kleine Gruppe zuschneiden, so nicht mehr haltbar. „Ich denke mir nichts aus, um damit Kindern gefällig zu sein", betont BENNO PLUDRA, „es stellt sich vielmehr von selbst etwas her: ein Vorgang, eine Idee, allmählich kommt eine Geschichte." Die verschiedenen Autortypen lassen sich wie wie in Tabelle S. 38 zusammenfassen.

Mit einem Autorenporträt stellst du einen Autor oder eine Autorin den Lesern näher vor. Es sollte enthalten:
1. Hinweise zur Biografie (Lebensdaten, Ausbildung, erste Schreiberfahrung),
2. wichtige Werke (Titel, Erscheinungsjahr),
3. Auszeichnungen,
4. Inhaltsangabe sowie interessanten Textausschnitt des Buches, das du vorstellen möchtest.

Handlungsrolle Literaturvermittlung – Buchmarkt und Verlage
Der Kinder- und Jugendbuchmarkt
Während über Autoren, auch solche der KJL, vielfach gearbeitet wird, sind die anderen Bereiche des Handlungssystems Literatur in der Literaturwissenschaft und didaktik eher selten Gegenstand von Untersuchungen. Das Bemühen wird erschwert – und dies gilt für alle Systeme – durch den stetigen Wandel innerhalb der Buchbranche (vgl. SCHNEIDER 2009).

In den letzten Zehn Jahren konnte die Buchbranche trotz der entstandenen Konkurrenz durch das Internet auch im Bereich Kinder- und Jugendliteratur einen Zuwachs erreichen. Verlage und Buchhandlungen haben im Jahr 2018 mit Büchern und Fachzeitschriften einen Umsatz von 9,134 Milliarden Euro gemacht (2017: 9.131; 2016: 9.276; 2012: 9.520; 2011: 9.601; Milliarden). Positiv zu vermerken ist auch der Umstand, dass der sogenannte stationäre Buchhandel seine Position gegenüber dem Internethandel gefestigt hat und nunmehr 2018 einen Anteil am Gesamtmarkt von 46,8 % ausmacht. (2012: 48,3 %; 2017: 47,1 %). Der Internetbuchhandel hat an Bedeutung gewonnen, über die Onlineshops stieg er auf 19,5 % (2017: 17,4 %). Weiter verloren hat der reine Versandhandel ohne E-Commerce (Internethandel). Gegenwärtig hat er nur noch ein Marktvolumen von 1,2 % (2009: 3,3 %). Dies zeigt sich auch an der kontinuierlich abnehmenden Rolle der Buchgemeinschaften. Derzeit liegt ihr Anteil nur noch bei 0,4 % (2009: 2,3 %). Die Insolvenz der Verlagsgruppe Weltbild (2014) ist ei-

Umsätze, Käufer, Adressaten, Vermittlungsinstanzen

ne Folge dieser Entwicklung. Auch der Umsatz, den Warenhäuser mit Büchern machen, ist rückläufig, er bewegt sich 2018 nur noch bei 1,3 %. (2009: 2,4 %) (Vgl. dazu Buch und Buchhandel in Zahlen, 2019). Zum Bild der Buchbranche gehört allerdings auch, dass es in den letzten Jahren – so René Strien, langjähriger Geschäftsführer und Verleger des Aufbau Verlages – eine „Verschiebung der Marktmacht zum Handel" gegeben hat. „Die wenigen Ketten führen zu einer Ausdünnung der Vielfalt", so seine Einschätzung.

Betrachtet man den Kinder- und Jugendbuchmarkt genauer, dann ergibt sich nach den aktuellen Erhebungen von Buch und Buchhandel in Zahlen von 2019 und 2020 eine Steigerung des Umsatzanteils auf 17,2 % (2018: 16,6 %; 2017: 16,3 %). Der Umsatzanteil der Kinder- und Jugendbücher am Publikumsmarkt in Deutschland lag im Jahr 2013 bei 17,4 %. Zuwächse gab es in den Segmenten „Spielen, Lernen", „Kinderbücher (bis 11 Jahre)" und „Bilderbücher". In Deutschland ist aktuell jede zehnte Neuerscheinung ein Kinder- und Jugendbuch. 2019 waren es knapp 8.000 Novitäten, also Neuerscheinungen für junge Leser. Die größten Jugendbuchverlage nach Umsatzanteilen am Kinder- und Jugendbuchmarkt sind aktuell: Der Carlsen Verlag, der 2020 einen Anteil von 12,1% am Umsatz auf dem Markt für Kinder- und Jugendbücher hatte, es folgen der Ravensburger Verlag mit 10,9% und die Oettinger Verlagsgruppe mit 6,9%.

Eine frühere Studie ging im Jahr 2013 auch dem Kaufverhalten nach. Danach sind zwei Drittel der Käufer weiblich (2012: 64%). Im Bereich des Kinder- und Jugendbuchmarktes ist somit der Käufer-Anteil von Frauen und Mädchen höher als am Buchmarkt insgesamt (dort waren es 2012: 57 %). Die größere Zahl der Käufer von Kinder- und Jugendliteratur ist über 40 Jahre alt (32 %), wobei der Anteil der jüngeren Käufer (10 bis 19 Jahre) deutlich gestiegen ist (15 %). Nach wie vor werden Kinder- und Jugendbücher in der sogenannten stationären Buchhandlung am liebsten gekauft. 2013 waren es 66 % der Käufer, die KJL in einer kleinen oder großen Buchhandlung kauften (2010: 62 %). Dass die Buchhandlung nach wie vor der entscheidende Ort für den Kauf ist, mag damit zusammenhängen, dass man hier in Ruhe das Buch ansehen und hineinlesen kann. 93 % der Befragten gaben dies als Grund für die Buchhandlung als Lieblingskaufstätte an. Für die 10 bis 14-jährigen ist zudem die gute Beratung ganz wichtig (95 % der 10 bis 12-jährigen und 90 % der 13 bis 14-jährigen betonten diesen Aspekt).

Gesamt		10–12 Jahre	13–14 Jahre	15–19 Jahre	20–29 Jahre	30–49 Jahre	50 Jahre und älter
94%	Man hat die Möglichkeit, die Bücher in Ruhe anzusehen und „reinzulesen".	93	94	96	94	95	94
93%	Die Buchhandlung ist gut zu erreichen.	96	91	92	92	93	94
92%	Große Auswahl an Kinder- und Jugendbüchern	92	90	93	**82**	93	93
91%	Man findet sich leicht in der Buchhandlung zurecht.	82	95	94	93	93	89
87%	Man kann den Klappentext lesen.	87	83	88	88	91	84
85%	Dort bekommt man eine gute Beratung.	*95*	*90*	85	88	88	80
84%	Die Bücher sind sofort verfügbar.	77	**69**	71	75	85	**90**
83%	Nichtvorrätige Bücher können über Nacht bestellt werden.	83	81	*91*	77	82	84

Angaben in %, Differenz Altersgruppen vs. Gesamt >5 % wurde fett gekennzeichnet

(Buch- und Buchhandel in Zahlen, 2014, 23).

Das deutliche Votum der Käufer für die Möglichkeiten, die eine Buchhandlung bietet, steht in Verbindung mit der Frage, welche Bedeutung Vermittlungsinstanzen für die Kaufentscheidung haben. Für die Marketingabteilungen der Verlage ist es ganz entscheidend, wodurch der Kauf eines Buches motiviert wird, richten sie doch ihre Marketingaktivitäten nach den jeweiligen Ergebnissen aus. In einer Erhebung der Gesellschaft für Konsumforschung (GFK) aus dem Jahr 2007 (vgl. SCHNEIDER 2009, 96 f.) fand sich ein erstaunliches Ergebnis: Literaturkritik sowie TV und Radiowerbung spielen bei der Entscheidung für den Kauf eines Buches lediglich zu 2 % eine Rolle. Dies ist eine fast schon zu vernachlässigende Größe und steht im Widerspruch zu Vorstellungen in der Öffentlichkeit vom Effekt einer werbenden Rezension. Stattdessen zeigt sich: 55 % der Entscheidungen für den Kauf eines Kinder und Jugendbuches fallen erst direkt in der Buchhandlung selbst, also durch Umschauen im Geschäft, den Auftritt am sogenannten point of sale, aufgrund der dekorativen Präsentation von Büchern (7 %) sowie aufgrund der Beratung durch die Buchhändler (3 %). Dies erklärt, warum es im TV-Medium so gut wie keine Werbung für KJL wie für Allgemeinliteratur gibt. Selbst große Verlagskonzerne wie Holtzbrinck und dom House verzichten darauf. Dieser Befund aus dem Jahre 2007 wird durch die aktuelle Erhebung insofern indirekt bestätigt, als der Anteil von Spontankäufen weiter zunimmt (2012 betrug der Anteil 40 %).

Der Kinder- und Jugendbuchverlag

boersenverein.de

Die Spezifik des Handlungssystems Literatur in Deutschland lässt sich am Aufgabenbereich des Börsenvereins des Deutschen Buchhandels ablesen, der als die zentrale Standesorganisation des Buchhandels bezeichnet werden kann. Er vereinigt alle Handelsstufen „dieses Wirtschaftszweiges: Verlage als herstellender Buchhandel, Zwischenbuchhandel als Großhandel, verbreitender Buchhandel als Einzelhandel sowie die selbstständigen Verlagsvertreter" (PAULENBERG 1998, 44).

avj-online.de

Nachfolgend soll exemplarisch Einblick in Aufbau und Funktion eines ausgewählten Kinder- und Jugendbuchverlages gegeben werden. Mit dem Ravensburger Buchverlag (RBV) wurde ein Verlag ausgewählt, der zu den drei erfolgreichsten und ältesten Kinder- und Jugendbuchverlagen in Deutschland gehört. In den letzten Jahren setzte sich der Konzentrationsprozess, der in der gesamten Buchbranche stattfand, ebenfalls bei Kinder- und Jugendbuchverlagen fort. Im Wesentlichen wird dieser Markt von rund 75 Verlagen bestritten; die fünf größten, zu denen auch der RBV zählt, erzielen zusammen knapp 50 % des Gesamtabsatzes.

Der Ravensburger Buchverlag

Der Ravensburger Buchverlag wurde 1883 von dem Buchhändler Otto Maier im oberschwäbischen Ravensburg gegründet. Die ersten Verlagsprogramme bestanden aus Vorlagewerken für die unterschiedlichsten Handwerker; der erste publizierte Titel war das Vorlagenwerk „Grabdenkmäler". Gegenwärtig kommen beim RBV jährlich rund 500 Neuerscheinungen bei einer stabilen Backlist von insgesamt rund 1400 Titeln heraus. Das Sortiment umfasst von Pappbilderbüchern für die Allerjüngsten bis hin zu „All-Age-Titeln" für Jugendliche und Erwachsene die gesamte Altersbandbreite. Inhaltlich deckt das Sortiment ebenfalls nahezu alle Bereiche ab: erstes Begreifen und Erkennen, Wissensvermittlung, didaktische Hilfen und den gesamten erzählenden Komplex von Märchen- und Vorlesebüchern, Erstlesereihen („Leserabe"), Kinderbuchserien bis hin zu Fantasy-Titeln und Jugendromanen mit zeitgeschichtlichem oder gesellschaftspolitischem Bezug.

Die Marke des „Blauen Dreiecks" (gestützte Markenbekanntheit 95 %), das bekannte Logo, das sich auf allen Ravensburger-Produkten – das All-Age-Buchprogramm ausgenommen – befindet, steht für einen hohen inhaltlichen und herstellerischen Qualitätsanspruch. Ravensburger Bücher sollen Spaß machen, die Phantasie fördern und die Entwicklung der Kinder unterstützen.

Zu den bekanntesten Autoren, Illustratoren und Titeln des Unternehmens zählen u. a. ALI MITGUTSCH „Rundherum in meiner Stadt", DORIS RÜBEL „Wir entdecken unseren Körper", JUDITH KERR „Als Hitler das rosa Kaninchen stahl", GUDRUN PAUSEWANG „Die Wolke" sowie von MORTON RHUE „Die Welle". 2008 hatte der RBV einen Marktanteil von 10 % am Kinder- und Jugendbuchmarkt, der wiederum mit rund 549 Mio. Euro 14,6 % (media control GFK Consumer-Panel) des Gesamtbuchmarkts ausmacht.

Die Arbeitsprozesse beim RBV gestalten sich vergleichbar wie bei allen anderen Publikumsverlagen, dabei spiegelt der Ablauf der Buchentstehung und des Buchvertriebs sich entsprechend auch in der internen Struktur des Verlags wider:

- In **Strategien** werden die kurz-, mittel- sowie langfristigen Unternehmensziele wirtschaftlicher, aber auch inhaltlicher Natur festgelegt.
- In den zweimal jährlich stattfindenden **Programmkonferenzen** stellen die Redaktionen den anderen Abteilungen des Hauses und der Geschäftsführung die projektierten Titel vor. Hier wird gemeinsam entschieden, ob ein Titel ins Programm aufgenommen wird, welche Ausstattung und welchen Ladenverkaufspreis (Stichwort: Preisbindung) er erhält, wie hoch der Absatz eingeschätzt wird, ob Marketing- und Pressemaßnahmen dafür geplant werden sollen und ob es sich um einen vertrieblichen Schwerpunkt handelt.
- Ein zentrales Entscheidungskriterium, ob ein Titel hergestellt und vertrieben wird, ist die **Deckungsbeitragsrechnung**, d. h. die Kalkulation, ob ein Titel bei dem angedachten Preis und dem erwarteten Absatz seine eigenen Kosten sowie die allgemeinen Unternehmenskosten deckt und letztlich positiv zum Unternehmensergebnis beiträgt. Neben den ökonomischen Aspekten der Entscheidungsfindung, die auf Marktkenntnis und Erfahrung basieren, spielen für die Programmauswahl weitere Kriterien eine Rolle: Handelt es sich um einen Stammautor/-illustrator des Hauses, will man einen neuen Autor/Reihe/Serie aufbauen und benötigt etwas Zeit dafür, steht ein Jubiläum ins Haus oder will man bewusst neue Themen besetzen.
- Steht das Programm fest, konzipieren die **Marketing- und die Presseabteilung** für die getroffenen Schwerpunkt-Titel/-Serien/-Reihen Aktivitäten. Neben dem zweimal jährlich standardmäßig herauskommenden Katalog für den Handel ist das Spektrum hier breit gefächert und reicht von Verkaufspräsentern für die Buchhandlungen über Endverbraucherwerbung bis hin zu Journalistenbetreuung und Autorenlesungen.
- Diese geplanten Aktivitäten werden dann innerhalb des Hauses bei der

Arbeitsprozesse im Buchverlag

Marketingkonferenz vor- und zur Diskussion gestellt.
- Am Ende der Prozesskette steht die **Vertriebskonferenz**, bei denen die Vertreter/der Außendienst über das halbjährlich neu erscheinende Programm sowie über die neuen Marketing- und PR-Maßnahmen informiert werden.
- Die **Vertreter** – in manchen Verlagen sind sie freiberuflich, beim RBV jedoch fest angestellt – bereisen dann kontinuierlich, jedoch mindestens zweimal jährlich ihre nach Gebieten geordneten Kunden, d. h. die Buchhandlungen. Daneben gibt es noch eine weitere Verkaufsschiene über Verkaufsleiter, die bundesweit (einschließlich Österreich und deutsch sprechende Schweiz) bestimmte Spezialgebiete betreuen: Barsortimente, Kauf- und Warenhäuser, Internetbuchhandel, Versandbuchhandel etc. Durchschnittlich dauert es rund zwei Jahre, bis aus einem Projekt ein käuflich zu erwerbendes Buch geworden ist – von Ausnahmen aus aktuellem Anlass abgesehen.

Selektives Lesen bedeutet, aus einem Text gezielt Informationen auf eine Frage zu entnehmen. Schritte zum selektiven Lesen:
- *Überfliege den Text.*
- *Markiere Textstellen, die dir eine Antwort auf deine Frage liefern.*
- *Welche Antwort erhältst du?*

media-perspektiven.de

Handlungsrolle Literaturrezeption – die Leser
Lesen als Freizeitbeschäftigung

Empirische Untersuchungen haben in den letzten Jahrzehnten gezeigt, dass das Lesen von Büchern sukzessive an Bedeutung verloren hat. Das Buch stellt zwar nicht mehr *das* Leitmedium dar. Gleichwohl ergab die Kinder-Medien-Studie 2019, dass die Nutzung von Zeitschriften und Büchern bei Kindern zwischen 6 und 13 Jahren von 71 % im Jahr 2017 und 74 % 2018 nun auf 76 % 2019 gestiegen ist. Allerdings hat die Beschäftigung mit dem Computer das Bücherlesen inzwischen überholt. Man kann sogar sagen, dass für größere Teile der Jugendlichen in der Gegenwart keineswegs mehr Medien wie das Fernsehen im Zentrum stehen, sondern das Internet. Dies wird in den nächsten Jahren Auswirkungen haben, die auch den Umgang mit dem Medium Buch betreffen. Neben den Medien spielen für Kinder „Treffen mit Freunden", „Spiele draußen und drinnen", sportliche Aktivitäten oder die „Beschäftigung mit Tieren" eine gewichtige Rolle.

Die Kinder-Medien-Studie 2019 hat aber auch ergeben, dass 78 % der befragten 4- bis 13-jährigen Mädchen sich gern in sogenannte Fantasiewelten begeben und sich u.a. für Fantasy, Märchen, Fabelwesen interessieren. Bei den gleichaltrigen Jungen sind 71 % an Superhelden interessiert, das sind vor allem Agenten und Detektive.

Andere Studien in den Vorjahren haben ergeben, dass es eine konstante Zahl von etwa einem Viertel der Gesamtbevölkerung gibt, die in Deutschland niemals ein Buch zur Hand nimmt. Dieser Faktor hängt direkt mit der absolvierten schulischen Ausbildung zusammen. Stattdessen beläuft sich die Zahl der Vielleser (mehr als 50 Bücher im Jahr) kontinuierlich auf lediglich 3 %, wobei Frauen mehr lesen als Männer. Bei Kindern und Jugendlichen geht die Schere zwischen Jungen und Mädchen ab zehn Jahren auseinander. Eine Studie des BÖRSENVEREINS DES DEUTSCHEN BUCHHANDELS (in Zusammenarbeit mit SINUS SOCIOVISION), die 2008 10 000 Personen ab zehn Jahren sowie Kaufdaten von 8 000 Teilnehmern erfasst hat, stellte damals zehn Milieus heraus, die auch das Lesen in besonderer Weise betreffen. Gemeint sind Personenkreise, die sich in ihren Lebensstilen ähneln. Demnach lassen sich vier Milieu-Typen zusammenfassen, die wie folgt benannt werden:

Leseverhalten je nach sozialer Schicht unterschiedlich

1. Gesellschaftliche Leitmilieus (Etablierte, Postmaterielle, moderne Performer)
2. Traditionelles Milieu (Konservative, Traditionsverwurzelte, DDR-Nostalgische)
3. Mainstream (bürgerliche Mitte, Konsum-Materialisten)
4. Hedonistische Milieus (Experimentalisten, Hedonisten)

Hier liegt die Rate mit 30,4 % besonders hoch. Dies macht deutlich, auf welche Weise der Ausbildungsstand Folgen für das Kaufen von Büchern sowie das Lesen hat.

Ausbildungsstand beeinflusst Kauf- und Leseverhalten

> Etwa ein Drittel (31 %) des gesamten Absatzes von Kinder- und Jugendbüchern wird von einem nur 7 % umfassenden Personenkreis realisiert, der über ein abgeschlossenes Hochschulstudium verfügt. Jene 42 % der Bevölkerung, die einen Volks- oder Hauptschulabschluss haben, kommen nur auf 13 %, was wiederum mit dem zur Verfügung stehenden Haushaltsnettoeinkommen zusammenhängt. Danach kaufen jene 15 % der Deutschen, die über ein Haushaltsnettoeinkommen von mehr als 3 000 Euro verfügen, etwa ein Drittel der KJL (vgl. SCHNEIDER 2009, 87–91).

Nationale Bildungsstandards und Kompetenzorientierung
Die Rolle des Deutschunterrichts veranschaulicht einmal mehr, auf welche Weise sich gesellschaftliche Systeme bzw. Teilsysteme überschneiden bzw. die Grenzen zwischen den Teilsystemen fließend sind. Denn auf der einen

Seite ist der Deutschunterricht Teil des Systems Erziehungs- und Bildungswesen. Auf der anderen Seite ist er eine der zentralen Instanzen des kulturellen Gedächtnisses. Seit Beginn des 19. Jh.s ist es der Deutschunterricht, der literarische Texte durch Pflege und Vermittlung archiviert. Erst durch individuelle Wahrnehmung, durch Wertschätzung und Aneignung in der „Institution Schule" sind Autoren von LESSING, GOETHE, SCHILLER bis hin zu GÜNTER GRASS zu Kanonautoren geworden. Dies gilt auch für die KJL mit Autoren wie ERICH KÄSTNER, ASTRID LINDGREN, CHRISTINE NÖSTLINGER, PETER HÄRTLING oder KIRSTEN BOIE, die seit Ende der 70er-Jahre in den Status von „Wiedergebrauchstexten" (JAN ASSMANN) gerieten.

> **Wichtig**
> Der Deutschunterricht funktioniert durch Kanonisierungen als institutionalisiertes „kulturelles Gedächtnis".

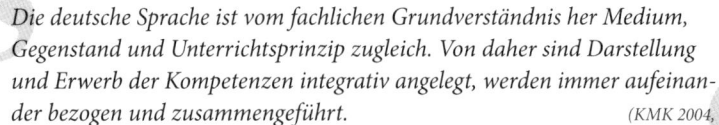
kmk.org

Seit Mai 2002 wird durch einen Beschluss der Kultusministerkonferenz eine bundesweite Vergleichbarkeit der fachlichen Leistungen in den Unterrichtsfächern, so auch im Deutschunterricht, angestrebt. Mit Blick auf die Durchlässigkeit im Schulsystem geht es darum, abschlussbezogene Bildungsstandards zu erarbeiten. Seit Ende 2003 liegen nunmehr die „Standards für den Mittleren Schulabschluss" (KMK 2004) vor. Grundlage für die Erarbeitung dieser Bildungsstandards war die Forderung der Bundesministerin für Bildung und Forschung nach einem „Kanon von nationalen Bildungsstandards und nationale Bildungsvergleiche". Entsprechend fixieren die Bildungsstandards „Kompetenzbereiche des Faches Deutsch" (Sprechen und Zuhören; Schreiben; Lesen – Umgang mit Texten und Medien; Sprache und Sprachgebrauch) und listen die daraus abgeleiteten „Standards für die Kompetenzbereiche" detailliert auf (KMK 2004, 10–15). Zudem wird darauf verwiesen, dass mit den Inhalten der Kompetenzbereiche jeweils fachspezifische „Methoden und Arbeitstechniken" zu erwerben sind. Aber entscheidender als die Formulierung der jeweiligen Kompetenzbereiche sowie der Bestimmung der anvisierten Kompetenzen ist die Formulierung des didaktischen Prinzips, das explizit auf die Verbindung der Lernbereiche orientiert, wenn es grundlegend heißt:

> *Die deutsche Sprache ist vom fachlichen Grundverständnis her Medium, Gegenstand und Unterrichtsprinzip zugleich. Von daher sind Darstellung und Erwerb der Kompetenzen integrativ angelegt, werden immer aufeinander bezogen und zusammengeführt.* (KMK 2004, 6)

Mit der Festlegung auf eine Vernetzung der Kompetenz- bzw. Lernbereiche wird einem integrativ ausgerichteten Deutschunterricht eine zentrale Rolle beigemessen, was insofern bereits Folgen hat, als die neue Generation der Rahmenpläne nahezu aller Bundesländer in Verbindung mit dem Kompetenzbegriff auf eine Integration setzt.

Für die weitere Umsetzung im Deutschunterricht wird dann empfohlen, den Lernprozess „teilbereichsverbindend" zu planen, fachübergreifende Potenzen gezielt zu nutzen und bei den Lerngegenständen aus den unterschiedlichen Teilbereichen darauf zu achten, dass sie inhaltlich logisch miteinander verknüpfbar sind sowie in einen thematischen Rahmen eingegliedert werden können.

Mit der Orientierung auf eine Integration ist eine Veränderung der Inhalte bzw. der didaktischen Prinzipien einhergegangen. Wenn nämlich von Kompetenzbereichen, -modellen, -stufen die Rede ist, dann bedeutet dies auch für den Deutschunterricht eine Orientierung am sogenannten Output. Kurzum, es geht darum, in Abhängigkeit von dem für eine Altersgruppe angenommenen kognitiven Stand ganz konkrete Fähigkeiten und Fertigkeiten auszubilden.

Damit wird die bislang eher „gegenstandsorientierte Fachkonzeption" ersetzt durch eine mehr „kompetenzorientierte Fachkonzeption" (FINGERHUT 2004). Im Rahmen der neuen Bildungsstandards findet sich entsprechend die Unterscheidung zwischen *Content standards* (diese beziehen sich auf die Lernziele und -inhalte schulischen Lernens) und *Performance standards* (diese beziehen sich auf den „Output" schulischen Lernens (K. MAAG MERKI), also die erworbenen Kompetenzen, die sich in den erbrachten Leistungen zeigen und „messen" lassen).

Integrativer Deutschunterricht
Mit dem Kompetenzansatz wird sich – bei allen Problemen – auf eine Integration der Lernbereiche des Deutschunterrichts konzentriert.

Was die begriffliche Klärung angeht, so lässt sich der Kompetenzbegriff vereinfacht als eine Mischung aus (diversen) Fähigkeiten, Fertigkeiten, Wissen und Können beschreiben. Man kann auch HEINER WILLENBERGS Vorschlag folgen, der den Begriff so fasst: „Kompetenzen sind die auf spezifischen Gegenstandsfeldern erworbenen Wissen-Fähigkeiten-Kombinationen, die sich bei Evaluationen als die geforderten Qualifikationen zeigen." (H. WILLENBERG) Für FRANZ E. WEINERT sind Kompetenzen „bei Individuen verfügbare oder durch sie erlernbare kognitive Fähigkeiten und Fertigkeiten, um bestimmte Probleme zu lösen, sowie die damit verbundenen motivatio-

Kompetenzbegriff

nalen, volitionalen und sozialen Bereitschaften und Fähigkeiten, um die Problemlösungen in variablen Situationen erfolgreich und verantwortungsvoll nutzen zu können" (F. E. WEINERT).

Kennzeichen eines integrativen Deutschunterrichts

Inzwischen lassen sich Kennzeichen eines integrativen Deutschunterrichts markieren. Stark vereinfacht lassen sich die Ausgangspunkte wie folgt zusammenfassen:

1. Ausgehend von einem bestimmten Thema bzw. einer kommunikativen Grundsituation (z. B. „Kindheit und Jugend", „Freizeit", „Spannendes Erzählen", „Briefe schreiben") erfolgt eine Verbindung der verschiedenen Arbeitsbereiche des Deutschunterrichts *(fachinterne oder innere Integration)*.

Mind-Map erstellen
Eine Mind-Map hilft, Ideen und Gedanken zu einem Thema zu gliedern bzw. die gesammelten Informationen nach Schwerpunkten zu ordnen:
1. Nimm ein Blatt Papier und schreibe in einen Kreis in der Mitte das Thema, z. B. Autor: ERICH KÄSTNER.
2. Ordne um das zentrale Thema Stichwörter, die die Schwerpunkte deines Themas sein sollen.
3. Verbinde die Stichwörter durch Linien mit dem Kreis oder Kasten.
4. Ordne deinen Schwerpunkten weitere Stichpunkte zu.

2. Es geht um eine Verbindung der verschiedenen Arbeitsbereiche des Deutschunterrichts mit anderen Fächern oder Disziplinen *(fächerübergreifende Integration)*. Kern der Integration bleiben die spezifischen Ziele, Aufgaben und zu erwerbenden Kompetenzen des Deutschunterrichts, d. h., der Deutschunterricht kann nicht unter der Hand zum Geschichts-, Sozialkunde-, Kunst- oder Musikunterricht mutieren.

3. Es geht um eine Verbindung der verschiedenen Arbeitsbereiche mit dem Leben selbst, also jenen Erfahrungen, die junge Leute heute in einer postmodernen Informations- und Mediengesellschaft machen *(lebenspraktische oder äußere Integration)*. Nur in dem Fall, dass die Texte, ihre Inhalte, Stoffe und Themen einen Bezug zu den heutigen Lebensrealitäten herstellen, erscheint es möglich, Schule aus einem eher musealen Umgang mit „Gegenständen" herauszuführen. Dies hat einmal mehr zur Folge, dass moderne KJL, die auf aktuelle Problemlagen Bezug nimmt, eine herausragende Rolle zukommt.

4. Es geht um die Integration bzw. Verbindung verschiedener Methoden und Lernformen (Gruppen- und Partnerarbeit, analytische und synthetische Aufgabenstellungen, sach- und gefühlsbetonte Herangehensweise, Projekt- und Freiarbeit) im Deutschunterricht, deren Einsatz dazu dient, Fach-, Methoden- und Handlungskompetenz der Schüler auszubilden (vgl. GANSEL 2005).

Anschließend an diese Punkte stellt sich nunmehr die Frage, auf welche Weise integrativer Deutschunterricht „funktioniert". Man kann den Grundansatz so fixieren:

a) Ein Thema, das aus der Erfahrungswelt der Schüler und ihrem Interessenbereich stammt, bildet den inhaltlichen Rahmen für den integrativen Deutschunterricht.

b) Das jeweilige Thema ist sowohl Ausgangspunkt als auch verbindendes Element für eine komplexe und im Unterricht nachvollziehbare Situation.
c) Um das Thema zu bearbeiten, ergeben sich Fragen, Aufgaben, Anforderungen, die aus den Lernbereichen des Deutschunterrichts stammen bzw. zu deren Lösung eine Verbindung der drei Lernbereiche notwendig wird.
d) In speziellen Unterrichtssequenzen, die mehrere Unterrichtsstunden umfassen, eignen die Schüler sich differenziert und detailliert die Fachkompetenzen an, die für die komplexe Situationsbewältigung erforderlich sind.
e) Zu beachten ist: Es gibt selbstverständlich Bereiche, die von den Schülern nicht nebenher erfasst werden können. Das Wissen über grammatische Kategorien wie Wortarten und Satzglieder oder bestimmte Regeln der deutschen Rechtschreibung können aus dem Situationszusammenhang gelöst werden (Isolation von Einzelphänomenen). Ihre Merkmale und Strukturen werden gewissermaßen in systematischen Zusammenhängen und für sich behandelt. Das so erworbene Wissen und Können etwa zu grammatischen oder literarischen Kategorien wird dann in komplexen Situationszusammenhängen wiederaufgenommen und produktiv gemacht.

Sofern eine Art Konsens über diese Ausgangspunkte, Methoden und Ziele eines integrativen Ansatzes hergestellt werden kann, wird man sich auch darüber einigen können, auf welche Weise die integrierten Einheiten gebaut werden. Bei einer Betrachtung der jeweiligen Kapitel etwa in Deutschbüchern kann im Sinne der Evaluation gefragt werden, ob und in welchem Maße es jeweils gelungen ist, die nachfolgende „Regel" an konkreten Gegenständen umzusetzen: An welchen kommunikativen Grundsituationen bzw. welchem lebensweltlichen Problem „heutiger" junger Leute (wird) welcher Hauptlernbereich – a) Sprechen/Schreiben/Zuhören oder b) Umgang mit Texten oder c) Reflexion über Sprache – durch welche Arbeitsschritte der Lehrenden und Lernenden mit welchen weiteren Lernbereichen integriert, und welche Fähigkeiten, Fertigkeiten, welches Wissen, welches Können bzw. welche Kompetenzen werden dabei ausgebildet?

> Einigkeit besteht darin, dass in einem integrativ angelegten Deutschunterricht die Bedeutung der KJL zunimmt, weil es darum geht, mit Texten zu arbeiten, die das Lebensgefühl und die Problemlage von jungen Leuten in besonderer Weise erfassen und adäquate Formen für das „Was" und „Wie" des Erzählens finden.

Erzähltheoretische Grundvoraussetzungen

2.1 KJL und Narratologie

Was seit Mitte der 90er-Jahre für das Symbolsystem KJL unbestritten gilt, ist die Existenz einer modernen Kinder- und Jugendliteratur. Wer das akzeptiert, kommt nicht umhin, auf die – im Vergleich zur traditionellen KJL – veränderte Struktur der Texte, ihre gesteigerte „Literarizität" einzugehen, egal wie man sie dann wertet. Dies ist auch nicht zuletzt deshalb notwendig, weil die moderne Struktur der Texte den literarischen Kommunikationsrahmen für den Umgang mit ihnen auch im Literaturunterricht beeinflusst.

KJL vollzieht in den 70er-Jahren einen qualitativen Sprung

WILHELM STEFFENS u. a. haben diesbezüglich den Nachweis erbringen können, dass die KJL ab Beginn der 70er-Jahre einen qualitativen Sprung macht, indem sie jene literarischen Darstellungsweisen nutzt, die der moderne Roman seit dem 19. Jh. entwickelt hat (STEFFENS 1995, 1998; außerdem H.-H. EWERS, E. ARMBRÖSTER-GROH, H. DAUBERT, B. HURRELMANN, C. GANSEL).

Eine Untersuchung der modernen KJL-Texte musste entsprechend auf ein Analyseinstrumentarium zurückgreifen, das die moderne Erzählforschung bzw. Narratologie seit den 50er-Jahren entwickelt hat. Von besonderer Bedeutung erwies sich bei STEFFENS (1995, 28) der Bezug auf FRANZ K. STANZELS „Theorie des Erzählens" (1979) sowie auf EBERHARD LÄMMERTS „Bauformen des Erzählens" (1955). In Darstellungen zur modernen KJL wurden die idealtypischen Erzählsituationen von STANZEL übernommen bzw. wurde auf sie verwiesen. Das war nachvollziehbar, ging es doch zunächst einmal darum herauszustellen, dass der moderne Kinderroman sich jener literarästhetischen Mittel bediente, die bislang der avancierten Erwachsenenliteratur vorbehalten waren.

Gleichwohl erscheint mit Blick auf die modernen Entwicklungen seit den 80er-Jahren eine Präzisierung der erzähltheoretischen Prämissen angeraten. Denn: Bei dem Begriff „Erzähltheorie" handelt es sich um eine „Bezeichnung für heterogene Ansätze der Erzählforschung, die auf eine systematische Beschreibung der Arten, Strukturen und Funktionsweisen narrativer Phänomene abzielen" (Reallexikon der deutschen Literaturwissenschaft 2007, 513).

Grundsätzlich besteht das Ziel der inzwischen international und interdisziplinär arbeitenden Erzähltheorie in der systematischen „Darstellung der wesentlichsten Elemente des Erzählens und ihrer strukturellen Zusammenhänge" (STANZEL 1979, 14; vgl. NÜNNING/NÜNNING 2002a, 4). ANSGAR und VERA NÜNNING haben darauf verwiesen, dass innerhalb der Erzähltheorie verschiedene Phasen und konkurrierende Beschreibungsmodelle existieren (NÜNNING/NÜNNING 2002a, 5). Auf diese interne Differenzierung kann nachfolgend im Rahmen einer Darstellung zur KJL nicht explizit eingegangen werden. Vielmehr wird es darauf ankommen, in gebotener Kürze jene Ansätze zu präsentieren, die mit Blick auf die Ausbildung von Kompetenzen für den Umgang mit KJL maßgeblich sind.

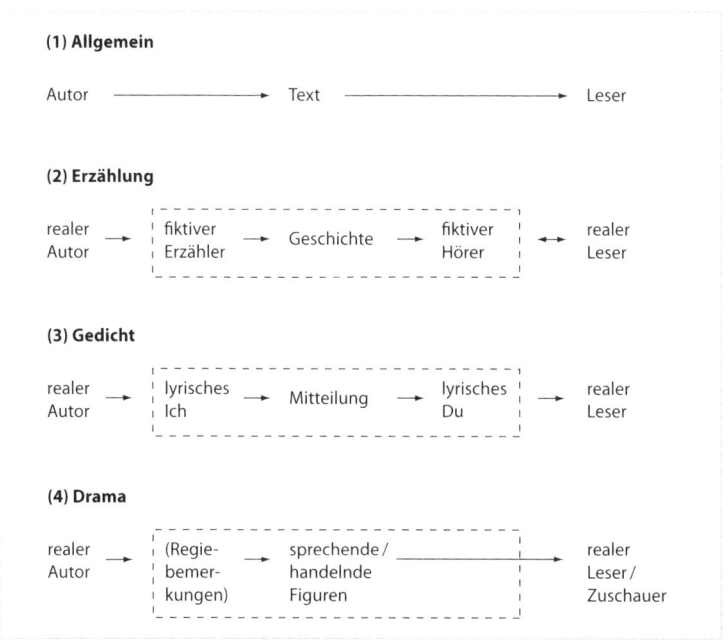

Modell der literarischen Kommunikation

Grundsätzlich gilt auch für die epische KJL allgemein, dass von einem Autor (a) ein Text (b) produziert bzw. geschrieben wird und dieser über Vermittlungsinstanzen (Verlage, Freunde, Eltern, Schule) an Leser gerät und von ihnen gelesen wird. Betrachtet man nun Erzähltexte etwas genauer, dann lässt sich präzisieren: Ein realer Autor (a) lässt über einen fiktiven Erzähler eine fiktive Geschichte (b) erzählen, in der Figuren handeln, sprechen, denken. Diese fiktive Geschichte wiederum wird möglicherweise von einem oder mehreren fiktiven Hörern aufgenommen. Es geht also in diesem Fall um das Erzählen einer Geschichte in der Geschichte, mithin eine Rahmenerzählung. Die „Geschichten aus Tausendundeiner Nacht" (ca. 800) sind in der Weltliteratur ein frühes Beispiel. In der deutschen Literatur kann man auf THEODOR STORMS „Schimmelreiter" verweisen, und für die KJL ist MICHAL ENDES „Die unendliche Geschichte" (1979) mit dem Motiv vom Buch im Buch repräsentativ.

Die genannte Geschichte wird schließlich von einem realen Leser gelesen. Das bekannte Modell der literarischen Kommunikation fasst dies wie in der Abbildung auf S. 51 zusammen.

2.2 Das Zweiebenenmodell

Die von einem Autor entworfene Geschichte läuft in einem zeitlich-räumlichen Koordinatensystem ab. Die Figuren, Geschehnisse, Handlungen werden fiktiv genannt, weil sie nicht mit der Lebenswirklichkeit identisch sind, sondern lediglich eine symbolische Verweisfunktion auf Realität besitzen. Insofern trifft zu, dass Kunst immer eine Wirklichkeit zweiten Grades darstellt. Von diesen fiktionalen Erzählungen sind sogenannte faktuale, also nicht erfundene, Erzählungen abzusetzen, in denen jemand von einer wirklich erlebten Reise erzählt oder von einem Sportereignis, einem historischen Geschehen oder aber auch seine Autobiographie vermittelt. UMBERTO ECO hat die Voraussetzungen wie Probleme, die für das fiktionale Erzählen gelten, so beschrieben:

> *Wer erzählen will, muß sich zunächst eine Welt errichten, eine möglichst reich ausstaffierte Welt bis hin zu den letzten Details [...] Das Problem ist, die Welt zu errichten, die Worte kommen dann fast von selbst [...] Man kann sich auch eine ganz irreale Welt errichten, in der die Esel fliegen und die Prinzessinnen durch einen Kuß geweckt werden, auch diese rein phantastische und ‚bloß mögliche' Welt muß nach Regeln existieren, die vorher festgelegt worden sind.* (U. Eco 1986, 31 ff.)

Was ECO hier umreißt, das gilt natürlich für die sogenannte schöne Literatur allgemein, also auch für Kinder- und Jugendliteratur. Grundsätzlich lassen sich auch in der KJL zwei narrative Ebenen unterscheiden. Dies sind: a) das „Was" des Erzählens und b) das „Wie" des Erzählens. Für den narrativen Text gilt die Ausgangsformel: „Jemand erzählt jemandem eine Geschichte."

Das „Was" des Erzählens, dafür wird auch der Begriff *histoire* gebraucht, meint die Ebene der Geschichte, also das Erzählte selbst, das Dargestellte, die *story*. Mit dem „Wie" des Erzählens, dafür wird auch der Begriff *discourse* gebraucht, ist die Art und Weise der Präsentation der Geschichte bezeichnet.

Es geht letztlich also um die Fragen:
1. Was für eine Geschichte wird erzählt?
2. Wie wird die Geschichte erzählt, auf welche Art und Weise wird sie erzählerisch präsentiert? Mit anderen Worten, es ist zu fragen: Wer erzählt und aus wessen Perspektive wird die Welt dargestellt?

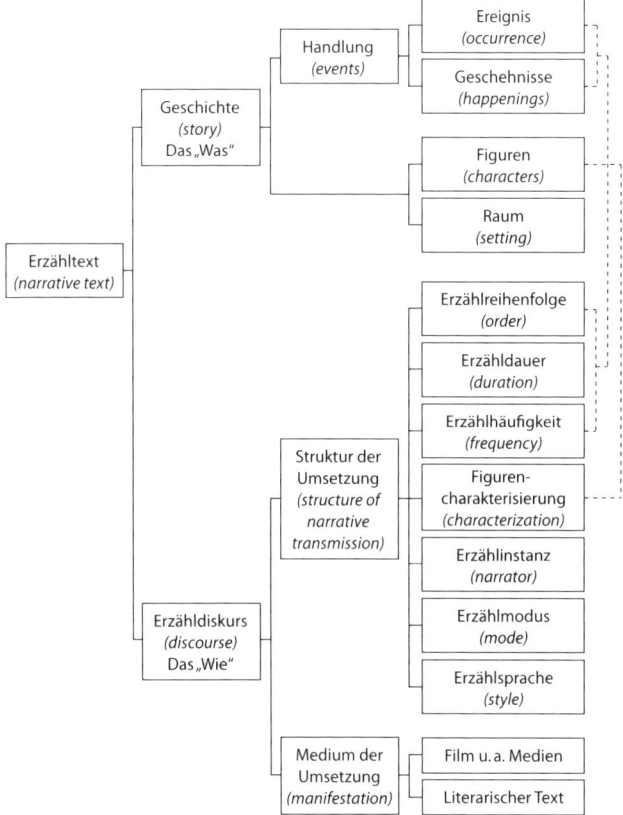

Zweiebenenmodell (vgl. Wenzel 2004, 15)

Beide Ebenen, die Ebene der *story* wie auch die Ebene des *discourse* lassen sich dann weiter unterteilen. So gehören zur Ebene der Geschichte folgende Elemente: die Handlungen und Geschehnisse sowie die Figuren und der Raum bzw. Schauplatz.

Innerhalb der Erzählforschung des 20. Jh.s existiert dieses Zweiebenenmodell in verschiedenen Varianten, wobei insbesondere von den französischen Strukturalisten wie von der russischen formalen Schule wichtige Anregungen ausgingen (vgl. STIERLE 1975, 49 ff., CHATMAN 1978, 19; JAHN/NÜNNING 1994, 25; SCHWARZE 1995, MARTINEZ/SCHEFFEL 1999, 22 ff.). Neben der skizzierten Grund- bzw. Basisvariante nach CHATMAN existiert auch ein weiter ausdifferenziertes Modell, das vor allem den Erzähldiskurs (das „Wie") weiter differenziert (vgl. WENZEL 2004).

Dieses ausgestaltete Zweiebenenmodell gibt einen guten Überblick über die Bestandteile eines Erzähltextes und stellt insofern eine Art Checkliste dar. Es zeigt einmal mehr, dass man ein und dieselbe Geschichte (das „Was") auf verschiedene Weise erzählen kann (das „Wie"): Chronologisch, aus der Sicht verschiedener Erzählinstanzen, mit Vor- und Rückblenden, als Bericht, als szenische Darstellung oder in ganz verschiedenen Medien (Buch, Film, Comic). Darüber hinaus sind jene Elemente erfasst, die bei der Untersuchung eines Erzähltextes eine Rolle spielen können.

PETER WENZEL (WENZEL 2004, 16) hat darauf verwiesen, welche weiteren Elemente auf der Ebene des Erzähldiskurses Relevanz besitzen. Im Sinne eines Überblicks entsteht danach folgende Zusammenfassung:

Zeitliche Präsentation der Handlung	Erzählreihenfolge	Erzähldauer	Erzählhäufigkeit
	Gibt es eine chronologisch ablaufende Handlung, oder wird die Geschichte mit Vor- und Rückblenden erzählt?	Verhältnis zwischen der Dauer einer Geschichte und der Dauer ihrer Präsentation (Lesen/Vorlesen): zeitliche Raffung oder zeitliche Dehnung	Wird ein Ereignis nur einmal erzählt oder gegebenenfalls aus der Sicht verschiedener Figuren mehrfach?
Charakterisierung der Figuren	Direkte Charakterisierung einer Figur (durch den Erzähler)	Indirekte Charakterisierung einer Figur (durch ihre Handlungen)	---

Art der erzählerischen Vermittlung (Erzähler)	Erzählinstanz	Erzählmodus	Erzählsprache
	Handelt es sich (etwa im Sinne von Stanzel) um eine auktoriale Erzählinstanz, eine personale oder eine Ich-Erzählinstanz?	Geht es um einen zusammenfassenden Bericht oder etwa um direkte Rede, inneren Monolog, erlebte Rede usw.?	Es geht um die Frage, welchen Erzählton und welche Stilschicht der Autor bzw. Erzähler wählt. Werden umgangssprachliche Elemente, Jugendsprache oder ein Kinderton genutzt?

Struktur der Umsetzung

Nachfolgend wird es nun darum gehen, die verschiedenen Elemente eines Erzähltextes genauer in den Blick zu nehmen. Die hinreichende Kenntnis dieser Kategorien zielt letztlich darauf, analytische Kompetenzen für den Umgang mit KJL zu gewinnen.

2.3 Das „Wie" des Erzählens

In erzählenden Texten wird die Geschichte nicht direkt präsentiert, sondern von einem Erzähler vermittelt. In fiktionalen Texten ist der Erzähler aber natürlich nicht der Urheber des Textes, er ist ein Teil der Fiktion. Beim Erzähler handelt es sich um eine vom Autor geschaffene Instanz (Erzählinstanz). Dies zu betonen ist notwendig, weil häufig Autor und Erzähler einer Geschichte gleichgesetzt werden. Unabhängig davon, wie groß die Nähe oder wie weit der Abstand eines Autors zu seinem Erzähler wie den Figuren auch ist, es gilt grundsätzlich beide voneinander abzusetzen.

> **Wichtig**
> Eine Besonderheit der KJL besteht darin, dass ein Erwachsener als Autor agiert und von Problemen spricht, die offensichtlich nicht oder nicht mehr die seinen sind.

Zur Veranschaulichung dieses Unterschiedes eignet sich KJL in besonderer Weise, denn der Autor von Kinder- oder Jugendromanen wird nur in den seltensten Fällen ein Kind bzw. Jugendlicher sein. Wenn z. B. KIRSTEN BOIE die Geschichte eines Vorschulkindes erzählt, dann berichtet sie schwerlich von ihrer aktuellen Befindlichkeit. Gleiches trifft zu, wenn Autorinnen die Geschichte einer männlichen (jugendlichen) Figur erzählen und umgekehrt.

Entgegen den bislang genannten Ausgangsfragen, dass es bei narrativen Texten zuerst um das „Was" und erst dann um das „Wie" der Darstellung geht, wird hier mit dem Erzähldiskurs, dem „Wie" begonnen. Dies hat seinen Grund u. a. darin, dass beim Umgang mit KJL – auch und gerade in institutionellen Kontexten – es eben nicht bevorzugt darum gehen kann, lediglich die Handlung (den Inhalt) zu präsentieren, sondern vor allem danach zu fragen ist, wie es um die Präsentation der Geschichte bestellt ist, auf welche Art und Weise der Erzähler agiert. Dies umso mehr, da der Erzähler als struktureller Kern eines literarischen Textes gelten kann.

Erzähler als Vermittlungsinstanz
Der Erzähler als Vermittlungsinstanz hat eine Reihe von Funktionen zu erfüllen. Er führt in die Geschichte ein, er stellt die Figuren vor und charakterisiert sie, er macht Angaben zu Raum und Zeit, er schildert die Handlungen der Figuren. Dies alles kann auf unterschiedliche Weise geschehen: Der Erzähler kann über übermenschliche Fähigkeiten verfügen, indem er den gesamten Handlungsverlauf kennt, an mehreren Orten gleichzeitig ist, über das Innen und Außen der Figuren Kenntnisse besitzt. Genauso ist denkbar, dass der Erzähler selbst sehr wenig über die Geschichte weiß, sein Blickwinkel begrenzt ist, er nicht weiß, wie es um das Bewusstsein und die Gefühlszustände der Figuren bestellt ist. Von daher lassen sich verschiedene Manifestationen des Erzählers im Text unterscheiden.

Nach den Vorschlägen von FRANZ K. STANZEL (STANZEL 1995, 1987) wird in der Literaturwissenschaft und Didaktik – trotz mancher Kritik im Einzelnen – grundsätzlich an den drei Erzählsituationen festgehalten, wobei unter der Erzählsituation die Art und Weise gefasst ist, mit der in einem narrativen Text die Ereignisse, Handlungen, Bewusstseinprozesse, das Geschehen auf der Ebene der Figuren dargestellt werden. Dabei handelt es sich a) um den auktorialen Erzähler bzw. die auktoriale Erzählsituation; b) Ich-Erzähler bzw. Ich-Erzählsituation; c) personaler Erzähler bzw. personale Erzählsituation.

> **Wichtig**
> Grundsätzlich sind die Übergänge zwischen den drei Erzählsituationen fließend, es gibt verschiedene Abstufungen und Mischformen, mitunter wechselt die Erzählsituation in einem Text.

Die auktoriale Erzählinstanz
Geradezu als Musterbeispiel für die Art und Weise, wie der auktoriale Erzähler agiert, können die Romane für Kinder von ERICH KÄSTNER gelten. „Der 35. Mai oder Konrad reitet in die Südsee" (1932), ein phantastischer Text, beginnt so:

1 Es war am 35. Mai. Und da ist es natürlich kein Wunder, daß sich   Musterbeispiel
Onkel Ringelhuth über nichts wunderte.   der auktorialen
2 Wäre ihm, was ihm heute zustoßen sollte, auch nur eine Woche früher   Erzählinstanz:
passiert, er hätte bestimmt gedacht, bei   Kinderromane
3 ihm oder am Globus seien zwei bis drei Schrauben locker! Aber am   von Erich Kästner
35. Mai muß der Mensch auf das Äußerste
4 gefaßt sein.
5 Außerdem war Donnerstag. Onkel Ringelhuth hatte seinen Neffen
Konrad von der Schule abgeholt, und jetzt
6 liefen beide die Glacistraße entlang. Konrad sah bekümmert aus.
Der Onkel merkte nichts davon, sondern
7 freute sich auf das Mittagessen.
8 Ehe ich aber mit dem Erzählen fortfahre, muß ich eine familiengeschichtliche Erklärung abgeben. Also: Onkel
9 Ringelhuth war der Bruder von Konrads Vater. Und weil der Onkel noch nicht verheiratet war und ganz allein
10 wohnte, durfte er an jedem Donnerstag seinen Neffen von der Schule abholen. Da aßen sie dann gemeinsam
11 zu Mittag, unterhielten sich und tranken miteinander Kaffee, und erst gegen Abend wurde der Junge wieder
12 bei den Eltern abgeliefert. Denn Onkel Ringelhuth hatte doch keine Frau, die das Mittagessen hätte kochen
13 können! Und so was Ähnliches wie ein Dienstmädchen hatte er auch nicht. Deshalb aßen er und Konrad
14 donnerstags immer lauter verrücktes Zeug. Manchmal gekochten Schinken und Schlagsahne.

(Aus: E. Kästner, Der 35. Mai, © Atrium Verlag, Zürich)

Wie der Textanfang zeigt, tritt der auktoriale Erzähler als ein konkret fassbarer Vermittler in Erscheinung und ist in hohem Maße als solcher erkennbar. Er präsentiert nicht lediglich eine Geschichte, er kommentiert sie, mischt sich ein, gibt (moralische) Werturteile ab, wendet sich an den Leser. Als vermittelnder Sprecher ist ein solcher Erzähler selbst schon mit einer eigenen Persönlichkeit ausgestattet.

In Erich Kästners Text lässt sich der auktoriale Erzähler durch die im Schaubild aufgeführten Merkmale kennzeichnen:

Textausschnitt	Funktion des Erzählers	Mögliche Rezeptionslenkung
Es war am 35. Mai (1), Außerdem war Donnerstag (5)	Angabe der Zeit	Konstruktion einer irrealen Zeit, Hinweis auf Phantastik
da ist es natürlich kein Wunder, daß sich Onkel Ringelhuth über nichts wunderte	Kommentar zur Person des Onkels angesichts der irrealen Zeit	Bestätigung der besonderen Bedingungen unter denen die Geschichte abläuft
was ihm heute zustoßen sollte	Erzähler weist auf ein kommendes außergewöhnliches Ereignis hin	Spannungserzeugung
Onkel Ringelhuth hatte seinen Neffen Konrad von der Schule abgeholt	Einführung der zwei Hauptfiguren, Hinweis zum Ort	Konstruktion eines Handlungsortes
Jetzt liefen beide die Glacistraße lang (6)	präzisierende Angabe zum Ort	Konstruktion eines Handlungsortes
Konrad sah bekümmert aus (6)	Erzähler gibt Hinweis zum Äußeren der Figur	Mittel der Sympathielenkung
Der Onkel merkte nichts davon, sondern freute sich auf das Mittagessen (6/7)	Erzähler hat Einblick in das Bewusstsein der Figur und seinen Gefühlszustand. Er verfügt damit über übermenschliche Fähigkeiten.	Mittel der Sympathielenkung
Ehe ich aber mit dem Erzählen fortfahre (8)	Thematisierung des Erzählvorganges	Erzähler gibt sich als (fiktiver) Autor des Erzählten aus, Autorisierung des Erzählten
familiengeschichtliche Erklärung abgeben (8)	Präzisierung der Figuren	Erzeugung einer bestimmten Vorstellung von den Figuren
weil der Onkel noch nicht verheiratet war (9); ganz allein wohnte	Hinweis auf die Figur und ihre soziale Rolle	Weiterführung des Aufbaus der Vorstellung von der Figur
Da aßen sie dann gemeinsam zu Mittag, unterhielten sich (10/11)	Schilderung der Ereignisse	Aufbau einer Handlung und eines Handlungszusammenhangs
Onkel Ringelhuth hatte doch keine Frau, die das Mittagessen hätte kochen können! (12/13)	implizite Bewertung	soziale Werte und Normen des Erzählers werden einsehbar (Einstellung zur Rolle von Mann und Frau)

Der auktoriale Erzähler bei Erich Kästner

Eine Zusammenfassung von Merkmalen der auktorialen Erzählsituation erbringt Folgendes:

Der auktoriale Erzähler kommentiert, mischt sich ein, bewertet

- Der Erzähler hat Distanz zum Erzählten, er kann es überblicken und von seinem übergeordneten Standpunkt aus organisieren.
- Es dominieren Erzählerbericht und Kommentar als Darstellungs-weisen.
- Der Erzähler bringt sich selbst ins Spiel, er wird als Sprecher mit bestimmten Werten/Normen erkennbar.
- Der Erzähler erfüllt eine Reihe von technischen Funktionen, indem er Ort, Zeit, Figuren beschreibt und die Ereignisse schildert.
- Der Erzähler setzt sich mit dem Denken und Handeln der Figuren auseinander und bewertet es im Anschluss entsprechend zustimmend, kritisch, ironisch, neutral.
- Der Erzähler reflektiert über die Ebene der erzählerischen Vermittlung, er thematisiert den Erzählvorgang und spricht den Leser direkt an (Leseranreden). KÄSTNERS „Das doppelte Lottchen" beginnt so: „Kennt ihr eigentlich Seebühl? Das Gebirgsdorf Seebühl? Seebühl am Bühlsee? Nein? Nicht? Merkwürdig – keiner, den man fragt, kennt Seebühl!" (KÄSTNER 1998 VIII, 163)
- Der Erzähler weiß, was gewesen ist und was kommen wird (Rückblenden, Vorausdeutungen), er hat Einblick in das Innere der Figuren (er kann Gedanken lesen) wie ihr Äußeres. Damit verfügt der Erzähler über übermenschliche Fähigkeiten.

Die Ich-Erzählinstanz

Beim auktorialen Erzählen kann der Erzähler über die Außen- wie die Innensicht der Figuren verfügen, aber letztlich bleibt der Blick auf die Bewusstseinszustände von außen bestimmt und daher begrenzt. Deshalb ist die Rede vom „allwissenden" Erzähler relativ und irreführend. Dies ist bei einem Ich-Erzähler bzw. der Ich-Erzählsituation – sie kommt dem Erzählen im Alltag am nächsten – anders.

Ich-Erzählsituation kommt den Erzählsituationen im Alltag am nächsten

Im Unterschied zum auktorialen Erzählen wird die Geschichte von einem Erzähler präsentiert, der als erlebendes Ich selbst an der fiktiven Handlung teilnimmt. Dabei kann es sich um eine Hauptfigur handeln oder aber auch um eine Nebenfigur, die über die Ereignisse mit einem gewissen Abstand als neutraler Beobachter oder möglicherweise Zeuge berichtet. In der spezifischen KJL ist der Ich-Erzähler erst in dem Maße opportun geworden, wie es darum ging, anstelle von Aufklärung, Belehrung, Didaktik, Kinder und Jugendliche ernst zu nehmen, ihrem Denken und Fühlen nahezukom-

ROBERT LOUIS
STEVENSON:
„Die Schatzinsel"

men, Partei für sie zu ergreifen. Von daher ist die Einführung der Ich-Erzählsituation in der KJL ein Indiz für einen Wandel im Kindheitsbild und einen Anschluss an moderne Entwicklungen in der Literatur.

Wie groß die Sympathie war, die Ich-Erzählern entgegengebracht wurde, zeigte sich am frühen Erfolg von Texten, die ursprünglich nicht an Kinder bzw. Jugendliche adressiert waren, die aber doch zur bevorzugten Jugendlektüre wurden: DANIEL DEFOES „Robinson Crusoe" (1719), ROBERT L. STEVENSONS „Die Schatzinsel" (1883), JONATHANS SWIFTS „Gullivers Reisen" (1726), MARK TWAINS „Huckleberry Finn" (1884). Für diese Texte ist eines typisch: der Abstand zwischen dem „erzählenden Ich" und dem „erlebenden Ich". Der Beginn der „Schatzinsel" unterstreicht dieses Prinzip eindrucksvoll:

> *Squire Trelawny, Dr. Liversy und die anderen Herren hatten mich aufgefordert, die ganze Geschichte von der Schatzinsel vom Anfang bis zum Ende niederzuschreiben und nichts zu verschweigen als die Lage der Insel, und auch das nur, weil noch immer ungehobene Schätze dort liegen; und so greife ich jetzt, im Jahre des Heils 17., zur Feder und beginne mit der Zeit, da mein Vater Wirt im „Admiral Benbow" war und der sonnenverbrannte alte Seemann mit der Säbelnarbe sich unter unserm Dach einquartierte. Ich entsinne mich seiner, als ob es gestern gewesen wäre ...*
>
> (R. L. Stevenson 1999, 9)

Das „erzählende Ich" in STEVENSONS Text erinnert sich an vergangene Ereignisse, das Geschehen wird aus der Rückschau wiedergegeben. So verfügt das „erzählende Ich" über eine auktoriale Position gegenüber dem Dargestellten, es kann rückblickend kommentieren und bewerten. Beim „erlebenden Ich" handelt es sich um das „frühere Selbst" des Ich-Erzählers. Der Unterschied zwischen beiden besteht nicht nur im zeitlichen Abstand, sondern auch in der größeren Lebens- und Welterfahrung, über die das „erzählende Ich" inzwischen verfügt.

JUTTA RICHTER:
„Hechtsommer"

Es ist nicht verwunderlich, dass gerade Texte, in denen ein größerer zeitlicher Abstand zwischen „erzählendem" und „erlebendem Ich" besteht, als eine Art Kindheitsdichtung gelten können (s. S. 37 f.), die die Grenze zwischen Allgemeinliteratur und KJL überschreitet. Anders sieht es bei Texten aus, in denen das Erleben des jungen Helden mit dem Erzählen zusammenfällt, in denen also die erzählende Reflexion über das Geschehen dicht an das erzählende Erleben heranrückt, ja mit ihm identisch ist. In diesem Falle wird man eher dazu geneigt sein, den Text als einen an junge Leser adressierten zu bewerten. In JUTTA RICHTERS „Hechtsommer", der von einem Abschied von der Kindheit erzählt, von Freundschaft und dem Sterben eines geliebten Menschen, bleibt offen, wie groß der zeitliche Abstand zwischen dem „erzählenden" und „erlebenden Ich" ist.

Es war so ein Sommer, der nicht aufhört. Und dass es unser letzter werden würde, hätte damals keiner geglaubt. Wir konnten es einfach nicht glauben. So wie wir uns auch nicht vorstellen konnten, dass es je wieder einen Winter geben würde, einen Winter, bitterkalt mit richtigem Schnee und einer dicken Eisschicht auf dem Wassergraben.
Es war so ein Sommer, der nicht aufhört. Er hatte im Mai angefangen.

(J. Richter 2004, 7)

Textausschnitt	Hinweise auf die Erzählinstanz und die Funktion des Erzählers	Charakterisierung des Erzählers und rezeptionslenkende Signale
„Es war so ein Sommer"/ „Und dass es unser letzter werden würde"	Hinweis auf die Zeit der Geschichte	Abstand zwischen „erzählendem" und „erlebendem Ich" wird angedeutet
„So wie wir uns auch nicht vorstellen konnten, dass es je wieder einen Winter geben würde"	Verweis auf den Horizont kindlichen Erlebens	Leser wird darauf vorbereitet, dass kindliches Erleben dargestellt wird

Merkmale der Ich-Erzählinstanz in Jutta Richters „Hechtsommer"

Deutlicher ist der Abstand zwischen der Gegenwartsebene (Basiserzählung) und der Vergangenheit (Analepse) in SARAH WEEKS' Kinderroman „So B. It" erkennbar, der 2006 für den Deutschen Jugendliteraturpreis nominiert war. Der Textanfang macht anschaulich, dass rückblickend erzählt wird, ja das erzählerische Ich sich erinnert:

Wenn die Wahrheit ein Wachsmalstift wäre und ich sollte ihn mit Papier umwickeln und die Farbe draufschreiben, dann wüsste ich genau, welchen Namen ich ihr geben würde – Dinosaurierhaut. Ich konnte mir die Farbe immer vorstellen, ohne dass ich lange überlegen musste. Doch das ist lange her, und damals wusste ich noch nicht, was ich heute über Dinosaurier und die Wahrheit weiß.

(S. Weeks 2007, 5)

Ich-Erzähler in Kenntnissen begrenzt, nicht allwissend

Die Ausschnitte ermöglichen zudem Rückschlüsse auf Merkmale der Ich-Erzählinstanz. Auch im Unterschied zur auktorialen Erzählinstanz wird offenbar, welche Merkmale die Ich-Situation kennzeichnen: Grundsätzlich bleibt der Ich-Erzähler in seinen Kenntnissen und Erfahrungen begrenzt und ist nicht allwissend. Er verfügt nicht über übermenschliche Fähigkeiten, sondern bewegt sich – wie reale Menschen auch – in den Grenzen von Raum und Zeit. Entsprechend lässt sich verallgemeinern:
- Die Bewusstseinsdarstellung bleibt auf das reduziert, was das Ich denkt und fühlt.
- Der Ich-Erzähler mag über eine Kenntnis der Vergangenheit verfügen, über Zukünftiges kann er keine sicheren Aussagen machen.
- Der Ich-Erzähler kann nicht an verschiedenen Plätzen gleichzeitig sein, es ist ihm nur möglich, über das zu berichten, woran er selbst teilhat. Von anderen Ereignissen kann er nur dann Kenntnis haben, wenn ihm davon erzählt wurde.

Was haben auktoriale und Ich-Erzählinstanz gemeinsam?

Bei allen Divergenzen verfügen auktoriale und Ich-Erzählinstanz über ein gemeinsames Merkmal: Für den Leser ist erkennbar, dass hier eine Geschichte erzählt wird, weil ein persönlich erscheinender Erzähler als Vermittler auftritt und sich mitunter direkt an den Leser wendet. Beide Erzählinstanzen unterstreichen ihre Verbundenheit zu realen Momenten des Erzählens, in denen ein Geschichten-Erzähler in einer direkten Beziehung zu jenen stand, die seiner Geschichte lauschten. Es hängt mit modernen Entwicklungen in der Literatur des 20. Jh.s zusammen, wenn in narrativen Texten die Spuren des Gemachtwerdens immer weniger erkennbar sind und es den Anschein hat, es gehe um eine ungebrochene Wiedergabe der subjektiven Wahrnehmungs- und Bewusstseinsvorgänge von Figuren. In der Allgemeinliteratur wird diese Art der Narration in Verbindung mit dem englischen Autor JAMES JOYCE gebracht, der als einer der Begründer des modernen Romans gilt (vgl. A. NÜNNING 1996, 176).

Die personale Erzählinstanz

In dem Falle, da kein Erzähler der Geschichte als Vermittlungsinstanz auftritt, der sich explizit zu erkennen gibt oder eingreift, liegt die Vermutung nahe, dass es sich um eine personale Erzählinstanz bzw. einen personalen Erzähler handelt. Die Hinweise auf das Erzähltwerden sind kaum noch erkennbar, der Erzähler tritt nicht mehr als persönlicher Sprecher in Erscheinung, Leseranreden, Kommentare, Reflexionen über das Erzählen entfallen zumeist. Wiedergegeben wird das Geschehen von einer Instanz, die anonym und neutral bleibt, was es schwermacht, die Erzählinstanz als solche zu identifizieren. Eine weitere Ausprägung des personalen Erzählens kann darin bestehen, dass die dargestellte Welt nicht aus der überschauenden Perspektive eines auktorialen Erzählers erfasst wird, sondern aus der Sicht einer am Geschehen beteiligten Figur. Aber anders als beim Ich-Erzähler tritt diese Instanz nicht explizit als „Ich" in Erscheinung. Das personale Medium fungiert als Orientierungszentrum, dessen Wahrnehmungen und Bewusstseinsvorgänge dafür verantwortlich sind, was dargestellt wird.

> Beim personalen Erzähler rückt an die Stelle des Berichts über das Geschehen – dies ist kennzeichnend für auktoriale und Ich-Erzählsituation – a) die Darstellung von subjektiven Sinneseindrücken und Bewusstseinsprozessen und b) die Präsentation der Ereignisse und Handlungen aus der Sicht einer bestimmten Figur.

Betrachtet man das Verhältnis von Innen- und Außenperspektive, dann unterscheidet den personalen vom auktorialen Erzähler die Entschiedenheit, mit der der Erzähler sich an die Sichtweise einer Figur bindet. Der auktoriale Erzähler kann ein personales Medium unter vielen anderen Darstellungsmitteln benutzen, der personale Erzähler bindet sich ein und für alle Mal an sein Medium. Damit verändert sich das Verhältnis zwischen den beiden Grundformen der Perspektive, der Außenperspektive und der Innenperspektive. Bei der Außenperspektive werden die Auswahl der Erzählgegenstände wie das Erzähltempo von einem Bezugspunkt her bestimmt, der außerhalb der Romanfiguren und des erzählten Geschehens liegt. Insofern ist für einen auktorialen Erzähler die Außenperspektive maßgeblich.

Der personale Erzähler bindet sich an sein Medium

Beim personalen Erzählen bzw. der personalen Erzählsituation erfolgt dagegen eine Schwerpunktverlagerung auf die Innenperspektive, es wird ein Stellvertretermedium eingesetzt, ein Reflektor (vgl. STANZEL 1995, 16; LUDWIG 1995, 95). Insofern kommt es zur Steuerung des Erzählens nach psychologischen Kriterien. Dies wiederum führt zu der Frage, inwieweit das Dargestellte den psychologischen Wahrscheinlichkeiten und dem Bewusstseinshorizont der Reflektorfigur angemessen ist. Es kann nur so viel erzählt werden, wie die jeweilige Figurenanlage hergibt. In dem Fall also, da es sich um eine kindliche oder jugendliche Reflektorfigur handelt, wird deren Horizont zumeist begrenzt sein. Eine solche kindliche Erzählerfigur wird oft auch in der Allgemeinliteratur gewählt, um einen naiven Blick auf die Welt zu werfen und sie dadurch vor dem Leser zu verfremden. In der KJL allerdings ist die Entscheidung für einen personalen kindlichen Erzähler Ausdruck des Bemühens, authentisch die Gefühlslage von Kindern zu erfassen, ihnen nahe zu sein, ihre Empfindungen zu tolerieren, zu akzeptieren. Ein

Steuerung des Erzählens nach psychologischen Kriterien

bis heute klassisches und nach wie vor eindrucksvolles Beispiel für personales Erzählen liefert TORMOD HAUGEN mit seinem Kinderroman „Die Nachtvögel" (1978).

1 *Im Treppenhaus leise gehen!*
2 *An dem abgeschabten, bräunlichen Fleck auf der vierten Stufe vorbeischleichen und sagen:*
3 *„Lorum, lirum, rei, ich bin frei!" Den Atem bis zum ersten Absatz anhalten, dort, wo die*
4 *Treppe einen Bogen macht. Da hat der Fleck keine Macht mehr.*
5 *Sich ducken vor der gefährlichen Tür mit dem gefährlichen Auge.*
6 *Einem Auge.*
7 *Einem großen, strahlenden, starrenden Auge, das niemals blinzelt. Das nur schaut und*
8 *schaut und schaut. Das alle ansieht, die vorbeigehen.*
9 *Hexenauge.*
10 *Eines Tages wird plötzlich die Tür aufgerissen werden, und dann wird er nicht*
11 *vorbeikommen. Dann wird eine Stimme rufen: „Lorum, lirum, rei, du bist mein!"*
12 *Dann wird die Hexe Frau Andersen nach ihm greifen, ihn hinein in den Flur ziehen und ihn*
13 *in einen Käfig sperren. In einen engen Käfig. In dem muss er bleiben, bis er ein alter Mann*
14 *geworden ist mit weißem Haar und weißem Bart, mit einem Stock und mit Ischias, wie*
15 *Opa.* (Aus: T. Haugen, Die Nachtvögel, © 1984 Arena Verlag, Würzburg)

Wie der Textanfang zeigt, gibt es keinen Erzähler, der als Vermittler in Erscheinung tritt. Es wird nicht deutlich, aus wessen Perspektive die Darstellung des Geschehens erfolgt. Erst ab Zeile zehn kann der Leser erkennen, dass es um eine männliche Person geht und damit wird klar, dass die Beschreibung gebunden ist an die Sicht einer konkreten Figur. Offensichtlich befindet sich die Figur in einem Bewusstseinszustand, in dem das Gefühl der Angst dominiert. Die Wirklichkeit erscheint wie im Märchen bevölkert von geheimen, undurchschaubaren Mächten. Die allgegenwärtige Angst steigert sich durch die Vorstellung, es werde der Tag kommen, da es der Hexe gelingt, ihn abzufangen. Die schrecklichen Folgen werden gedanklich antizipiert. Der Abschnitt gibt nicht Aufschluss über einen äußeren Handlungsablauf, sondern im Vordergrund steht die psychologisch einfühlsame Darstellung der Sinneseindrücke, der Gefühle, Ängste, Vermutungen der Hauptfigur. Der Akzent liegt auf der Präsentation der subjektiven Wahrnehmung der Figur, über deren Alter nichts gesagt wird. Damit unterscheidet sich die Passage grundlegend vom auktorialen Erzählen und der Ich-Erzählsituation.

Der Zusammenhang zwischen Erzählgegenstand und Art und Weise des Erzählens beim personalen Erzählen lässt sich schematisch erfassen:

Sinnabschnitte	Erzählgegenstand und rezeptionslenkende Signale	Art und Weise der Darstellung
1–5	Appell an das Verhalten der eigenen Person und subjektiv gebrochene Beschreibung der bevorstehenden Gefahr	Bewusstseinsdarstellung: Wiedergabe der erwarteten Gefahr und der Weise, wie ihr zu begegnen ist
6–9	Beschreibung der Gefahr, Präzisierung des Auges als „Hexenauge"	Bewusstseinsdarstellung und subjektive Wertung
10–11	Gefühlzustand und Steigerung der Angst duch Antizipation einer möglichen Aktivität der gefährlichen Macht. Erkennbar wird, dass es um die Gedanken einer männlichen Figur geht.	Bewusstseinsdarstellung: Gedankliche Ausgestaltung eines in der Zukunft möglichen Vorkommnisses, vor dem die männliche Figur, aus deren Sicht erzählt wird, Angst hat.
12–13	Kennzeichnung der Person, von der die Gefahr ausgeht, die Hexe wird als Frau Anderson bestimmt. Das mögliche Ergebnis des Zusammenstoßes wird vorweggenommen (Gefangenschaft im Käfig)	Bewusstseinsdarstellung: Gedankliches Ausmalen der Folgen des Zusammenpralls mit der gefährlichen Macht.
13–14	Komprimierte Wiedergabe des vermuteten eigenen Schicksals; Zeitraum der Gefangenschaft wird bedacht und reflektiert, welche körperlichen Veränderungen die Dauer der Gefangenschaft mit sich bringt.	Bewusstseinsdarstellung: Wiedergabe einer antizipierten Zukunft
15	Der Bezug zur Vergleichsperson wird hergestellt: Opa. Damit ist ein erstes Indiz gegeben auf das Alter der reflektierenden Figur.	Bewusstseinsdarstellung

Personales Erzählen in Tormod Haugens „Die Nachtvögel"

Bestimmung der Erzählperspektive
- *Überprüfe im Text, ob der Erzähler selbst als handelnde Figur beteiligt ist oder vielleicht außerhalb der Geschichte steht oder sich hinter einer der Figuren „versteckt".*
- *Untersuche die „Fähigkeiten" des Erzählers. Was weiß er über das Denken und Handeln der Figuren? Kann er vielleicht an verschiedenen Orten gleichzeitig sein? Kennt er Vergangenheit, Gegenwart und Zukunft der Figuren? Ist sein Wissen begrenzt auf eine Figur?*

Zusammengefasst lässt sich zur personalen Erzählsituation bzw. zum personalen Erzählen notieren:

- Erzählerbericht, Beschreibung und Kommentar sind – wie im vorliegenden Textausschnitt – zurückgedrängt zugunsten einer Bewusstseinsdarstellung bzw. einer gedanklichen Vision. Es ist klar erkennbar, dass es sich in diesem Abschnitt nicht um ein „reales", „äußeres" Geschehen handelt, sondern einzig um Vorstellungen der Figur, ihre subjektiven Sinneseindrücke stehen im Zentrum.
- Diese personale Erzählsituation weist nur noch wenige Spuren des Erzähltwerdens auf, auch wenn das Personalpronomen der dritten Person („er") einen Hinweis auf die erzählte Figur gibt.
- Das Geschehen wird gleichwohl von einer anonym bzw. neutral bleibenden Stimme präsentiert. Der Leser erhält keinerlei Informationen über dieses Erzählermedium.
- Schließlich wird die fiktive Welt nicht aus der Sicht eines überschauenden Erzählers wahrgenommen, vielmehr geht es um die Perspektive einer am Geschehen beteiligten Figur.
- In solchen Fällen, da wie hier die Innenweltdarstellung auf eine Figur konzentriert bleibt, handelt es sich um *monoperspektivisches Erzählen*; erfolgt stattdessen eine Weitung auf die Innensicht mehrerer Figuren, kann von einem *multiperspektivischen Erzählen* gesprochen werden.
- Das personale Erzählen ist zudem nicht durch den Bericht von Handlungen und Ereignissen kennzeichnet, im Mittelpunkt steht vielmehr die Präsentation von Bewusstseinsprozessen. Die Gedanken und Gefühle, Ängste und Hoffnungen der Reflektorfigur werden unkommentiert präsentiert, sodass ein direkter Einblick in die Innenwelt der reflektierenden, denkenden, fühlenden Figur gegeben scheint. Von „Reflektorfigur" wird nach STANZEL deshalb gesprochen, weil nur die Details der fiktiven Welt in den Blick kommen, die im Horizont der jeweiligen Figur liegen bzw. von ihr reflektiert werden (vgl. STANZEL 1995, LUDWIG 1995, NÜNNING 1996). Selbstverständlich lassen sich in einer dominant personalen Erzählsituation auch Abschnitte finden, die man nicht einer Reflektorfigur zuordnen kann.

Ergänzungen zum klassischen Erzählmodell

Die klassische Kennzeichnung der typischen Erzählsituationen lässt sich ebenfalls bei FRANZ K. STANZEL vertiefen (STANZEL 1995, 70 ff.). Im Rahmen der (neueren) Erzählforschung sowie in Darstellungen zu Fragen von Analyse und Interpretation finden sich Präzisierungen und Ergänzungen (vgl.

u. a. LUDWIG 1995, NÜNNING 1996, TITZMANN 1993, VOGT 1990, WEBER 1998). Offensichtlich wird, dass unabhängig vom jeweiligen Ansatz oftmals nicht die Frage nach dem „Was" der Darstellung im Mittelpunkt steht, sondern zunächst jene nach dem „Wie", es also um Aspekte der erzählerischen Vermittlung geht; die Frage danach, wie der Erzähler agiert, wie es um die Erzählperspektive oder die Erzählsituation bestellt ist, tritt in den Vordergrund.

So ist nach wie vor auf das Modell von JÜRGEN H. PETERSEN zu verweisen, der in Absetzung zu STANZEL vorgeschlagen hat, zwischen Erzählform, Erzählverhalten, Standort des Erzählers, Erzählperspektive und Erzählhaltung zu unterscheiden (PETERSEN 1993). Bei der Erzählform geht es um die Frage, wer die Geschichte erzählt. Dabei werden vereinfacht zwei Formen unterschieden: Um die Er-Form handelt es sich, wenn der Erzähler von anderen erzählt. Wird in der Ich-Form berichtet, spricht der Erzählende von sich selbst, das Ich ist also sowohl erzählendes Medium als auch handelnde Person. Diese Differenzierung in Er- bzw. Sie-Form und Ich-Erzählung entspricht dem, was im alltäglichen Erzählen vorkommt: Man erzählt von dem, was man selbst erlebt, gedacht, gefühlt hat („Ich") oder berichtet über Erlebnisse, die andere gehabt haben („Er"- bzw. „Sie"-Form).

Erzählform

Der Begriff Erzählverhalten wird von PETERSEN anstelle des von STANZEL gebrauchten Terminus Erzählsituation gesetzt. Wie PETERSEN zutreffend feststellt, bezeichnen die von STANZEL gebrauchten Erzählsituationen streng genommen das Verhalten des Erzählers, wobei durch Absetzung der Ich-Erzählsituation von der auktorialen und personalen „Unvergleichbares kombiniert" werde (PETERSEN 1993, 68). Mit der Ich-Erzählsituation würden einer Erzählform (ein Ich erzählt = Ich-Erzählweise) zwei Arten epischen Verhaltens gegenübergestellt, nämlich überschauend (auktorial) und personal (aus der Sicht einer Figur). Da STANZEL die Kategorien auktoriale, personale und Ich-Erzählweise unterscheidet, findet sich bei ihm die Möglichkeit einer auktorialen Ich-Erzählweise nicht. Aber diese ist nicht zuletzt in der KJL häufig anzutreffen, wenn nämlich das erzählende Ich kritisch über das erlebende Ich, also das handelnde Ich berichtet. Dies ist in KJL wie Allgemeinliteratur bevorzugt dann der Fall, wenn von der Schwelle des (reiferen) Alters aus der eigenen Kindheit und Jugend gedacht wird.

Erzählverhalten

PETERSEN plädiert daher für die Unterscheidung von auktorialem, personalem und neutralem Erzählverhalten. Dabei meint Erzählverhalten das „Verhalten des Narrators zum Erzählten" (PETERSEN 1993, 68) und dies nicht im Sinne einer Wertung, sondern im Sinne einer Präsentation der Geschichte (s. Schaubild, S. 68).

Erzähler	Kennzeichen
Erzählform	Wer präsentiert als Erzähler die Geschichte, wer berichtet: a) Er-Erzähler (Er-Erzählform), b) Ich-Erzähler (Ich-Erzählform)
Erzählverhalten	Verhalten des Erzählers (Narrators) zum Erzählten (story), Art der Präsentation der Geschichte: a) auktorial, b) neutral, c) personal
Standort des Erzählers	Das räumliche (Nähe oder Ferne) und zeitliche Verhältnis (zeitlicher Abstand) des Erzählers zum Geschehen, den Personen und Vorgängen: a) allwissend, olympisch, b) begrenzt
Erzählperspektive	Das Wissen um die Figuren, das sich auf äußerlich Wahrnehmbares beziehen kann oder aber auch auf die Innenwelt (Gedanken, Gefühle) erstreckt: a) Außensicht oder/und b) Innensicht
Erzählhaltung	Bewertung des Geschehens, der Figuren, ihrer Denk- und Verhaltensweisen durch den Erzähler: a) neutral; b) bejahend; c) kritisch; d) humorvoll, ironisch, zynisch, parodistisch

Erzähler

Standort des Erzählers

Unter dem Standort des Erzählers bzw. Blickpunkt des Erzählers versteht Petersen in Absetzung zu Stanzel das „raum-zeitliche Verhältnis des Narrators zu den Personen und Vorgängen" (Petersen 1993, 53 ff.). Der Erzähler bzw. Narrator kann dabei aus großer Nähe die Figuren, Handlungen, Denk- und Verhaltensweisen beschreiben und dabei auch auf kleinste Details verweisen oder aber aus größerer Entfernung berichten. Es ist denkbar, dass er über Allwissenheit verfügt, denn möglicherweise kennt er die Figuren, ist über die Vor- und Nachgeschichte im Bilde, was Rückblenden und Vorausdeutungen ermöglicht. Konsequent betrachtet liegt Allwissenheit aber nur in dem Fall vor, da der Erzähler die äußere wie innere Welt der Figuren erfasst.

Erzählperspektive

In Ergänzung zum Erzählstandort wird unter dem Begriff Erzählperspektive das äußere wie innere Wissen um die Figuren verstanden. Dabei kann der Erzähler über eine Perspektive verfügen, der die Innensicht oder/und die Außensicht ermöglicht.

Die Erzählhaltung steht in enger Verbindung zum Erzählverhalten, sie fragt nach der wertenden Einstellung des Erzählers zum Geschehen. Welche Haltung nimmt der Erzähler zum Geschehen, zu den Figuren, zu den Denk- und Verhaltensweisen ein? Ist seine Haltung neutral oder stattdessen bestätigend, affirmativ oder ablehnend, ist sie ironisch, vielleicht gar parodistisch?

Erzählhaltung

Die verschiedenen Formen, wie PETERSEN sie gebraucht, lassen sich zusammenfassen und können ergänzend oder alternativ zu jenen Vorschlägen von STANZEL genutzt werden.

Neue Entwicklungen in der Narratologie

Seit Ende der 90er-Jahre ist ein neuer Schub in der Narratologie zu verzeichnen, in dessen Folge eine Vielzahl von systematischen Arbeiten zur Erzähltheorie entstanden sind (u. a. MARTINEZ/SCHEFFEL 1999; NÜNNING/NÜNNING 2002a; NÜNNING/NÜNNING 2002b; NÜNNING 2004). In einer speziellen Reihe wird zudem ausgewählten Phänomenen der Erzählforschung auf den Grund gegangen („Narratologia", FOTIS JANNIDIS, JOHN PIER, WOLF SCHMID (Hg.)).

Stimme

FRANZ K. STANZEL hat bereits in seiner „Theorie des Erzählens" (1979) in Verbindung mit dem personalen Erzählen auf Aspekte verwiesen, die im Rahmen neuerer Erzählforschungen immer wieder aufgegriffen wurden. Dazu gehört die Frage, in welchem Maße der Erzähler hinter die Figur zurücktritt und ob die Leser seine Anwesenheit bemerken oder nicht. Damit ist das Problem der erzählerischen Vermittlung angesprochen, das ansonsten mit dem Begriff *Modus* bezeichnet wird (vgl. STRASEN 2004, 114). Die Frage, aus welcher Sicht, mit welchen Augen bzw. welcher Perspektive die Welt dargestellt und betrachtet wird, fasst STANZEL entsprechend als Perspektive. Schließlich stößt bereits STANZEL auf das Problem, dass es im Falle eines Ich-Erzählers einen Unterschied macht, ob dieser das Erzählte aus eigener Erfahrung kennt, er also zur Welt der Figuren gehört oder aber aus zweiter Hand berichtet und außerhalb steht. STANZEL umreißt dieses Phänomen mit dem Begriff *Person*.

Die genannten Kategorien finden sich auch in jener Erzähltheorie, die in den letzten Jahren nicht nur im deutschen Sprachraum größeren Einfluss erlangt und sich letztlich durchgesetzt hat. GÉRARD GENETTES Erzählmodell (GENETTE 1998) nutzt Kategorien, die bereits bei STANZEL vorkommen. Allerdings führt GENETTE andere Begriffe ein, was es nicht ganz einfach macht. Dort wo STANZEL von *Person* spricht, gebraucht GENETTE den Begriff *Stimme*. Insofern gibt es auch bei GENETTE eine Unterscheidung von Erzählungen, in denen der Erzähler in der ersten (Ich-Erzähler) und in der dritten Person

GENETTE: *Stimme*,
STANZEL: *Person*

(Er-Erzähler bzw. auktorialer Erzähler) spricht. GENETTE wendet allerdings zu Recht ein, dass auch jene Er-Erzähler, die nicht Teil der erzählten Welt sind, gleichwohl in der ersten Person sprechen und sich direkt an den Leser wenden können. Ein klassisches Beispiel findet sich bereits bei ERICH KÄSTNERS hier schon zitiertem „Der 35. Mai oder Konrad reitet in die Südsee". Nachdem von Onkel Ringelhuth und seinem Neffen Konrad berichtet wurde, bringt der Erzähler sich urplötzlich als „Ich" in Stellung und notiert: „Ehe ich aber mit dem Erzählen fortfahre, muss ich eine familiengeschichtliche Erklärung abgeben." (KÄSTNER 1998 VII, 549)

Heterodiegetischer, homodiegetischer, autodiegetischer Erzähler

GENETTE schlägt daher vor, unter der Kategorie *Stimme* solche Erzähler als *heterodiegetisch* zu bezeichnen und für jene typischen Ich-Erzählungen im Sinne STANZELS den Begriff *homodiegetisch* zu reservieren. Für den Fall, dass ein homodiegetischer Erzähler – wie bei STEVENSONS „Schatzinsel" – seine eigene Geschichte erzählt, führt GENETTE den Terminus *autodiegetischer* Erzähler ein.

Fokalisierung

GENETTE: Fokalisierung, STANZEL: Perspektive

Zur Beantwortung der Frage, aus welcher Sicht erzählt wird – STANZEL arbeitet hier mit dem Begriff der Perspektive –, wird von GENETTE der Begriff der Fokalisierung eingeführt. Mit Fokalisierung ist der Grad an Informationen gemeint, über den der Erzähler verfügt. Die Informationen über die Ereignisse und Figuren können nämlich im einen Fall ausgesprochen umfangreich, im anderen aber auch ausgesprochen begrenzt sein. Entsprechend unterscheidet GENETTE drei Möglichkeiten (s. Tabelle S. 71): Nullfokalisierung, interne Fokalisierung und externe Fokalisierung.

Schließlich findet sich bei GENETTE eine Kategorie, die bei STANZEL nicht explizit diskutiert wird. Es ist bereits beim Modell der literarischen Kommunikation (S. 51) darauf aufmerksam gemacht worden, dass ein Erzähler eine seiner Figuren eine Geschichte erzählen lassen kann, und in dieser Geschichte eine Figur erneut eine Geschichte erzählt. In diesem Fall handelt es sich beim Erzähler erster Stufe um einen extradiegetischen Erzähler (extradiegetische Erzählung) und beim Erzähler zweiter Stufe um einen intradiegetischen Erzähler (intradiegetische Erzählung). In der KJL allerdings finden sich trotz aller Modernität bis in die Gegenwart eher selten diese Formen des Erzählens.

Umso auffälliger ist deshalb GUUS KUIJERS Kinderroman „Das Buch von allen Dingen" (2006), der ganz bewusst auf ERICH KÄSTNERS „Emil und die Detektive" anspielt.

Fokalisierung	Kennzeichen	Beispiel Peter Härtling
Nullfokalisierung (entspricht bei F. K. STANZEL a) *einer* Außenperspektive und b) *mehreren* Innenperspektiven	Der Erzähler weiß mehr als jede andere Figur, er hat die „Übersicht" (Erzähler > Figur). Damit ist a) die göttergleiche Perspektive des allwissenden und somit auktorialen Erzählers ebenso gemeint, wie b) die Möglichkeit, dass ein Erzähler sein Wissen um einzelne Figuren addiert. In diesem Fall handelt es sich eigentlich um eine Aneinanderreihung von internen Fokalisierungen.	„Solche Heime wie das, in dem Hirbel länger blieb als andere Kinder, sind von Städten eingerichtet, damit Kinder, die aus Waisenhäusern abgehauen sind, die von ihren Eltern oder Pflegeeltern schlecht behandelt wurden, die gar keine Eltern haben und streunen, für eine Zeit lang Unterkunft haben." (HÄRTLING: „Das war der Hirbel", 12)
Interne Fokalisierung (entspricht bei F. K. STANZEL dem Begriff der Innenperspektive)	Der Erzähler weiß ebenso viel wie die Figur, auf jeden Fall nicht mehr, insofern handelt es sich um „Mitsicht" (Erzähler = Figur).	„Wenn der Kalle wüsste, was ich ihm manchmal vormache. Da war die Sache mit dem Fußball. Ich hatte ganz einfach Angst um ihn. Ich dachte mir, dass sich der Kalle wieder herumtreibt, dass er mich anschwindelt, dass es den freundlichen Lehrer und den Fußballplatz gar nicht gibt. Ich hab mich so geschämt wegen meines Misstrauens. So was soll nicht wieder vorkommen, Erna Bittel!" (HÄRTLING: „Oma", 68)
Externe Fokalisierung (entspricht bei F. K. STANZEL dem Begriff der Außenperspektive)	Der Erzähler weiß weniger als jede andere Figur, er hat die „Außensicht" (Erzähler < Figur).	„Tante Karla weckte ihn, aufgeregt, die Koffer standen gepackt um sie herum, wie eine kleine Herde. ‚Steht auf, Primel, es ist alles schon gepackt! Sogar die Wintersachen habe ich untergebracht. Der Huber hat jemanden hergeschickt. Es soll ein Zug kommen.' Alles ging viel zu schnell." (HÄRTLING: „Reise gegen den Wind", 65)

Wie viel weiß der Erzähler?

GENETTE: *deduktiv*,
STANZEL: *induktiv*

Grundsätzlich ist bei den für die Analyse von literarischen Texten maßgeblichen erzähltheoretischen Ansätzen von STANZEL und GENETTE Folgendes zu beachten: STANZEL arbeitet induktiv, er geht von vorgefundenen Beispielen aus und klopft gewissermaßen die literarischen Texte nach den dort existierenden Beziehungen ab. GENETTE geht deduktiv vor, er fragt danach, welche Kombinationsmöglichkeiten in literarischen Texten bestehen. Insofern interessiert ihn im Unterschied zu STANZEL erst einmal nicht, ob es wirklich Beispiele für die von ihm entworfenen Varianten gibt (vgl. STRASEN 2004, 125).

Unzuverlässiges Erzählen
Bei der Untersuchung von narrativen Texten ist zunehmend auch die Beobachtung gemacht worden, dass es durchaus Erzähler gibt, deren Aussagen man als Leser nur bedingt glauben schenken kann. Hegt man als Leser also Zweifel, ob die Aussagen des Erzählers über die dargestellte Welt, über die dort ablaufenden Ereignisse, Geschehnisse, Situationen und die agierenden Figuren zutreffen, kann von einem unzuverlässigen Erzähler (*unreliable narrator*) bzw. einem unzuverlässigen Erzählen (*unreliable narration*) gesprochen werden.

Ein Beispiel für eine mögliche Variante des unzuverlässigen Erzählers findet sich in dem bekannten Eingangssatz von GÜNTER GRASS' „Die Blechtrommel" (1959). Der Ich-Erzähler, Oskar Matzerath notiert nämlich gleich zu Beginn:

Zugegeben: ich bin Insasse einer Heil- und Pflegeanstalt, mein Pfleger beobachtet mich, läßt mich kaum aus dem Auge; denn in der Tür ist ein Guckloch, und meines Pflegers Auge ist von jenem Braun, welches mich, den Blauäugigen, nicht durchschauen kann.
Mein Pfleger kann also gar nicht mein Feind sein. Liebgewonnen habe ich ihn, erzähle dem Gucker hinter der Tür, sobald er mein Zimmer betritt, Begebenheiten aus meinem Leben, damit er mich trotz des ihn hindernden Gucklochs kennenlernt. Der Gute scheint meine Erzählungen zu schätzen, denn sobald ich ihm etwas vorgelogen habe, zeigt er mir, um sich erkenntlich zu geben, sein neuestes Knotengebilde. (G. Grass, Die Blechtrommel, 1986, 9)

Der Ich-Erzähler bzw. der homodiegetische Erzähler gesteht mit dem ersten Wort („Zugegeben") seine besondere Situation ein. Sie besteht darin, dass er Insasse einer psychiatrischen Anstalt ist. Dies muss noch nichts bedeuten. Allerdings ist schon bald die Rede davon, dass der Wärter, dem vom Erzähler Geschichten präsentiert werden, eben diesen Erzähler „nicht durchschauen kann". Wenig später dann findet sich eine Steigerung, indem der Erzähler zugibt, dass die Geschichten, die der Wärter interessiert aufnimmt, „vorgelogen" sind.

Mit Oskar Matzerath sind erste Hinweise dafür gegeben, wann ein Erzähler als unzuverlässig eingestuft werden kann. Offensichtlich ist es so, dass diese Unzuverlässigkeit vorzugsweise bei Ich- bzw. homodiegetischen, ja autodiegetischen Erzählern auftritt, ihre Sicht auf die Welt also Zweifel aufwirft.

ANSGAR NÜNNING hat – bevorzugt am Beispiel der englischen Literatur – Textmerkmale für unzuverlässiges Erzählen zusammengestellt. Darüber hinaus verweist er darauf, dass kulturelle Modelle sowie gesellschaftliche Werte und Normen „de facto als Bezugsrahmen für die Frage nach der mangelnden Glaubwürdigkeit von Erzählern eine zentrale Rolle spielen" (NÜNNING 1998, 27 f.). Ausgehend davon gibt er eine stichwortartige Übersicht über textuelle Signale für das Erkennen eines unzuverlässigen Erzählers, die sich vereinfacht wie folgt zusammenfassen lassen:

Merkmale für unzuverlässiges Erzählen

- offensichtliche Widersprüche des Erzählers, Lügen, Halluzinationen, Phantastereien sowie andere interne Unstimmigkeiten,
- vom Erzähler selbst eingestandene Unglaubwürdigkeit, Erinnerungslücken und Hinweise auf kognitive Einschränkungen, problematische physische oder/und psychische Zustände,
- Widersprüche zwischen den Aussagen und den Handlungen eines Erzählers,
- Widersprüche zwischen der Selbstcharakterisierung des Erzählers und der Fremdcharakterisierung durch andere Figuren,
- Äußerungen anderer Figuren, die die Einschätzung des Erzählers korrigieren,
- hohe Expressivität und Subjektivität sowie ein besonderer Grad an emotionaler Erregtheit/Involviertheit des Erzählers (Ausrufe, Ellipsen, Wiederholungen),
- Häufung von Leseranreden und bewussten Versuchen, die Rezeption in bestimmter Weise zu lenken, wiederholte Bekräftigung der eigenen Aussagen und Selbstsuggestion,
- Eingestehen von Parteilichkeit oder existierenden Vorurteilen,
- paratextuelle Signale (z. B. Untertitel, Vorwort).

Ob allerdings, wie NÜNNING vorschlägt, bei der Bestimmung unzuverlässigen Erzählens auch „das Voraussetzungssystem des Rezipienten" einbezogen werden muss, also sein Weltwissen sowie die von ihm vertretenen Werte und Normen, bleibt jedoch fraglich. Dies umso mehr, wenn man wie die KJL grundsätzlich kindliche und jugendliche Rezipienten im Blick hat, deren Weltwissen und Werte- und Normsystem sich noch in der Entwicklung befinden.

Unstrittig dürfte aber sein, dass unzuverlässiges Erzählen zu einer Störung, einer Irritation des Rezipienten führen kann und einen aufmerksamen Leser erfordert. Von daher wird der unzuverlässige Erzähler sich in der KJL nur in Ausnahmen finden, denn der geht es nicht nur in historischer Perspektive bevorzugt darum, das Norm- und Wertesystem des Rezipienten auszubilden und das kindliche Ich zu stärken.

> VALÉRIE DAYRE:
> „Lilis Leben eben"

Die Entwicklungen in der modernen KJL zeigen allerdings, dass nunmehr durchaus auch in der KJL unzuverlässige Erzähler anzutreffen sind. Ein Beispiel liefert VALÉRIE DAYRE mit ihrem mit dem deutschen Jugendliteraturpreis ausgezeichneten Kinderroman „Lilis Leben eben" (2005). Eine Leserin notierte zu dem Kinderroman Folgendes: „So was hab ich noch nie gelesen. Da bin ich ein paarmal ordentlich reingefallen! O Mann, das ist ganz schön verzwickt dieses Buch [...] Aber irgendwie ist es super. Lilis Geschichte ist echt cool." (Klappentext)

> Klappentext
> Informationen, die meistens hinten im Buch oder hinten auf dem Einband des Buches zu finden sind, um die Leser auf den Inhalt neugierig zu machen. Mit wenigen, einprägsamen Worten wird etwas über die Geschichte, die Figuren oder das Thema erzählt. Hinzukommen können Informationen zum Autor bzw. Pressestimmen zum Buch.

Bei dem Text handelt es sich im ersten Teil um eine Art Ferientagebuch der zwölfjährigen Lili. Lili als Ich-Erzählerin notiert in ihrem ersten Eintrag (Dienstag, 31. Juli), was sich auf der Hinfahrt der Familie an den Ferienort ereignet, und bereits zu Anfang werden Ungereimtheiten im Verhalten der Eltern angedeutet: „Als wir gestern angekommen sind, hab ich gleich gemerkt, dass etwas nicht stimmt. Sie schauten so komisch und warfen einander verstohlene Blicke zu. Dabei versuchten sie ganz normal auszusehen und so zu tun, als ob nichts wäre." (5)

Die nächsten Tagebuchaufzeichnungen Lilis bringen eine vermeintliche Auflösung: Lili wird von ihren Eltern gezielt an einer Autobahnraststätte ausgesetzt. Die nächsten Wochen verbringt sie, gemeinsam mit einem zugelaufenen Hund, an der Autobahn. Mit diesem Hund hat es etwas Besonderes auf sich, denn laut Lili kann er sprechen.

Im Tagebuch selbst notiert Lili dann fortlaufend Kritisches über die Familienverhältnisse. So geht sie etwa mit der Haltung der Mutter ins Gericht, die glaubt, sozial engagiert zu sein, aber für die Erdbebenopfer in Armenien nur „lauter altes Gerümpel" spendet. „Du spendest nur Sachen, die du sowieso wegschmeißen würdest", stellt Lili empört fest und notiert dies rückblickend im Tagebuch (41).

In den nachfolgenden Eintragungen finden sich dann zunehmend Indizien, die den Leser irritieren und die Frage aufwerfen, ob Lilis Darstellung zu glauben ist. Unter „Mittwoch, der 22." (August) steht im Tagebuch dann nur ein einziger Satz: „Der Hund hat nie gesprochen. Ich hab gelogen." (77) Es folgen noch zwei Einträge. Urplötzlich kommt es dann zu einem Wechsel des Erzählers. Ein auktorialer bzw. heterodiegetischer Erzähler offenbart, dass Lilis Tagebuch nichts anderes ist als eine Geschichte, die sie sich während der drei Urlaubswochen am Strand ausgedacht hat. Lili ist also nie von den Eltern ausgesetzt worden.

Gerade in der KJL wird der Frage nach der Unzuverlässigkeit des Erzählens perspektivisch mehr Raum zu geben sein. Denn es finden sich in den modernen Kinderromanen zunehmend Erzähler, die den Leser irritieren und die Fragen provozieren, ob das, was sie erzählen, überhaupt glaubhaft ist. Als Beispiel dafür kann auch KARLIJN STOFFELS „1:0 für die Idioten" (2009) herangezogen werden, in dem die Ich-Erzählerin Luisa, die versucht hat, sich umzubringen, wie GRASS' Oskar als Patientin einer psychiatrischen Anstalt erzählt.

2.4 Das „Was" des Erzählens

Für narrative Texte spielt die Handlung eine gewichtige Rolle. Das Erfassen der Handlung ist letztendlich die Grundvoraussetzung für das Verstehen von literarischen Texten. Dies erklärt, warum auch in schulischen Kontexten über die Inhaltsangabe wesentliche Momente der Handlung fixiert werden.

Will man die Handlung eines Textes erfassen, so geht es letztlich um zwei Aspekte, die miteinander verflochten sind. Zum Ersten lässt sich die Oberflächenstruktur eines Textes beschreiben, mithin das, was sich dem Leser unmittelbar darbietet und oftmals „Darstellungsebene" genannt wird. Letztlich trifft dies das „Was" der Darstellung, die Geschichte (*story*) und mit ihr das Zusammenspiel von Figuren und Handlungen. Zum Zweiten kann man danach fragen, welche verallgemeinerbaren Grundmuster, welche Schemata sich möglicherweise hinter den Handlungselementen befinden, die die Oberflächenstruktur ausmachen. Auf diese Weise gelangt man zur Tiefenstruktur eines Textes.

Die Handlung
Betrachtet man die Handlung, dann ist eine Unterscheidung notwendig in a) das Ereignis (*event*) und b) das Geschehen (*series of events*).

Das Ereignis ist die kleinste Einheit der Handlung. Folgender Satz: „Andrej Andrejewitsch Mjasow kaufte [...] einen Kerzendocht" – er findet sich in DANIIEL CHARMS Kurzgeschichte „Verluste" – stellt ein solches Ereignis dar. Ein Ereignis setzt sich zusammen aus Handlungskern (Prädikat) und Hand-

Oberflächenstruktur: Ereignis und Geschehen

Erzählplan aufstellen
1. *Notiere Stichwörter zu folgenden Fragen: Wo soll deine Geschichte spielen? Was soll geschehen? Welche Figuren sollen vorkommen? Was soll der Höhepunkt der Geschichte sein?*
2. *Ordne deine Stichwörter, sodass deine Geschichte einem roten Faden folgt.*
3. *Überlege, wie die Geschichte beginnen und wie sie enden soll.*

lungsträger (Subjekt). Mehrere Ereignisse bilden ein Geschehen: „Andrej Andrejewitsch Mjasow kaufte [...] einen Kerzendocht und trug ihn nach Hause".

Die Handlung allein, also mehrere aneinandergereihte Ereignisse, ergeben zwar ein Geschehen, aber noch keine Geschichte. Erst in dem Fall, da ein Autor die Handlung „formt" und die Ereignisse aufeinander bezogen sind, entsteht c) eine Geschichte (*story*). Die Geschichte verfügt über einen Anfangspunkt (Textanfang) und einen Endpunkt (Textende). Das Geschehen zwischen diesen Polen spielt in einer bestimmten „Zeit" (bzw. Zeiten) und an einem bestimmten „Ort" (bzw. mehreren Orten). Erst wenn Hintergründe für das Geschehen und die Beziehungen zwischen den Figuren genau erfasst sind, spricht man von einem *plot* (vgl. MARTINEZ/SCHEFFEL 1999, 25).

Auf die weitere Ausdifferenzierung sowie Verknüpfungsmöglichkeiten der Handlung muss in diesem Rahmen verzichtet werden (vgl. dazu BUSSE 2004, 24 ff.). Vielmehr sei auf die *Tiefenstruktur* der Handlung eingegangen. Damit ist letztlich ein Grundschema gemeint, das sich hinter einer bzw. vielen Geschichten verbirgt. Letztlich geht es um das Herausfinden universeller Handlungsmuster. Offensichtlich weisen bestimmte Gattungen vergleichbare Handlungsmuster auf, weil genau dies ja dazu führt, sie einer spezifischen Gattung zuzuordnen. Zu denken ist an Handlungsschemata des Märchens, der Novelle oder der Kriminalgeschichte. Dabei muss man sich allerdings vor dem vorschnellen Schluss hüten, dass allein das Auftreten von Mustern oder Schemata Ausdruck einer geringen ästhetischen Qualität ist.

Neben Beschreibungen, die zum Ziel haben, die Besonderheiten bzw. die typischen Handlungsmuster etwa von Gattungen und Genres herauszustellen, hat die strukturalistische Erzählforschung Modelle für die Analyse von Tiefenstrukturen narrativer Texte entworfen (vgl. MARTINEZ/SCHEFFEL 1999, 135; BUSSE 2004, 40). So konnte der russische Märchenforscher VLADIMIR PROPP aufgrund der Analyse von hundert russischen Zaubermärchen universelle Handlungsmuster ausfindig machen, mithin eine gemeinsame Tiefenstruktur erfassen.

Der estnische Kulturwissenschaftler JURIJ M. LOTMAN beschäftigt sich ebenfalls mit wiederkehrenden Grundmustern von literarischen Texten. Er geht davon aus, dass sich die Grundstruktur eines *plots* stets aus drei Elementen zusammensetzt: Dazu gehört a) ein räumlicher Bereich, der sich in zwei gegenüberstehende gegensätzliche Lager aufspaltet, sodann b) aus einer Grenze, die diese Bereiche unterteilt und die normalerweise nicht überschritten werden kann und c) einem Helden, der genau dies versucht, der also die Grenze überschreiten will. Dabei kann er scheitern oder durch die Überschreitung die Grenze aufheben (vgl. LOTMAN 1986).

Auch im Hinblick auf die Handlungsstruktur sowie die Reihenfolge des Erzählens gibt es Varianten von einfach bis komplex. Bei der Handlung reichen die Möglichkeiten von einer einsträngigen Handlung bis zu mehrsträngigen Handlungen. Bei der Reihenfolge des Erzählens, also der Reihung der verschiedenen Handlungen in einer Geschichte, gibt es in der Allgemeinliteratur vielfältige Möglichkeiten, die inzwischen von der modernen KJL übernommen werden. Als begrenzende Kriterien funktionieren „Anfang" und „Ende". Zwischen diesen beiden Polen kann die Abfolge der Ereignisse unterschiedlich strukturiert sein, das heißt, die Geschichte kann auf verschiedenen Wegen vom Anfang zum Ende führen.

Beginn/Anfang ab ovo	Es wird eine Art Einstieg in die eigentliche Geschichte gegeben, er dient der Einstimmung auf das Folgende („Es war einmal …").
Beginn/Anfang in medias res	Es wird ein bestimmter Zeitpunkt mitten in der Geschichte als Beginn für das Erzählen gewählt, Anfang der Episode („point of attack"). Die Handlung kann auch kurz vor einer Wende im Geschehen oder dem entscheidenden Schluss einsetzen. Der Leser durchschaut noch nicht alles, er ist irritiert. Was für das Verständnis wichtig ist, wird erst im weiteren Verlauf nachgeholt. Erst am Ende ist der Leser in der Lage, sich selbst eine Chronologie der Ereignisse zusammenzustellen und kann die Zusammenhänge begreifen.
Beginn/Anfang in ultimas res	Es wird am Ende der Geschichte oder kurz davor begonnen; erst am Schluss werden die Zusammenhänge (der einzelnen Handlungsstränge) offenbar: Die erzählte Zeit fällt mit der Erzählzeit zusammen. Eine Sonderform ist die Detektivgeschichte: Die das Erzählen in Gang bringenden Ereignisse, also z. B. das Verbrechen, liegen vor dem Erzählbeginn und werden vorab präsentiert, danach beginnt das Forschen nach den Ursachen, Hintergründen (analytisches Erzählen).
Einleitung/ Vorwort als Invocatio	Es wird auf die Geschichte unter einem besonderen Blickwinkel hingeführt, es erfolgt eine Begründung für das Erzählen; das Erzählen wird legitimiert (Widmung, Einleitung, Rahmenerzählung; Nennen von Herkunft oder Quelle der Erzählung, fingierte Dokumente).

Varianten für den Beginn eines Textes

Die Figuren

Die Figuren nehmen in narrativen Texten die zentrale Stellung ein. Sie sind in den epischen Gattungen wie Roman, Kurzgeschichte, in Fabeln, Parabeln, Novellen, Kurzgeschichten, aber auch im Drama und im Film die Handlungsträger. Die Figuren geben mit dem, was sie äußern, denken, tun ein Bild von sich, sie charakterisieren sich selbst oder werden von anderen Figuren des Textes eingeschätzt. Entsprechend unterscheiden sich die Figuren eines Textes voneinander, und sie sind mit besonderen Merkmalen ausgestattet. Dazu gehören:

1. bestimmte äußere Merkmale (Name, Alter, Beruf, Aussehen, Geschlecht, Verhalten) und innere Merkmale (Denken, Fühlen, Wünsche, Handlungsmotive).
2. Handlungen der Figuren. Sie können (a) dynamisch sein (aktiv, also z. B. lebhaft, kämpferisch, engagiert, lustig, witzig) oder (b) statisch (passiv, zurückhaltend, abwartend, traurig, langweilig).

Figurenkonzeption

Betrachtet man die Figuren einmal genauer, dann lassen sich zum Zwecke der Analyse zwei Ebenen voneinander unterscheiden: a) die Ebene der Figurenkonzeption bzw. des Figurenaufbaus und b) die Ebene der Figurencharakteristik.

Die Figurenkonzeption stellt eine historische Kategorie dar, denn die Konventionen, nach denen eine Figur gebaut ist, stehen in Zusammenhang mit historisch-konkreten Menschenbildern wie den jeweiligen Kindheitsauffassungen. Die Figurencharakteristik meint dagegen die formalen Techniken der Informationsvergabe, mit denen eine Figur präsentiert wird (vgl. PFISTER 1997, 240 ff.).

Die Figurenkonzeption und die Figurencharakteristik stehen in unmittelbarer Verbindung miteinander, denn eine bestimmte Konzeption der Figur kann auch eine entsprechende Auswahl aus dem Arsenal der Charakterisierungstechniken nach sich ziehen.

> **Wichtig**
> Unter Figurenkonzeption kann man die Konventionen fassen, die dem Aufbau der Figur zugrunde liegen und die in der strukturellen Beziehung zwischen Figur und Handlung/Zustand zum Ausdruck kommen.

Bei der Figurenkonzeption ist nach MANFRED PFISTER eine Unterscheidung in sogenannte oppositive Modelle möglich. Die jeweiligen Paare lassen sich wie im Schaubild erfassen. Während in dramatischen Texten die Figuren sich selbst in Szene setzen, sprechen und handeln, übernimmt diese Funktion in epischen Texten der Erzähler. Von daher ist eine Übernahme des Modells der Figurencharakteristik von MANFRED PFISTER nur begrenzt möglich.

Figurenkonzeption	Kennzeichen
Statisch vs.	Statisch konzipierte Figuren verändern sich innerhalb eines Textes nicht, sie sind von Beginn festgelegt.
Offen	Offen konzipierte Figuren entwickeln sich im Fortgang des Textes, dies kann kontinuierlich oder diskontinuierlich erfolgen.
Eindimensional vs.	Eindimensionale Figuren sind durch eine kleine Anzahl von Merkmalen definiert, im einfachsten Fall kann die Darstellung der Figur auf ein einziges reduziert sein. Dies ist etwa im Märchen der Fall (gut – böse).
Mehrdimensional	Mehrdimensionale Figuren sind dagegen durch eine Reihe von Merkmalen gekennzeichnet, wobei es um Herkunft, Werdegang, psychologische Disposition, Verhalten, weltanschauliche Positionen gehen kann. Im Fortlauf der Handlung werden immer neue Seiten der Figur offenbar.
Personifikation	Bei einer Figur, die als Personifikation angelegt ist, sind die Informationen, die die Figur kennzeichnen, extrem gering und in ihrer Menge auf die Illustration eines abstrakten Begriffs ausgerichtet (Fastnachtsspiele, commedia dell'arte). Verkörperung einer Eigenschaft, eines Begriffs.
Typ	Verkörperung einer Menge von Eigenschaften, die soziologisch und psychologisch bestimmt sein können. Dies kann sich synchron auf die jeweils aktuelle Sozialtypologie beziehen wie in der KJL der Aufklärung etwa auf Bürger, Bauer, Adliger oder diachron auf eine bestimmte Tradition von Typen wie den autoritären Vater, die angepasste Tochter, den undankbaren Sohn. Grundsätzlich abstrahiert ein Figurentyp vom Individuellen und repräsentiert ein Allgemeines. Das führt zur Reduzierung auf typische Merkmale.
Individuum	Es geht beim Individuum um das Einmalige und Unwiederholbare einer Figur. Damit muss die Figur mehrdimensional angelegt sein und durch eine Vielzahl von Details gekennzeichnet werden: Sprache, Herkunft, Aussehen, Charakter. Über eine mögliche soziale, psychologische, weltanschauliche Typik hinaus verfügt die Figur über ein eigenes Profil.
Transpsychologisch vs.	Figuren, die den Rahmen des psychologisch Plausiblen überschreiten und einzig als Sprachrohr bestimmter Vorstellungen und der Verkörperung abstrakter Werte dienen.
Psychologisch	Figuren, die psychologisch in einem plausiblen Rahmen verbleiben.

Figurenkonzeption

Gleichwohl ist die Typologie von PFISTER durchaus mit jener von RIMMON-KENAN vergleichbar. Diese hat eine Unterteilung in drei Dimensionen vorgeschlagen:

1. **Komplexität**
Das Spektrum reicht von Figuren, die durch ein Merkmal gekennzeichnet sind, bis zu Figuren mit einer Reihe unterschiedlicher Merkmale. Allegorische Figuren, Figuren in Fabeln oder Karikaturen oder auch typisierte Gestalten gehören zum ersten Bereich.

2. **Entwicklung**
Das Spektrum reicht in diesem Fall von vollkommen statischen Figuren (sie verändern sich nicht) bis zu dynamischen Figuren (sie wandeln sich).

3. **Innenleben**
Dieses Spektrum reicht von Figuren, über deren Innenleben so gut wie nichts ausgesagt wird bis zu Figuren, die ein komplexes und vielschichtiges Innenleben besitzen.
(vgl. RIMMON-KENAN 1983 sowie JANNIDIS, 2004, 90 ff.)

Figuren-charakteristik

Grundsätzlich lässt sich nun auch für die epische KJL ein Repertoire an Charakterisierungstechniken zusammenstellen. Danach ist bei der Charakterisierung der Figuren durch den Erzähler in eine a) figurale und b) auktoriale Technik zu differenzieren.

Die *figurale Charakteristik* meint die Kennzeichnung bzw. Beschreibung der Figur durch eine andere Figur, also aus der Figurenperspektive. JUTTA RICHTERS preisgekrönter Kinderroman „Der Tag, als ich lernte die Spinnen zu zähmen" (2000) beispielsweise beginnt mit einer Figurencharakteristik eines der Protagonisten durch die Ich-Erzählerin (nach Genette auch des auto-homodiegetischen Erzählers): „Er hieß Rainer und wohnte in der Wohnung unter uns. Wir nannten ihn Furchendackel. So einer war das. Ein Spielverderber. Ein Schlappschwanz. Ein ganz krummer Hund. Immer anschleichen. Immer rumschnüffeln. Immer mitspielen wollen. Eben ein Furchendackel." (7) Dieses wenig sympathische Erscheinungsbild des Protagonisten wird dann in der Erinnerung der Ich-Erzählerin zunehmend korrigiert.

Bei der *auktorialen Charakteristik* erfolgt die Bestimmung der Figur direkt über den auktorialen bzw. heterodiegetischen Erzähler. MICHAEL ENDE hat diesen auktorialen Erzähler in seinem Märchenroman „Momo" (1973) eingesetzt. Gleich zu Beginn wird die Hauptfigur Momo eingeführt und ein Bild von ihr entworfen:

Momos äußere Erscheinung war in der Tat ein wenig seltsam und konnte auf Menschen, die großen Wert auf Sauberkeit und Ordnung legen, möglicherweise etwas erschreckend wirken. Sie war klein und ziemlich mager, so dass man beim besten Willen nicht erkennen konnte, ob sie erst acht oder schon zwölf Jahre alt war. Sie hatte einen wilden, pechschwarzen Lockenkopf, der so aussah, als ob er noch nie mit einem Kamm oder einer Schere in Berührung gekommen wäre. Sie hatte sehr große, wunderschöne und ebenfalls pechschwarze Augen und Füße von der gleichen Farbe, denn sie lief fast immer barfuß. Nur im Winter trug sie manchmal Schuhe, aber es waren zwei verschiedene, die nicht zusammenpassten und außerdem viel zu groß waren.

(M. Ende 1990, 11)

Bei beiden Techniken lässt sich jeweils eine Unterteilung in eine explizite (direkte) und eine implizite (indirekte) Charakteristik vornehmen. Eine explizite Charakteristik meint Eigen- oder/und Fremd-Kommentare der Figur bzw. über sie (Monolog, Dialog); Hinweise auf eine indirekte Charakteristik sind sprechende Namen oder spezifische Denk- und Verhaltensweisen.

Die Frage danach, inwieweit in einem Text bei der Figurengestaltung die Darstellung der Innen- oder/und Außenwelt dominiert, kann zum Ausgangspunkt für eine Unterscheidung in Ich- und Du-Themen dienen.

    Für TZVETAN TODOROV bedeuten die „Ich-Themen" eine Infragestellung der Grenzen zwischen Geist und Materie. Damit ist ein „Themenfeld" angerissen, zu dem Vervielfältigungen des Ich, Durchbrechen der Grenzen zwischen Subjekt und Objekt und zwischen Objekt und Beobachter gehören (s. S. 132–136). Bei den „Ich-Themen" geht es – so könnte man weiter sagen – um das Verhältnis des Menschen zu seinem Unbewussten, zu seinen „Nachtseiten", eine beobachtende, reflektierende, eher passive Einstellung ist kennzeichnend. Vereinfacht gesagt, die „Ich-Themen" betreffen Fragen der Innenwelt, der Reflexion, der psychischen Konflikte. Aus diesem Grund bezeichnet TODOROV sie auch als Blick-Themen. Die „Du-Themen" handeln von der Beziehung zwischen Mensch und Umwelt: Es geht um das Agieren in einer sozialen Gemeinschaft, wobei dies als ein aktives Einwirken zu verstehen ist, der Einzelne bleibt nicht isolierter Beobachter, sondern tritt in eine dynamische Beziehung zu anderen. Insofern handelt es sich hier um Diskurs-Themen (vgl. TODOROV 1992, 97 ff.).

Eine Figurenanalyse ist für die Interpretation von Texten von besonderer Bedeutung, denn es sind die literarischen Gestalten, die als Träger bzw. Evo-

Figurenanalyse kationspotential von Bedeutsamkeiten im Leser Empathie zu erzeugen vermögen.

In Hinblick auf die Figurenanlage lässt sich eine Checkliste aufstellen, die ein erstes Bild von der Figur gibt:

Was wird von der Figur ausgesagt?
1. Besonderheiten
- Vorgeschichte
- Wann, wo, in welchem sozialen Milieu agiert die Figur?
- Wodurch ist die äußere Erscheinung der Figur charakterisiert?
- Welche soziale Stellung nimmt die Figur im Figurenensemble ein?

2. Verhalten der Figur
Äußeres Verhalten
- Welche Verhaltensweisen sind für die Figur in Bezug auf andere Figuren ihrer sozialen Welt kennzeichnend (Spielgefährten, Eltern, Großeltern, Geschwister, Freunde, Rivalen, Feinde)?
- Welchen Anteil nimmt die Figur an ihrer sozialen Umwelt, bleibt sie Objekt oder wird sie als Subjekt selbstständig tätig, greift ein, verteidigt oder wehrt sich?
- Wie verhält die Figur sich zur Arbeit, Schule, Freizeit, welches Verhältnis besteht zwischen Wort und Tat?
- Wie verhält die Figur sich zu materiellen und kulturellen Gegebenheiten (Lebensstil, Hobbys, Musik, Lesen)?
- In welchem Verhältnis steht die Figur zur natürlichen Umwelt (Natur, Tiere)?

Inneres Verhalten
- Wie verhält die Figur sich zu sich selbst, und wie sieht sie sich?
- In welchem Verhältnis stehen Denken, Fühlen, Handeln bei der Figur?

3. Grundlagen für das Verhalten der Figur
- Auf der Grundlage welches Weltgefühls, welcher Anschauungen von der Welt agiert die Figur?
- Von welchen Wertvorstellungen, Normen, Wünschen, Glücksansprüchen, Lebensstilen lässt die Figur sich in ihrem Handeln leiten?
- Was sind Handlungsmotive der Figur, handelt sie spontan oder durchdacht?
- Welche persönlichen Ziele will die Figur erreichen, was erreicht sie real?
- In welchem Verhältnis befinden sich persönliche Motive, Ziele, Bedürfnisse zu den individuellen wie gesellschaftlichen Möglichkeiten, sind sie identisch oder gegensätzlich?

4. Stellung der Figur im Figurenensemble
- Wie reagieren die anderen Figuren auf die Figur, wird sie akzeptiert oder abgelehnt?
- Ist die Figur determinierendes Subjekt oder determiniertes Objekt?

5. Welche Veränderung bzw. Entwicklung(stendenz) ergibt sich bei der Figur?
- Gibt es Situationen, die Veränderungen bisheriger Verhaltensweisen (innerlich/äußerlich) auslösen?
- Worin sind Ursachen für Veränderungen zu sehen?
- In welcher Richtung erfolgt die Veränderung?

Dieser Fragenkatalog, der nur einer ersten Orientierung dient, kann in Abhängigkeit von den Figuren eines Textes reduziert oder ergänzt werden. Ob die Isolierung einer einzelnen Figur notwendig ist, hängt von ihrer Bedeutsamkeit im Text ab. Eine neuere und innovative Diskussion zu Fragen der Figurenforschung findet sich bei FOTIS JANNIDIS (JANNIDIS 2004).

Der Raum

Der Raum der Geschichte (Schauplatz, *setting*) lässt sich verstehen als ein „Ausschnitt von Welt". Dabei kann es sich um eine dem Leser mehr oder weniger vertraute Welt handeln („reale Fiktion") oder um eine phantastische Wirklichkeit, die gleichwohl mit dem Erfahrenen Gemeinsamkeiten aufweist („phantastische Fiktion"). Insofern gehört der gestaltete Raum in Erzähltexten zu einem Bestandteil des Modells von Wirklichkeit.

Ein „Ausschnitt von Welt"

Im „Metzler Lexikon Literatur- und Kulturtheorie" wird die literarische Raumdarstellung als ein „Oberbegriff für die Konzeption, Struktur und Präsentation der Gesamtheit von Schauplätzen, Landschaft, Naturerscheinungen und Gegenständen" insbesondere in Erzähltexten aufgefasst (A. NÜNNING (Hg) 2008, 604).

In der Erzählforschung liegt maßgeblichen Untersuchungen zur Raumdarstellung ein phänomenologischer Ansatz zugrunde, d. h., es wird davon ausgegangen, wie reale Personen sich bei der Wahrnehmung von Räumen in der Wirklichkeit verhalten bzw. wie diese Räume auf sie wirken (vgl. WENZEL 2004, 70). Um anschaulich zu machen, welche physisch-psychischen Abläufe dabei stattfinden, kann man danach fragen, was passiert, wenn man einen beliebigen bislang nicht bekannten Raum betritt. Dies kann ein Klassenzimmer sein, eine Konzerthalle, ein Ferienzimmer, eine Kirche. In jedem Falle kommt es bei der realen Person zu einem Zusammenspiel von *sehen – fühlen – handeln*. Schematisch lässt sich dies wie folgt darstellen:

Wahrnehmung von Räumen

Nimmt man das folgende Beispiel des Textanfangs von J. R. R. Tolkiens „Der kleine Hobbit" (1937), dann wird offenbar, auf welche Weise hier zunächst ein Anschauungsraum entworfen wird, der bereits Rückschlüsse über die Figur des Hobbit macht (Gemütlichkeit, Geschmack, Geselligkeit).

> *In einer Höhle in der Erde, da lebte ein Hobbit. Nicht in einem schmutzigen, nassen Loch, in das die Enden von irgendwelchen Würmern herabbaumelten und das nach Schlamm und Moder roch. Auch nicht etwa in einer trockenen Kieshöhle, die so kahl war, dass man sich nicht einmal niedersetzen oder gemütlich frühstücken konnte. Es war eine Hobbithöhle, und das bedeutet Behaglichkeit. Diese Höhle hatte eine kreisrunde Tür wie ein Bullauge. Sie war grün gestrichen, und in der Mitte saß ein glänzend gelber Messingknopf. Die Tür führte zu einer röhrenförmig langen Halle, zu einer Art Tunnel, einem Tunnel mit getäfelten Wänden. Der Boden war mit Fliesen und Teppichen ausgelegt, es gab Stühle da von feinster Politur und an den Wänden Haken in Massen für Hute und Mäntel, denn der Hobbit hatte Besucher sehr gern.* (J. R. R. Tolkien 2009, 7)

Wie das Wahrnehmen eines Raumes dann durch die dadurch ausgelösten Gefühle, Stimmungen sowie Bewertungen in einen atmosphärischen Raum übergehen kann, wird in Cornelia Funkes „Tintenherz" offensichtlich. Meggie nimmt die Kirche wahr, und ihre Beobachtungen lassen sie nichts Gutes ahnen („Meggie hatte das Gefühl, ins Innere eines Untiers zu treten").

Auf das Kirchenportal waren Augen gemalt, schmale rote Augen, und zu beiden Seiten des Eingangs standen hässliche mannshohe Steinteufel, die ihre Zähne wie bissige Hunde bleckten. [...] In der Kirche war es kühl und dämmrig. Nur durch wenige Fenster hoch oben drang das Morgenlicht herein und malte blasse Flecken auf Wände und Säulen. Irgendwann waren sie vermutlich grau gewesen wie die Steinfliesen auf dem Boden, doch jetzt gab es nur noch eine Farbe in Capricorns Kirche. Die Wände, die Säulen, selbst die Decke, alles war rot, zinnoberrot wie rohes Fleisch oder getrocknetes Blut, und für einen Moment hatte Meggie das Gefühl, ins Innere eines Untiers zu treten. (C. Funke 2003, 172f.)

Räume und Gegenstände in narrativen Texten sind nicht darauf beschränkt, den Figuren einen entsprechenden Handlungsort zu geben. Die jeweilige Raumkonstruktion kann darüber hinaus für den Text weitergehende Funktionen erfüllen und macht Unterschiede zwischen den einzelnen Erzähltexten aus. So dient das Entwerfen eines bestimmten Raumes der Entfaltung einer besonderen Stimmung oder einer Atmosphäre und vermag im Leser Erwartungen zu wecken. Ein Raum kann durch entsprechende Elemente atmosphärisch bestimmt werden, er kann Vertrautheit, Fremdheit, Angst, Grauen erzeugen (wie etwa in Romanen von STEPHEN KING oder in J. K. ROWLINGS „Harry Potter"), aber auch Erbauung, Aufgehobensein, Heimatgefühle oder eine idyllische Stimmung entwerfen. Schließlich kann die durch eine Raumgestaltung erzeugte Atmosphäre des Ortes symbolische Bedeutung erlangen, der Ort wird damit zum Bedeutungsraum, dies allerdings nur in dem Fall, da der dargestellte Raum von übergreifendem symbolischem Belang für die Erzählung insgesamt ist. Im Schauer- oder Horrorroman oder der „Schwarzen Romantik" haben verfallene Schlösser oder tiefe Wälder die Funktion, Schrecken und Bedrohung auszustrahlen. Das trifft beispielsweise auch für das „Nichts" in MICHAEL ENDES „Die unendliche Geschichte" (1979) zu oder die Räume in den Anti-Utopien innerhalb der KJL, so etwa bei den entworfenen Räumen in GUDRUN PAUSEWANGS „Die letzten Kinder von Schewenborn" (1983) oder „Die Wolke" (1987).

In HANS MAGNUS ENZENSBERGERS „Wo warst du, Robert?" (1998) wird siebenmal ein Raum- und damit Zeitwechsel in Szene gesetzt, um den Protagonisten aus seiner Gegenwart am Ende des 20. Jh.s bis in Zeiten des Dreißigjäh-

Raumfunktionen

rigen Krieges zu führen. Dass die entsprechenden Räume die Handlungen, das Denken, das Fühlen seines jugendlichen Protagonisten beeinflussen, liegt auf der Hand.

Die bislang genannten Aspekte zur Rolle des Raumes sind im Rahmen der Erzählforschung erfasst worden. In Verbindung damit wurde der Raum mitunter auf seine Funktion im Sinne eines *settings* reduziert. Dies kann den Eindruck erwecken, es herrsche eine gewisse Beliebigkeit im Entwurf der literarischen Räume. Einer derartigen Reduktion der Raumgestaltung innerhalb der Narration hat JURIJ M. LOTMAN widersprochen und dafür plädiert, von einer „Sprache des künstlerischen Raums" als einem „besonderen modellbildenden System" zu sprechen. Nach LOTMAN wird der künstlerische Raum „zum formalen System für die Konstruktion unterschiedlicher, darunter auch ethischer Modelle" (LOTMAN 1974, 205). Insofern stehen die Elemente der Narration wie Raum, Figur und Handlung in einem engen Zusammenhang, ja sie bedingen einander.

Raum als Handlungsraum	Orientierung der Figuren in Raum und Zeit; direkt auf die handelnden Figuren bezogen, es wird ein Bedingungsrahmen für ihr Handeln gesetzt.
atmosphärisch gestimmter Raum	Der Raum und die in ihm existierenden Gegenstände erzeugen eine Stimmung und geben dem Raum Atmosphäre, womit beide zu Ausdrucksträgern werden.
Anschauungsraum	Zumeist ein statisch konzipierter Raum, in dem Figuren und Ereignisse verortet werden, um eine Überschau oder eine Fernsicht zu ermöglichen.
perspektivierter Raum	Der Raum bzw. die Räume werden im Bewusstsein der Figuren als sicher, bekannt, verständlich, unverständlich angesehen: als Lebensraum des alltäglichen Daseins; als Ort des Hasses und der Peinigung (der Raum „Schule" in Adoleszenzromanen am Beginn des 20. Jh.s); als ersehnte Idylle (Traum, Utopie), als Ort des Schreckens (Anti- Utopie), als phantastischer Raum usw.
symbolischer Raum	Der Raum erhält eine übertragene Bedeutung, ihm wird ein symbolischer, allegorischer, archetypischer Wert zugeschrieben: Ort der Erfüllung, der Verzweiflung, der Ausweglosigkeit (Labyrinth).
konstrastierender Raum	Räumliche Konstrastierungen von mehreren Räumen, Schauplätzen, Gegenständen als ironische Kontraste, als Kontrast von Stadt/Land, Kleinstadt/Großstadt, Heimat/Fremde.

Raumgestaltung (in Anlehnung an Schwarze 1995, 145)

Spannung und Spannungsaufbau

Von entscheidender Bedeutung für die KJL ist die Frage nach der Rolle der Erzählspannung, weil junge Leser in besonderer Weise nach ihr verlangen. Auch hier reicht das Spektrum von einer einfacheren Form der Spannung (äußere Spannung) bis hin zu einer Art von Spannung, die nicht nur für den kindlichen Leser schwieriger zu erfassen ist, die innere Spannung.

Die *äußere Spannung* steht in einem direkten Bezug zur Handlung der Geschichte, ja sie entsteht aus dem Handlungsverlauf und dabei durch das Aufeinanderprallen von Gegensätzen, der Konfrontation von verschiedenen Figuren bzw. Gegnern im scharfen Dialog. Äußere Spannung benötigt klar voneinander abgrenzbare, profilierte Charaktere bzw. Typen (gut-böse, schön-hässlich, moralisch-unmoralisch), sie braucht Handlungsorte (Schauplätze) und darauf das Austragen von Aktion, Konflikten.

Die *innere Spannung* wirkt nicht durch die Handlungsfolge, sondern durch die Konzentration auf die Figuren und ihre innere Disposition, ihr Denken, Fühlen, kurz ihren Charakter. Bei der inneren Spannung steht das „seelische Erleben" im Vordergrund, Dialog und Handlung treten zurück.

Spannung (*suspense*) gilt nicht zufällig als ein grundlegendes Element „für die Erregung von Neugier, Mitgefühl", sie kann in der „Geschehensstruktur eines Werkes liegen, kann aber auch aufgesetzt sein, z.B. als absichtliche Irreführung des Publikums mittels kalkulierter Effekte (z.B. im Trivial- und Kriminalroman)" („Metzler Literaturlexikon" 1990, 36).

Die zunächst von wirkungsästhetischen Gesichtspunkten ausgehende Bestimmung des Begriffs Spannung führt auch heute noch zu einer nicht gerechtfertigten strukturell begründeten literarischen (Ab-)Wertung ausgewählter Textgruppen. Damit wird – für die deutsche Literaturtradition kennzeichnend – eine Trennung in U- und E-Literatur bzw. „niedere" und „hohe" Literatur nahegelegt, die es beispielsweise in der angloamerikanischen Literatur so nicht gibt.

Erzählhöhepunkt gestalten
- *Gefährlicher Ort: Die Beschreibung eines gefährlichen Ortes (z.B. Dschungel, Bergschlucht, verfallenes Haus) kann Spannung erzeugen. Kommt die Heldin oder der Held heil wieder hinaus?*
- *Spürbare Spannung: Die Gefahr wird nicht sofort gezeigt, sondern nur angedeutet. Die Figuren spüren die Gefahr, kennen sie aber noch nicht. Auch Leserin und Leser fragen sich, was gleich passiert.*
- *Nachvollziehbare Gefühle: Die Gefühle, z.B. die Angst einer Figur, werden anschaulich geschildert. Sie keucht, ruft und schreit, zittert, fühlt eine Gänsehaut usw.*
- *Mitreißende Formulierungen: Kurze, aneinandergereihte Sätze können sehr gut Spannung erzeugen. Sie sind schnell zu lesen. Man gerät „in Fahrt" und wird immer gespannter auf das Ende.*

> Spannung sollte zunächst wertfrei als ein Aspekt des Erzählens gesehen werden, bei dem die logische Fügung der Erzähleinheiten mit der chronologischen Abfolge der Ereignisse in Konflikt geraten kann (Beispiel: Kriminalroman).

Spannungselemente   Spannung entsteht dadurch, dass der Leser in Bezug auf „seine evozierten Erwartungen in Unsicherheit oder Unwissen versetzt wird, die er auflösen möchte" (LUDWIG u. a. 1995, 164). Als Elemente von Spannung gelten „Retardation, Verzögerung des Handlungsfortganges, Verschleierung der Handlungsbezüge, längere Ungewißheit über das Schicksal der Personen durch Einschübe [...], aber auch Vorausdeutungen und Anspielungen" („Metzler Literaturlexikon" 1990, 436). Ebenso gehören dazu Veränderungen in der Chronologie der Ereignisse, fehlende logische Glieder, nicht gegebene Informationen, Lücken, Falschaussagen, Lügen, Nicht-Wissen des Erzählers oder der Figuren, ein Missverhältnis zwischen Schein und Sein. Weitere Elemente, die der Spannungserzeugung dienen können, sind zudem der Reiz der Neuheit, offensichtliche Gegensätze, die Konfrontation zwischen entgegengesetzten Wertsystemen, ästhetischen Kategorien. In Untersuchungen zur Spannung in der KJL wird an erster Stelle die Handlung als Mittel zur Spannungserzeugung genannt, wobei man traditionell unterscheidet zwischen Kettenhandlung, Rahmenhandlung, Doppelhandlung, verschlungener Handlung (SCHERF 1978, 70 ff.). Auch Rückwendungen und Vorauswendungen sind Formen, die der Spannungserzeugung dienen.

Die wirkungsbezogene Erzählforschung hat inzwischen ein abgestuftes System von Elementen herausgearbeitet, die die Spannungserzeugung unterstützen (vgl. GESING 1994):

Methoden der Spannungserzeugung	Kennzeichen auf der Darstellungsebene
Orientierung am Geheimnis	Verweigern von Informationen, Verrätselung, Erzeugen von Ungewissheit
Orientierung an der Handlung	Durch Aktion und Bewegung werden viele Begebenheiten aneinandergereiht.
Orientierung am Ziel	Es geht um das Erreichen eines wichtigen Vorhabens.
Orientierung am Gefühl	Darstellen von Ereignissen, Personen, die gefühlsappellativ wirken, Anteilnahme befördern wie Liebe, Tod, Gewalt, Kinder usw.
Orientierung an der Sensation	Außergewöhnliche, unbekannte, phantastische, überraschende Ereignisse produzieren in der Regel Aufmerksamkeit, Neugier.
Orientierung am Normbruch	Das Durchbrechen von Gesetzen, Normen, Werten kann Aufmerksamkeit erzeugen.

Methoden der Spannungserzeugung

Techniken	Kennzeichen auf der Textebene
Erzeugen von Spannungsbögen	unerwartete Wendepunkte, aktionsgeladene Szenen, hohes Erzähltempo und Verlangsamung
Produzieren von Geheimnissen	Anspielen auf Kommendes, Legen von Fährten
Zusammenspiel des Erzählmaterials	Verflechtung von Handlungsbögen, Cliff-hanger, d. h. Abbruch des Erzählfadens, wenn der Protagonist in höchster Gefahr ist
Normbrüche	die Figuren reagieren anders als erwartet, unerwartete Reaktionen der Figuren

Grundtechniken der Spannungserzeugung

Zwischen Leseförderung und literarischem Lernen

Bei den verschiedenen Formen des Erzählens handelt es sich nicht – das sei ausdrücklich betont – um eine Wertskala über das, was als ästhetisch innovativ oder nicht gelten kann. Fest steht nur, dass der Weg des Textverstehens beim kindlichen Leser von einfacheren zu komplexeren Strukturen führt. Dabei laufen vielfältige emotionale wie kognitive Operationen ab, die mit der Ich-Gewinnung, der Weltorientierung des jungen Lesers und zunehmendem Kompetenzgewinn verbunden sind (vgl. SPINNER 2006). Dieser Prozess wird durch den Deutschunterricht nicht nur begleitet, sondern auch gesteuert und ist in den Lehr- bzw. Rahmenplänen verschiedener Bundesländer als ein Ziel formuliert.

Die allgemeinen Ziele des Literaturunterrichts beim Umgang mit Texten sind nur erreichbar, wenn eine Balance zwischen a) Lesemotivation und -vergnügen und b) einer über literarisches Lernen vermittelten Rezeptionskompetenz gelingt. Literaturunterricht hat beides zu leisten, und das stellt ihn in einer Zeit, da Sozialisation sich vor allem über Mediensozialisation vollzieht, vor komplizierte Aufgaben.

Kenntnisse über literarische Formen, über Gattungen, Genres und Erzählweisen stellen eine Art „Zugangswissen" für den Einzelnen dar, um später die Chance zu besitzen, sich in literalen wie medialen Prozessen eigenständig zu orientieren. Gleichwohl gilt, dass Kenntnisse über Strukturmerkmale von Kunst und Literatur sich nicht einzig über textanalytische wie interpretatorische Kurse vermitteln lassen, sie bedürfen der eigenen Erprobung am und im Textmaterial (vgl. EGGERT 1998, 43). Das Erproben kann das vorläufige Scheitern einschließen, weil möglicherweise die Struktur zu komplex, der Stoff zu fremdartig, das Thema zu uninteressant erscheint.

Schriftliche Inhaltsangabe
1. Beim ersten Lesen Wichtiges in Stichpunkten notieren.
2. Den Text in sinnvolle Abschnitte unterteilen, Überschriften finden.
3. Mithilfe von W-Fragen den wesentlichen Inhalt des Textes in Stichworten erfassen.
4. Die Stichworte mit eigenen Worte zu einem Text verbinden, im Präsens schreiben.
5. Einen Einleitungssatz schreiben, in dem Autor und Titel des Buches genannt werden.

Der Unterricht kann auch in solchen Fällen durch gemeinsames „Umgehen" mit dem Text – und das meint ein ausgewogenes Verhältnis von kognitiv-analytischen sowie handlungs- und produktionsorientierten Verfahren – versuchen, den Code zu knacken. Wenn das gelingt, ist ein Schritt in Richtung auf literarische bzw. kulturelle Kompetenz gegangen, die bewusst oder unbewusst in den Leseerfahrungshaushalt des Einzelnen eingeht und ihn souveräner macht im Umgang mit den Produkten einer Medienkultur. Schule, ja der Deutsch- bzw. Literaturunterricht insgesamt gehören daher inzwischen zu den wenigen Räumen, in denen innerhalb einer Mediengesellschaft der reflexive Umgang mit Texten geübt werden kann. Dafür muss nicht einzig die literarische Tradition herhalten, vielmehr bietet sich ein Anschluss an die moderne KJL der Gegenwart an.

11 Aspekte literarischen Lernens

Wenn es um erzähltheoretische Aspekte geht, dann sollen bereits ab Klasse 5 Einsichten in die Bauformen epischer Texte vermittelt werden. Dies ist ausdrücklich herauszustellen, weil der nach PISA immer wieder betonte Erwerb von Lesekompetenz nicht einzig durch motivierende Leseförderung und die Steigerung von Leselust zu erreichen ist. Vielmehr kommt es darauf an, die anzutreffende Gegenüberstellung von Leseförderung und literarischem Lernen aufzubrechen. KASPAR H. SPINNER hat ganz in diesem Sinne elf Aspekte des literarischen Lernens herausgestellt, die von der imaginativen Verstrickung in den Text bis zum eher kognitiven Erkennen literaturhistorischer Aspekte reichen. Zum literarischen Lernen gehören:
1. Beim Lesen und Hören Vorstellungen entwickeln.
2. Subjektive Involviertheit und genaue Wahrnehmung verbinden.
3. Sprachliche Besonderheiten aufmerksam wahrnehmen.
4. Perspektiven literarischer Figuren nachvollziehen.
5. Die narrative und dramaturgische Handlungslogik verstehen.
6. Mit Fiktionalität bewusst umgehen.
7. Metaphorische und symbolische Ausdrucksweisen verstehen.
8. Sich auf die Unabschließbarkeit des Sinnbildungsprozesses einlassen.
9. Mit dem literarischen Gespräch vertraut werden.
10. Prototypische Vorstellungen von den Gattungen/Genres gewinnen.
11. Literaturhistorisches Bewusstsein entwickeln.
(vgl. SPINNER 2006, 6-16)

In Verbindung mit der Orientierung auf Kompetenzen kommt es jeweils darauf an, Arbeitstechniken zu vermitteln, die darauf gerichtet sind, dem Funktionieren von Texten in einer Mediengesellschaft auf den Grund zu gehen sowie die Besonderheiten von Texten erkennen zu können.

Neue Gattung: Der moderne Kinderroman

3.1 Literarischer Wandel

In der KJL ist ein Wandel verbunden mit Veränderungen des Kindheitsbildes bzw. der Auffassungen über Rolle und Status von Kindern und Jugendlichen, ihrer Rechte, Pflichten, Moralanforderungen. Hinzu kommen die diskursspezifischen Vorstellungen von Ehe, Liebe, Sexualität, Familie, das Generationenverhältnis, politische Auffassungen usw.

Für die KJL, die seit ihrem Entstehen maßgeblich auf das Vermitteln von moralischen, ethischen sowie politischen Werten orientiert war, können im diachronen wie synchronen Schnitt die folgenden Parameter konstitutiv für Wandlungen sein:

Parameter für Wandel

- kulturhistorisch determinierte Veränderungen im Verhältnis der Figuren zueinander (Mutter-Kind, Vater-Kind, Bruder-Schwester, Kind-Eltern, Kinder-Erwachsene, Kind-Kind, Frauen-Männer usw.),
- Veränderungen im Verhältnis von Innen- und Außenwelt,
- Veränderungen im Verhältnis von Kinder- und Erwachsenenwelt,
- Veränderungen in der Wahl des Erzählers (auktoriale, personale, Ich-Erzählinstanz)

Bei Textanalysen, die den literarischen Wandel von traditionell zu modern ins Blickfeld rücken, steht die Erfassung des „Was" und „Wie" des Erzählens im Mittelpunkt. Betrachtet man den rasanten Wandel in der KJL in den letzten Jahrzehnten, dann lässt sich dieser unter Bezug auf BERTOLT BRECHT so erklären: „Neue Probleme tauchen auf und erfordern neue Mittel." Dies vermutete BRECHT in der Realismusdebatte des Exils. „Es verändert sich die Wirklichkeit, um sie darzustellen, muss die Darstellungsart sich ändern." (BRECHT 1968, 124)

In der Tat ist es insbesondere seit Ende der 60er-Jahre im Rahmen eines Modernisierungsprozesses zu Wandlungen in der Wirklichkeit gekommen. Die Veränderungen betreffen immer auch die Verhältnisse, unter denen Kinder und Jugendliche leben, ihr Lebensgefühl, ihre Wirklichkeitsauffassungen, ihr Verhältnis zu den Eltern, ihre Zukunftsperspektiven und nicht zuletzt die jeweiligen Kindheitsbilder. In der Gegenwart können 12-, 13- oder 14-Jährige schwer sagen, wann für sie der Status des sogenannten Erwachsenseins erreicht sein wird, weil durch längere Ausbildungszeiten die Jugendphase im Vergleich zu den Eltern bzw. Großeltern deutlich verlängert ist. Auf der einen Seite gibt es also bereits in jüngsten Jahren einen hohen Grad an politischer, sozialer, sexueller Selbstbestimmung, auf der anderen Seite existiert eine ökonomische Abhängigkeit, die manchmal bis ins dritte Lebensjahrzehnt, die sogenannte Postadoleszenz, reicht. Kinder an der Schwelle zur Jugend können gar nicht anders, als ihre Zukunft offen, unberechenbar, wenig steuerbar zu sehen. An die Stelle der traditionellen „Normalbiographien" sind längst die „Drahtseil-" bzw. „Bastelbiographien" (U. BECK) getreten, die Chancen, aber auch Risiken mit sich bringen.

Veränderungen von Kindheit und Jugend lassen moderne KJL entstehen

Die Veränderungen von Kindheit und Jugend haben nun über das „Stoffliche" hinaus Konsequenzen auf die Darstellungsweise, die Struktur der Texte, ja sie sind ein wesentlicher Grund für das Entstehen einer modernen Kinder- und Jugendliteratur. Es ist dies eine Literatur, für die der Bezug auf die aktuellen Wirklichkeitserfahrungen, die kulturellen Horizonte und Problemlagen Heranwachsender von besonderer Bedeutung sind. Das war nicht immer so. Wo KJL vor allem als Sozialisationsliteratur gebraucht wurde und es darum ging, bestimmte Werte zu vermitteln, konnte es nicht Ziel sein, „wirkliche Wirklichkeit" literarisch zu erfassen und authentische Geschichten über das Kinderleben zu erzählen. Noch in der Spätaufklärung war keineswegs eine „realistische" Darstellung damaligen kindlichen Lebensalltags angestrebt. Die literarischen Welten hatten mit den „wirklichen" von Kindern und Jugendlichen wenig zu tun. Das hatte Folgen für die Wirklichkeitsdarstellung in den Texten, die Exempel für vorherrschende Kindheitsvorstellungen, -mythen oder -utopien waren. Wo Kinder als zu erziehende (Vernunft-)Wesen aufgefasst wurden und ihnen die gesellschaftlichen Werte „beizubringen" waren, herrschte eine entsprechende Figurengestaltung vor, die Erwachsene als dominante Instanzen vorführte.

Die Präsentation der Geschichte durch den Erzähler schließlich erfolgte von einem überschauenden Standort aus, der Kindern einmal mehr durch Kommentare zu vermitteln suchte, was „gut" und was „schlecht" ist. BERTOLT BRECHT z. B. hat jene bis ins 20. Jh. herrschenden Auffassungen in seinem Gedicht „Was ein Kind gesagt bekommt" thematisiert:

> *Der liebe Gott sieht alles.*
> *Man spart für den Fall des Falles.*
> *Die werden nichts, die nichts taugen.*
> *Schmökern ist schlecht für die Augen.*
> *Kohlen tragen stärkt die Glieder.*
> *Die Kinderzeit, die kommt nicht wieder.*
> *Man lacht nicht über Gebrechen.*
> *Du sollst Erwachsenen nicht widersprechen.*

Man greift nicht zuerst in die Schüssel bei Tisch.
Sonntagsspaziergang macht frisch.
Zum Alter ist man ehrerbötig.
Süßigkeiten sind für den Körper nicht nötig.
Kartoffeln sind gesund.
Ein Kind hält den Mund.
(Aus: Bertolt Brecht, Die Gedichte. Hg. von Jan Knopf, © 2000 Suhrkamp Verlag, Frankfurt/Main)

BRECHTS ironische Zitierung vermeintlicher Volksweisheiten unterstreicht jene Werte und Normen, die auch für literarische Texte als maßgeblich galten, die sich an Kinder wandten. Von daher bildete die sozialkritisch realistische Großstadtliteratur am Beginn des 20. Jh.s mit Texten wie HEINRICH SCHARRELMANNS „Berni-Büchern" (1908 ff.), CARL DANTZ' „Peter Stoll" (1925) wie auch die proletarisch-revolutionäre KJL mit WOLF DURIANS „Kai aus der Kiste" (1927) oder ALEX WEDDINGS „Ede und Unku" (1931) einen Einschnitt und signalisierte Veränderungen. Hier setzte sich eine Ausdifferenzierung fort, in deren Folge bei der Darstellung kindlicher Lebenswelten neben das Entwerfen von „Schonräumen" die realistische „Abbildung" von kindlicher Existenz trat. Das hatte den Willen der Autoren zu kritischer Wirklichkeitserkundung zur Voraussetzung, sie mussten gewissermaßen „von außen" und als Beobachter den Verhältnissen von Kindern und Jugendlichen nachspüren.

CARL DANTZ brachte mit ebendieser Absicht seinen „Peter Stoll" heraus, in dem er ein Arbeiterkind als Ich-Erzähler einsetzte und den Jungen ohne Rücksicht auf die Literatursprache wie grammatikalische und syntaktische Regeln erzählen ließ. Einleitend wurde zur Figurenanlage des „Peter Stoll" bemerkt: „Mitten aus der Großstadt heraus, wo sie am schwärzesten und dichtesten ist, kommt Peter Stoll, ein Kind des Fabrikviertels. Seine Gestalt ist unscheinbar, unansehnlich; bleich und saftlos, hat er nichts von der sonnengebräunten Frische, dem strotzenden Gedeihen glücklicherer Kinder an sich. Denn der Mangel war in seinem Leben häufiger, die Sonne ein seltener Gast." Diese Figurenanlage steht zur traditionellen KJL in Widerspruch. Sie stellt etwas Neues dar und hängt zusammen mit der dargestellten Wirklichkeit sowie der Rolle des Erzählers.

Wenn KJL also in der Folgezeit mehr und mehr zu einem Spiegel kindlicher Lebenswelten geworden ist und damit gleichzeitig zu einem Mittel von Zeitdiagnostik, ist dies eindeutig als ein Reflex auf Veränderungen in einem Prozess von gesellschaftlicher Modernisierung vor allem im 20. Jh. zu werten.

KJL wird zum Spiegel kindlicher Lebenswelten

3.2 Gesellschaftliche Modernisierung

Ab den 90er-Jahren ist mit Blick auf Entwicklungen in der KJL der Vorschlag unterbreitet worden, deren Geschichte auf der Grundlage der Modernisierungstheorie, wie sie u. a. von ULRICH BECK vertreten wird, zu betrachten (u. a. WILD 1997).

ULRICH BECK definiert in seiner klassischen Bestimmung Modernisierung wie folgt:

> Modernisierung meint die „technologischen Rationalisierungsschübe und die Veränderung von Arbeit und Organisation, umfasst darüber hinaus aber auch sehr viel mehr: den Wandel der Sozialcharaktere und Normalbiografien, der Lebensstile und Liebesformen, der Einfluss- und Machtstrukturen, der politischen Unterdrückungs- und Beteiligungsformen, der Wirklichkeitsauffassungen und Erkenntnisnormen." (U. BECK 1986, 25)

Nach BECK kommt es im Prozess von Modernisierung also zu Veränderungen in den Bewusstseinsstrukturen, im Denken über die Welt, es entstehen neue Werte und Normen.

Nun ist ULRICH BECKS Ansatz in den letzten Jahren vielfach diskutiert, ergänzt und korrigiert worden. GERHARD PREYER etwa versteht unter Modernisierung den *zeitlichen* Vorgang der Strukturänderung von Gesellschaften. Er verweist angesichts des Wandels der letzten zwanzig Jahre mit Recht darauf, dass sich die westliche Modernisierung nicht verallgemeinern lässt. Das klassische historische Gegenbeispiel sieht PREYER in Japan, und gegenwärtig zeigen die Entwicklungen in China und Russland einmal mehr, dass es nicht hinreichend ist, den (west)europäischen Prozess von Modernisierung als dominantes Muster anzusetzen.

Signifikant für Japan (historisch) und China (aktuell) ist der Umstand, dass die Modernisierung ohne den demokratischen Konstitutionalismus und ohne eine enge Kopplung zwischen dem Rechts- und dem politischen System durchgeführt wurde bzw. wird (PREYER 2008, Bd. 3, 259 ff. im Anschluss an S. N. EISENSTADT 2006, 253 ff.). Insofern können die von BECK aufgelisteten Merkmale für die westliche Modernisierung zwar eine erste Orientierung bilden, aber nach PREYER sollte der Unterscheidung der Paradigmen der Moderne (bzw. der Modernisierung) eine Orientierung über den Gegenstandsbereich vorausgehen.

Das heißt: Es empfiehlt sich, auch terminologisch, zwischen a) der Moderne als gesellschaftlicher Strukturänderung und b) Modernisierung als dem zeitlichen Vorgang zu unterscheiden. Davon abzusetzen sind Begriffe wie „modern" im Sinne von gegenwärtig und aktuell sowie „Literarische

Moderne" oder „Modernismus" als Bezeichnung für die Avantgardebewegung vor allem in der Kunst zwischen 1890 und 1930 (vgl. PREYER 2006, Bd. 1, 146-152).

Becks Beschreibung stellt auf die Strukturänderung der westlichen Moderne ab. PREYER weist nun darauf hin, dass man anschließend an diese Vororientierung im Hinblick auf die soziologische Theorie der Gegenwartsgesellschaft vier Paradigmen der Moderne (Modernisierung) unterscheiden sollte: a) das Paradigma der Ersten Modernisierung ist durch einen ökonomischen Liberalismus gekennzeichnet, b) das Paradigma der Zweiten Modernisierung durch eine Wohlfahrtsökonomie, c) das Paradigma der Dritten Moderne zielt auf Umweltökonomie und d) das Paradigma der sogenannten Glokalisierung, das durch die Globalisierung herbeigeführt wird, bedeutet eine Vernetzung von Lokalem und Sozialem (vgl. PREYER 2006, Bd. 1, 181 ff., 241 ff., sowie MÜNCH 1998, 68 ff.). Anders das Vorgehen bei ULRICH BECK, der nur zwei Formen der Moderne (Modernisierung) unterscheidet und nicht zwischen dem Ersten und dem Zweiten Paradigma differenziert.

4 Paradigmen der Moderne

Die Folgen von Modernisierung – egal von welchen Positionen man ausgeht – betreffen natürlich auch die für die KJL maßgeblichen Auffassungen über die Struktur von Persönlichkeit, Erziehungstheorien, die Beziehungen in der Familie, die Rolle der Ehe, den Status von Mann, Frau und Kind wie auch den Stand der Realisierung in der Praxis. Der Struktur- und Funktionswandel der Familie von der Haushaltsfamilie zur bürgerlichen Kleinfamilie ist ein langwieriger und vielschichtiger Vorgang, der seine Grundlage in den Veränderungen der gesellschaftlichen Produktions- und Distributionsweisen hatte (vgl. ARIÈS 1975). Die moderne bürgerliche Familie ist von der Subsistenz- und Erwerbsarbeit entlastet, wodurch ihre Rollen nicht mehr dominant von ökonomischen Notwendigkeiten bestimmt werden. Die Produktionsfunktion der Familie wird ersetzt durch eine Erholungs-, Entlastungs- und Erziehungsfunktion. Die bürgerliche Familie wird damit zur moralischen Anstalt, deren primäre Aufgabe in der Sozialisation der Kinder besteht (vgl. WILD 1993). Es kommt zu einer Ausdifferenzierung von Kindheit, zur Kindheitsautonomie in solchen Familien, wo die finanzielle Situation es erlaubt, Frauen und Kinder von der Erwerbsarbeit freizustellen. Diesem Modernisierungsprozess entspricht die philanthropische KJL der Aufklärung (s. S. 25 ff.), die Kindheit als eigenständige Existenzform begreift, was sich in einem Wandel der Textstrukturen, dem Verhältnis von Kinder- und Erwachsenenwelt, den Figurenbeziehungen sowie der Rolle von Adaption niederschlägt.

Auswirkungen der Modernisierung auf die KJL

Der Ausdifferenzierungsprozess geht also keineswegs an der KJL vorbei. Dass die in der KJL der Spätaufklärung entworfene Kindheitsautonomie aber erst in den 50er-Jahren des 20. Jh.s zum Durchbruch kommt und zur dominanten Tendenz wird, hängt mit der Langwierigkeit des Modernisierungsprozesses zusammen: Bürgerliche Familien des „Konsumtions"-Typs blieben im 18./19. Jh. zahlenmäßig gering. Ihre historische Bedeutung erlangten sie daher weniger durch ihre reale Existenz, sondern vor allem durch ihre Leitbildfunktion. Als Leitbild übte die bürgerliche „Konsumtionsfamilie" mit ihrer neuartigen Funktionsaufteilung starke Anziehungskraft insbesondere auf die neu entstehenden Mittelschichten ebenso wie auf die Unterschichten aus. Wirklich durchsetzen konnte sie sich jedoch erst in der Mitte des 20. Jh.s, als nach dem Zweiten Weltkrieg wachsender Wohlstand und zunehmende Freizeit reale Möglichkeiten für ihre Verbreitung schufen (GEIßLER 1992).

Damit ist gesagt, dass sowohl die philanthropisch-reformpädagogische als auch die romantische KJL, die Kindheit als autonomen Lebensraum verstanden und folglich aus der Erwachsenenwelt ausgliederten, sich weniger auf die realen Verhältnisse bezogen, sondern vielmehr auf eine Vision abhoben. Dieses Leitbild entsprach mit seinen Werten, Normen, Idealen, Regularitäten den „gruppen-" bzw. „schichtenspezifischen" Erfahrungen einer Minderheit, nämlich jenen Familien, deren soziale Situation über dem normalen Durchschnitt lag. Insofern hatten die entscheidenden kinder- und jugendliterarischen Texte mit ihren autonomen Kinder- und Märchenwelten antizipierenden Charakter, da sie Konstellationen vorwegnahmen, die erst über hundertfünfzig Jahre später in der Sozialstruktur ihre Entsprechung fanden.

Proletarisch-revolutionäre KJL

Die wachsende Zahl von Industriearbeiterfamilien im 19. Jh. war gezwungen, alle Kräfte zur Sicherung des Lebensunterhaltes einzusetzen: Lange Arbeitszeiten, erschöpfende Frauen- und Kinderarbeit, beengte Wohnverhältnisse ließen keine Möglichkeit für das Entstehen autonomer Kinderwelten. Diese Konstellation ist die sozialgeschichtliche Basis für das Entstehen einer sogenannten proletarisch-revolutionären KJL. Was ihr später in der DDR als qualitativer Vorzug angerechnet wurde, dass sie nämlich die für die „bürgerliche Literatur" kennzeichnende „Trennung zwischen Kinder- und Erwachsenenwelt" überwindet und damit eine „qualitativ neue Figurenwelt" aufbaut (DREHER 1975, 19), ist „Reaktion" auf die Weiterexistenz einer vor- bzw. gegenmodernen Gemeinschaftlichkeit in der Moderne. Hier ist ULRICH BECKS Hinweis aufzunehmen, dass die Moderne nicht einzig unter einem allgemein aufsteigenden Gesichtspunkt betrachtet werden kann, sondern der „Aufbruch in die Moderne immer nur in Käfigen, eingegrenzt, exklusiv für bestimmte Gruppen" erfolgt (Beck 1993, 93). Gerade im 18./19. Jh. werden nicht nur die Ideen der politischen und kulturellen Moderne diffundiert und in entsprechenden Institutionen materialisiert (parlamentarische Demokratie, allgemeines Wahlrecht, Rechtsstaat, universalistische Prinzipien der Menschenrechte), sondern eben auch ihre gegenmodernen Elemente wie Unterdrückung von Frauen/Kindern, Nationalismus, Rassismus, Militarismus, Weltkriege, Konzentrationslager, Umerziehungslager realisiert. Die moderne Ausdifferenzierung der Geschlechter und Lebensalter schließt zunächst aus, dass Frauen und Kinder von den „unteilbaren Prinzipien der Moderne wie Freiheit und Gleichheit jenseits der Beschränkung von Geburt" bleiben. Der Erfolgs- und Krisengeschichte der Modernisierung ist die Erfolgs- und Krisengeschichte der Gegenmodernisierung gegenüberzustellen (vgl. Beck 1993, 94).

Man kann die im frühen 20. Jh. entstehende proletarisch-revolutionäre KJL als Folge bzw. Ausdruck der Existenz einer Gegenmoderne lesen, denn der größere Teil der Bevölkerung blieb von den Errungenschaften der Moderne weitgehend ausgeschlossen. Texte wie Alex Weddings „Ede und Unku" (1931), Berta Lasks „Auf dem Flügelpferde durch die Zeiten" (1925), Lisa Tetzners „Hans Urian. Die Geschichte einer Weltreise" (1931), Kurt Helds „Die rote Zora und ihre Bande" (1941) geben über die sozialen Bedingungen, in denen die Kinder des Proletariats leben, authentisch Auskunft, und sie fordern die (kindlichen) Leser auf, sich mit den ungenügenden sozialen Verhältnissen nicht abzufinden. Betrachtet man die in den Texten dargestellten sozialen Räume, die Figurenbeziehungen wie das Verhältnis von Kinder- und Erwachsenenwelt, dann wird offenbar, dass von einer Kindheitsautonomie oder einem Freiraum für die kindlichen Protagonisten nicht die Rede sein kann. Im Gegenteil, Kinder haben nach wie vor ihren Beitrag zur sozialen Sicherstellung der Familie zu leisten. Das erklärt, warum etwa in Alex Weddings „Ede und Unku" (1931) die Freundschaft zwischen den Protagonisten direkt eingebunden wird in die klassenkämpferische Welt der Erwachsenen. Alex Wedding hat für die von ihr als exemplarisch angenommenen Figurenbeziehungen eine triftige Begründung gegeben. So notiert sie:

Das Leben der Kinder ist eng verflochten mit dem der Erwachsenen. Es ist kein idyllisches Paradies. Kinder bleiben von den großen Klassenkonflikten nicht unberührt. Sie müssen die tragischen Fehler der Erwachsenen büßen.

(A. Wedding 1967, 6)

Stofflich-thema-
tische Weitung

Wo Kindheit kein „idyllisches Paradies" sein kann, Kinder von den „großen Klassenkonflikten" betroffen sind und sie die „tragischen Fehler der Erwachsenen" büßen müssen, kommt es notwendigerweise zur literarischen Darstellung ebendieser Konfliktfelder, und dies bedeutet eine stofflich-thematische Weitung. Die Aufnahme neuer Stoffe und Themen in die KJL ist zunächst Reflex auf die Weiterexistenz der vor- bzw. gegenmodernen Verhältnisse proletarischer Unterschichten. Gleichzeitig wird deutlich prononcierter als in den Großstadtgeschichten und -skizzen für Kinder um 1900 der Blick auf Allgemeinmenschliches geweitet. Die Einblicke in die Lebenswelten von Kindern sowie die angenommenen Ursachen wie Mechanismen von Ausbeutung entsprechen dem damaligen „gruppenspezifischen Wissen" eines Teils der proletarischen Schichten und eines Kreises linker Intellektueller.

Betrachtet man ausgehend davon nun die Entwicklungen in der deutschen KJL nach 1945 unter einem modernisierungstheoretischen Blickwinkel, dann lässt sich vereinfacht sagen: Bundesrepublik und DDR verhalten sich in den 50er- und frühen 60er-Jahren nahezu spiegelverkehrt zueinander, und erst seit den 70er-Jahren kommt es zu einer Annäherung. Das ist erklärlich, denn in beiden Fällen handelt es sich um Literaturen, die in unterschiedlichen gesellschaftlichen Systemen (s. S. 13 ff.) funktionieren und von daher im Rahmen des jeweiligen Gesellschaftsmodells sowie der entsprechenden Teilsysteme („Politik", „Wirtschaft", „Wissenschaft", „Kultur", „Medien") spezifische Aufgaben übernehmen. Entsprechendes trifft für das dahinterstehende dominante Kindheits- und Jugendbild zu.

3.3 Entwicklungen in der KJL nach 1945 in Ost und West

Entwicklung in der DDR

Über Parameter wie das Verhältnis von Kinder- und Erwachsenenwelt oder die Möglichkeiten kindlicher Selbst- oder erwachsener Fremdbestimmung wird ein Vergleich von west- und ostdeutscher KJL möglich, der system- und modernisierungstheoretische Überlegungen aufgreift. Unter diesem Blickwinkel lässt sich sagen, dass es in der DDR zwar zu einer Auflösung des vormodernen Klassenmilieus der 30er-Jahre kommt, aber eine Ausdifferenzierung moderner Handlungsfelder nur begrenzt stattfindet. Insofern findet in der DDR nur eine selektive Modernisierung statt. Wegen der materiellen Rückständigkeit und infolge der vormodernen Regulative in Politik und Kultur bleibt die DDR ein weitgehend früh- bzw. nur partiell modernes Land. Beschworen wird ein Ideal von Gemeinschaftlichkeit, in dem Kindheit seinen gleichberechtigten Platz hat.

> Für die KJL in der DDR war von Beginn an eine Auffassung von Kindheit kennzeichnend, die Kinder und Jugendliche als gleichberechtigte Partner in einem gesellschaftlichen Entwicklungs- und Aufbauprozess sah.

Unter dem Stichwort des gemeinsamen Zieles hin zum Sozialismus waren weder Unterschiede der Geschlechter noch der Generationen maßgeblich, vielmehr erfolgte eine Einordnung in die „große Bewegung". In dieser zählte die Individualität des Einzelnen vor allem unter dem Signum, wie sie in der Lage war, sich der gesellschaftlichen Bewegung ein- und unterzuordnen. Das führte zu einer Weitung der Darstellungsgegenstände auf die angenommene „wirkliche Wirklichkeit", also auf Gesellschaft, ihre Vergangenheit, Gegenwart und die anvisierte Zukunft. Bis dahin für die KJL übliche Tabuisierungen wurden aufgebrochen.

Die Vision vom neuen Menschsein für Kinder wie Erwachsene war gedacht als Überwindung bürgerlich-individualistischer bzw. kapitalistischer Beschränktheit. Entsprechend kam dem Kollektiv eine herausragende Bedeutung zu. Mit anderen Worten, der Kinderalltag war direkt gebunden an gesamtgesellschaftliche Vorgänge: die Entwicklung der Genossenschaft, den Aufbau eines Betriebes, den Einsatz neuer Techniken, das Gewinnen noch Zögernder für die Vision einer von Grund auf anderen Gesellschaft, das Umgehen mit der nazistischen Vergangenheit, die kriminalistische Suche nach Gegnern usw. Texte von ERWIN STRITTMATTER („Tinko", 1954), BENNO PLUDRA („Die Kinder von Plieversdorf", 1959), ALFRED WELLM („Kaule", 1962) oder HORST BESELER („Käuzchenkuhle", 1964) repräsentierten diese Neuerungen.

Kinderalltag ist an gesamtgesellschaftliche Vorgänge gekoppelt

Die Weitung des kindlichen Blickwinkels auf Gesellschaftliches, auf soziale Realität und ihre Probleme bedeutete einen Gewinn, freilich führte er andererseits auch zu einem – dann später immanent kritisierten – Ausblenden von Individuellem, von kindlichen Interessen und inneren Widersprüchen. Kinder werden zwar formal als gleichberechtigte Partner beim großen Aufbauwerk gesehen, aber die den Texten eingeschriebenen ethischen wie moralischen Normen bestimmen weiterhin allein die Erwachsenen. Kinder sind nicht Träger eigener Wertvorstellungen – wenn doch, dann sind es bereits die von den Erwachsenen verinnerlichten (sozialistischen) Ideen –, sondern haben die Werte/Normen der (sozialistischen) Erwachsenen zu übernehmen. Insofern erfüllt die KJL bevorzugt sozialisatorische Aufgaben und ist bis in die 60er-Jahre dem vergleichbar, was „autoritäre"

KJL erfüllt sozialisatorische Aufgaben

KJL genannt wurde (s. S. 30 f.). Auf der Darstellungsebene sind es nämlich in der Regel Erwachsene (Vater, Lehrer oder sogenannte Mentor-Figuren), die den richtigen Weg wissen.

Die KJL-Texte sind nur dann „gerecht" zu beurteilen, wenn man sie in Bezug setzt zum konkret-historischen „kulturellen Wissen" in der DDR und den gesellschaftlichen Rahmenbedingungen jener Jahre. Die direkt gestalteten ethisch-moralischen Normen und Werte (u. a. Arbeit als Lebensbedürfnis, Einstellen auf die gesellschaftlichen Interessen, Einsatz für das gesellschaftlich Neue, Unterordnung der Interessen des Einzelnen unter die des Kollektivs) erfüllen im Denksystem der DDR-Kultur eine illustrierende, einübende, bestätigende Funktion. Um ein Beispiel zu geben: In HORST BESELERS viel gelesenem Jugendbuch „Käuzchenkuhle" (1965) sind die moralischen Normen und Werte von Kindern und Erwachsenen identisch, und dennoch handelt es sich bei den kindlichen Protagonisten – anders als in der bürgerlichen KJL – um keine Musterkinder.

60er-Jahre: Kindliche Individualität wird wichtiger

Mitte der 60er-Jahre ergeben sich in der KJL Modifizierungen: Die kindliche/jugendliche Individualität gewinnt an Bedeutung (KARL NEUMANN „Frank und Irene", 1964; BENNO PLUDRA „Lütt Matten und die weiße Muschel", 1963; ALFRED WELLM „Kaule", 1962). Damit wird zwar noch keine Kritik an den Verhältnissen geübt, wohl aber den veränderten Ansichten über die DDR-Gesellschaft und einer „partiellen Modernisierung" Rechnung getragen. PETER CHRISTIAN LUDZ hat damit einen Wandlungsprozess gefasst, der „zur Institutionalisierung relativ moderner Sozialformen neben erheblich weniger modernen Strukturen in ein und derselben Gesellschaft" führt (LUDZ 1980, 58). Dieses Nebeneinander von „modernen" und „vormodernen" Strukturen äußerte sich im Widerspruch zwischen dem parteistaatlichen Anspruch auf das gesellschaftliche Führungsmonopol auf der einen und einer moderneren Ausdifferenzierung von gesellschaftlichen Handlungsfeldern auf der anderen Seite. Für die DDR kann das Modell einer „selektiven Modernisierung" gelten, die sich auf ökonomisch erzwungene Modernisierungsschübe beschränkte (GANSEL 1997).

Zu maßgeblichen Veränderungen in der KJL in der DDR kam es erst in den 70er-Jahren. Bei einem grundsätzlichen Festhalten am Gesellschaftsbezug und dem „Zukunftsversprechen DDR" begannen wichtige Autoren zu prüfen, welche Möglichkeiten die Gesellschaft dem Einzelnen lässt, wie sich Ideal und Wirklichkeit zueinander verhalten, wie es um die proklamierten Ideen der Anfangsjahre bestellt ist, welche Möglichkeiten der Einzelne wirklich hat, wie er sich einbringen kann und was bzw. wer ihm entgegensteht.

Das erklärt, warum in den Texten ein Formen- und Funktionswandel stattfindet, Typisierungen aufgebrochen werden, es zu einschneidenden Veränderungen im Figuren- und Konfliktaufbau kommt. Zunehmend zeigt sich dabei ein Dissens zwischen Einzelnem und der Gesellschaft. Die kindlichen/jugendlichen Protagonisten reiben sich an gesellschaftlichen Instanzen (Schule, Betrieb, gesellschaftliche Organisationen) bzw. ihren Trägern (Erwachsene, Funktionäre), ihre inneren Konflikte werden dargestellt (u. a. Ulrich Plenzdorf „Die neuen Leiden des jungen W.", 1972; Volker Braun „Die unvollendete Geschichte", 1975; Alfred Wellm „Pugowitza oder die silberne Schlüsseluhr", 1975; Benno Pludra „Insel der Schwäne", 1980). Die Verlagerung auf die Darstellung von Defiziten und inneren Konfliktlagen führt zu Modifizierungen im Literarisch-Ästhetischen: Es kommt zur Neu- bzw. Wiederentdeckung der Potentiale phantastischen Erzählens (Christa Kožik „Der Engel mit dem goldenen Schnurrbart", 1983; Christoph Hein „Das Wildpferd unterm Kachelofen", 1984; Benno Pludra „Das Herz des Piraten", 1985), dem Neuerzählen antiker Mythen und klassischer Stoffe der Weltliteratur (u. a. Franz Fühmann „Prometheus", 1974; Werner Heiduczek „Die seltsamen Abenteuer des Parzival", 1974; Stephan Hermlin „Argonauten", 1974; Günter de Bruyn „Tristan und Isolde", 1975; Rolf Schneider „Herakles", 1978). Formal nehmen Ich-Erzähler und personale Erzählsituation ebenso zu wie Varianten von Bewusstseinsstromtechniken oder multiperspektivisches Erzählen. Stofflich-thematisch wie strukturell erfolgt eine Annäherung der KJL an die Erwachsenenliteratur, die Erwachsenen sind in den Texten immer auch angesprochen.

Wenn die Protagonisten hier wie da erkennen müssen, dass ihre Meinung nicht gefragt ist und selbst dann gegen sie entschieden wird, da sie den Prinzipien sozialistischer Moral verpflichtet sind, soll das eigene Aktivitäten in Gang setzen, Widerstandspotentiale befördern. Wo die Wertungspositionen in die kindlichen und jugendlichen Protagonisten verlegt wurden – wie in einer Reihe der genannten Texte –, kann das Kind/der Jugendliche als Repräsentant menschlicher (sozialistischer) Werte gelten.

So lässt sich durchaus sagen, dass in der DDR-KJL ab dem Ende der 70er-Jahre eine Art (romantischer) Kindheitsmythos entsteht, der Kinder als reine unverdorbene Wesen zur Geltung bringt, die an den (sozialistischen) Idealen festhalten. Es wäre ein Irrtum zu glauben, der Untergang der DDR würde diese Texte bzw. die DDR-KJL überhaupt zur Makulatur machen. Vielmehr erscheint eine neue Beschäftigung auch im Literaturunterricht geboten und dies keineswegs nur wegen der vermeintlichen Einsichten in das Leben im „realen Sozialismus".

70er-Jahre: Formen- und Funktionswandel

Entwicklung in der Bundesrepublik

Legt man den Maßstab von Moderne und Gegenmoderne an die westdeutsche KJL, dann stellt sich heraus, dass in dem Maße, wie ein Umbau der Bundesrepublik zu einer modernen Gesellschaft stattfand, sich in einer ersten Phase auch der reale Status von Kindheit veränderte.

Gesellschaftlicher Individualisierungsschub nach dem Zweiten Weltkrieg

Mit der in den reichen Industrieländern nach dem Zweiten Weltkrieg einsetzenden „wohlfahrtsstaatlichen Modernisierung" war ein gesellschaftlicher Individualisierungsschub verbunden. Auf der Grundlage eines zunehmenden materiellen Standards und wachsender sozialer Sicherheit kam es zu einer Herauslösung des Individuums aus traditionellen Klassenbindungen und der Selbstverantwortlichkeit für ein individuelles Schicksal auf dem Arbeitsmarkt mit seinen Risiken und Chancen. Die vor- bzw. gegenmodernen proletarischen Unterschichten- und Klassenmilieus, die noch in der Weimarer Republik das Leben außerhalb der Arbeit signifikant in „Klassenwelten" trennten, verschwanden zunehmend. Das hatte radikale Konsequenzen auch für die kindlichen Lebenswelten. Es entsteht eine moderne Kindheitsautonomie, die sich nun gerade auch auf jene Kreise erstreckt, die vorher davon ausgeschlossen waren. Die zwei Welten, wie sie sich bei ALEX WEDDING fanden („Ede und Unku") oder auch in ERICH KÄSTNERS „Pünktchen und Anton" (Anton = proletarisches Unterschichtenmilieu; Pünktchen = großbürgerlicher kindlicher Schonraum) lösen sich auf.

Konstruktion von phantastischen Parallelwelten

Als Effekt der Modernisierung kommt es zu einer realen Ausdifferenzierung von Kindheit, Kinder können nunmehr in nur für sie bestimmten Welten Kinder sein. Vor dem Hintergrund von Modernisierung ist das ein Fortschritt. Erklärungsversuche, die ab 1968 diese Texte einzig als „Heile-Welt"-Geschichten abwehren, verkennen diesen realen Modernisierungsschub. Die Kindheitsautonomie findet auf der literarischen Ebene eine Entsprechung in einer thematischen Einschränkung. An die Stelle der gemeinsamen Welt von Kindern und Erwachsenen der proletarisch-revolutionären KJL tritt die Konstruktion von phantastischen Parallelwelten, in die allein die kindlichen Protagonisten durch „Umsteigepunkte" gelangen. Dazu gehören JAMES KRÜSS' Texte der 50er-Jahre wie „Der Leuchtturm auf den Hummerklippen" (1956) oder „Die glücklichen Inseln hinter dem Winde" (1959).

Die (phantastischen) Frei- bzw. „Schonräume" als Folge einer gesellschaftlichen Modernisierung lösen die seit der Spätaufklärung existierende Vision der Kindheitsautonomie tatsächlich ein. Das ist die entscheidende qualitative wie quantitative Ursache für die Konstituierung eines neuen Systemzustandes der KJL ab den 50er- und 60er-Jahren. Symptomatisch für die „glücklichen Inseln" ist, dass die Schattenseiten der Gegenmoderne nicht in den Blick geraten.

Das ändert sich Ende der 60er-Jahre. Es kommt zur gedanklichen und realen Emanzipation auch jener, denen die unteilbaren Prinzipien der Moderne wie Freiheit und Gleichheit jenseits der Beschränkung von Geburt und Generation bislang vorenthalten wurden: Frauen, Kinder oder bis dahin als „unterprivilegiert" geltende Schichten. Die Veränderungen schlagen sich in einem unübersehbaren Wandel der Sozialcharaktere, der Normalbiographien und der Lebensstile nieder:

Die Geschlechtsbeziehungen, die verschweißt sind mit der Trennung von Produktion und Reproduktion und zusammengehalten werden in der Kompakttradition der Kleinfamilie mit allem, was sie an gebündelter Gemeinschaftlichkeit, Zugewiesenheit und Emotionalität enthält, brechen auseinander: Plötzlich wird alles unsicher: die Form des Zusammenlebens, wer wo wie was arbeitet, die Auffassungen von Sexualität und Liebe und ihre Einbindung in Ehe und Familie, die Institution Elternschaft, zerfällt in das Gegeneinander von Mutterschaft und Vaterschaft ... (U. Beck 1986, 180)

In dem Maße, wie „alles unsicher" wird, gehen fundamentale Begrenzungen und Regularitäten, die die KJL bislang als eine „Minderheitenliteratur" kennzeichneten, zurück; die für ihre kindlichen Adressaten geltenden Sonderregeln mit ihrem „gruppen-" bzw. „minderheitenspezifischen Wissen" werden durchlässig. Neben die Kindheitsautonomie treten Prinzipien wie Gleichheit, Akzeptanz oder Mündigkeit. Damit kann die KJL sich öffnen für alle jene Entwicklungen, wie sie in der Allgemeinliteratur bereits am Beginn des 20. Jh.s galten. Es wird ein Prozess des Nachholens in Gang gesetzt, der die KJL der Allgemeinliteratur annähert.

> **Wichtig**
> Die neue, die moderne Kinderliteratur ist ein Reflex auf den kulturgeschichtlichen Wandel im Rahmen eines Prozesses von gesellschaftlicher Modernisierung.

Mit dem gesellschaftlichen Modernisierungsprozess gehen Veränderungen einher in:
- den Wert- und Moralvorstellungen der Gesellschaft, den Welt- und Leitbildern;
- den Vorstellungen von Liebe, Moral, Ehe, Sexualität, Familie;
- den Auffassungen über das Generationenverhältnis;

- den Vorstellungen über Rolle und Status von Kindern/Jugendlichen, ihre Rechte und Pflichten, kurz, es geht um das konkrete Kindheits- und Jugendbild.

Paradigmenwechsel in der KJL: emanzipatorische Kinderliteraturreform

Diese Veränderungen führten zu einem Paradigmenwechsel in der KJL der Bundesrepublik seit Ende der 60er-Jahre, der seinen Ausdruck in der sogenannten emanzipatorischen Kinderliteraturreform fand. Wo sich eine neue Kindheitsauffassung durchsetzte, es reale Veränderungen in der Welt von Kindern wie Jugendlichen gab und sie als gleichberechtigte Partner angesehen wurden, konnten ihnen nicht länger jene Problem- und Konfliktfelder vorenthalten bleiben, mit denen sich die Erwachsenen auseinandersetzten. Die Texte begannen, die Verhältnisse einer Gesellschaft, in der Erwachsene und Kinder leben, kritisch zu reflektieren und auf die veränderten gesellschaftlichen Bedingungen wie Probleme damaligen Kind-Seins einzugehen. Ursula Wölfels „Die grauen und die grünen Felder" (1970), Hans-Georg Noacks „Rolltreppe abwärts" (1970), Peter Härtlings „Das war der Hirbel" (1973) oder Max von der Grüns „Vorstadtkrokodile" (1976) avancierten zu Trendsettern einer neuen Kinderliteratur. Frühere Tabubereiche wurden sukzessive mit sozialkritischem Anspruch zum Gegenstand literarischer Darstellung, dazu gehörten Behinderung, Sterben, Tod, Scheidung, Alkoholismus/Drogen, Arbeitslosigkeit der Eltern, Dritte Welt, Gastarbeiter- und Ausländerproblematik (vgl. Wild 2008, 335 ff.).

Ursula Wölfel hob in ihrem Erzählband „Die grauen und die grünen Felder" die politische wie emanzipatorische Wirkungsintention explizit im Vorwort hervor:

Diese Geschichten sind wahr, darum sind sie unbequem: Sie erzählen von den Schwierigkeiten der Menschen, miteinander zu leben und wie Kinder in vielen Ländern diese Schwierigkeiten erfahren, Juanita in Südamerika, Sintajehu in Afrika, Manni, Corinna, Karsten und viele andere bei uns. Wahre Geschichten haben nicht immer ein gutes Ende. Sie stellen viele Fragen, und jeder soll die Antwort selber finden. Die Geschichten zeigen eine Welt, die nicht immer gut ist, aber veränderbar. (U. Wölfel 1970, 1)

Der gesellschaftskritische Anspruch der Texte war durchaus jenem in der zeitgleichen Erwachsenenliteratur vergleichbar. Entsprechend begann die neue KJL das vielfältige Formarsenal von politischer und sozialkritischer Dichtung für Erwachsene zu nutzen: Varianten von Dokumentarliteratur, Reportage oder Montage.

Die nachfolgende kinder- und jugendliterarische Programmatik bedeutete eine Fortsetzung bzw. Entfaltung des Reformprogramms im Rahmen eines Prozesses von gesellschaftlicher Modernisierung, nicht seine Revision. Die „Ingebrauchnahme" und Integration von Darstellungsweisen der modernen Erwachsenenliteratur in der KJL ist Reflex auf gesamtgesellschaftliche Veränderungen.

Zu Parametern eines gesellschaftlichen Wandels gehören:

Parameter eines gesellschaftlichen Wandels

- Entdramatisierung des Generationenkonflikts: die klassisch-autoritäre Elternrolle nimmt ab, Kinder/Jugendliche müssen sich nicht beständig abgrenzen, weil es „keine fundamentale Deutungsdifferenz zwischen den Achtzehnjährigen und Vierzigjährigen" gibt;
- Früherwachsenheit: Kinder- und Jugendliche verhalten sich in Bereichen von Konsum und Technik wie Erwachsene, deren Erfahrungs- und Wissensvorsprung hat abgenommen;
- Trennlinien zwischen Kindheit/Jugend, Jugend/Erwachsenheit verwischen sich: längere Ausbildungszeiten, verzögerte Gründung eines eigenen Haushaltes, späte Heirat und Familiengründung;
- ständige Gewöhnung an kulturelle Neuerungen: was früher provozierte, bringt heute nur ein müdes Lächeln hervor;
- Leben in verschiedenen Realitäten: heutige Kinder/Jugendliche leben parallel zur Familienrealität gleichzeitig in einer Peergroup-Realität, einer Beziehungsrealität, einer Schulrealität, einer Sozialrealität, einer Medienrealität;
- Wandel von der Großfamilie zur Kleinfamilie;
- zunehmende Auflösung patriarchalischer Strukturen und fest definierter Geschlechterrollen;
- Mediatisierung von Kindheit.

Zu jenen Autoren, die den literarischen Modernisierungsschub ab Ende der 60er-Jahre mit prägten, gehören insbesondere jene, die die Bedingungen von Kindheit und Jugend gesellschaftsanalytisch, also als kritische Beobachter registrieren. KIRSTEN BOIE, WOLFGANG BITTNER, PETER HÄRTLING, RUDOLF HERFURTNER, GUDRUN MEBS, CHRISTINE NÖSTLINGER, MIRJAM PRESSLER, RENATE WELSH – um nur einige zu nennen – sahen dabei von ihren eigenen Kindheits- und Jugenderinnerungen ab und erfassten stattdessen literarisch jene „Folgen", die die neue Emanzipation und Mündigkeit für Kinder und Jugendliche mit sich brachte. Während sich die realistisch gezeichneten Kinder- und Jugendfiguren der 70er-Jahre noch gegen patriarchalisch-autoritäre Familienverhältnisse auflehnten, leben die Töchter und Söhne der 80er- und 90er-Jahre eher in „Verhandlungsfamilien", d. h., ihre Meinung ist gefragt, sie sind zur Selbstständigkeit aufgefordert, sie können und müssen eigenverantwortlich handeln.

„Verhandlungsfamilien" in der KJL

Diese kulturellen Veränderungen sind längst zum Darstellungsgegenstand der KJL geworden: Die präsentierten „Verhandlungsfamilien" zeichnet ein partnerschaftliches Verhältnis zwischen Kindern und Erwachsenen aus, die überkommenen Geschlechterrollen sind aufgehoben, die „neuen" Frauen bzw. Mütter geben sich mit ihrer traditionellen Mutterrolle nicht zufrieden, brechen aus, verfügen über eine ausgeprägte Weiblichkeit und fühlen sich nicht mehr gebunden an den Mann als Ernährer.

CHRISTINE NÖSTLINGER hat in ihren Texten seismographisch einen so gearteten kulturellen Wandel erfasst, etwa, wenn sie die jugendliche Ich-Erzählerin in „Gretchen, mein Mädchen" reflektieren lässt: „‚Ich fühle mich nicht unterbetreut.' ‚Aber ich', sagte der Papa. ‚Montag und Donnerstag arbeitet sie [die Frau] am Abend. Am Dienstagabend hat sie diese blöde Psychogruppe, und am Mittwoch macht sie die vertrottelte Zusatzausbildung. Und ich hocke immer allein da und kann die Daumen drehen.'" (NÖSTLINGER, 1988, 55)

Die Texte der 80er- und 90er-Jahre hatten also – wenn sie denn dem Programm eines kinder- bzw. jugendliterarischen Realismus folgten – auf rasante Wirklichkeitsveränderungen zu reagieren. Zumindest zeigt eine Reihe von Texten, mit welchen Emanzipationseffekten Kinder und Jugendliche es aktuell zu tun bekommen. Zu denken ist an CHRISTINE NÖSTLINGERS „Elfi Obermeier und der Ödipus" (1984), „Der Zwerg im Kopf" (1989), „Einen Vater hab ich auch" (1994) oder KIRSTEN BOIES „Nella-Propella" (1994). In diesen Texten müssen sich die Protagonisten ihre Gleichberechtigung nicht mehr erkämpfen, ihre Eltern respektieren sie als eigenständige Partner.

Andererseits kann die von Kindern bzw. Jugendlichen erwartete Selbstständigkeit Überforderungssyndrome produzieren. Ebendiese Kehrseite der (Post)Moderne macht eine auf Selbstreflexivität zielende KJL zum Gegenstand der Darstellung. Die Leser treffen auf Protagonisten, deren Innenleben zunehmend etwas von jener (post)modernen Zerrissenheit zeigt, die ansonsten eher für Erwachsene kennzeichnend ist. Das kann nicht ohne Auswirkungen auf das „Was" und „Wie" des Erzählens bleiben.

Moderne literarische Darstellungsweisen im modernen Kinderroman

Um derartige psychische Befindlichkeiten zur Sprache zu bringen, bedarf es des Einsatzes von modernen literarischen Darstellungsweisen. Dazu gehören Ich-Erzählung, personales Erzählen, innerer Monolog mit Übergängen zur Bewusstseinsstromtechnik, häufiger Wechsel des Erzählstandortes, Rückblenden, rascher Wechsel der Zeitebenen und Tempusformen,

Formen von Collage und Montage (GANSEL 1995). Eben das sind Merkmale von Modernität, und sie lassen sich nicht erst im Jugendroman finden, vielmehr auch im neu entstandenen modernen Kinderroman, für den es inzwischen vielfältige Beispiele gibt. Frühe und inzwischen klassische Texte sind die modernen Kinderromane von TORMOD HAUGEN „Die Nachtvögel" (1978) oder GUDRUN MEBS „Das Sonntagskind" (1983), „Mariemoritz" (1988), KIRSTEN BOIE „Das Ausgleichskind" (1990), „Mittwochs darf ich spielen" (1993), „Nella-Propella" (1994), RENATE WELSH „Drachenflügel" (1988), CHRISTINE NÖSTLINGER „Der Zwerg im Kopf" (1989), „Einen Vater hab ich auch" (1994), PETER HÄRTLING „Das war der Hirbel" (1973), „Oma" (1975), „Ben liebt Anna" (1979), „Fränze" (1989), DAGMAR CHIDOLUE „Pischmarie" (1990).

Mehr als in Kinderromanen wird der kulturelle Wandel kindlicher bzw. jugendlicher Lebenswelten allerdings im Jugend- bzw. Adoleszenzroman reflektiert. Die Texte von INGER EDELFELDT („Kamalas Buch", 1988), CHRISTIAN TRAUTMANN („Die Melancholie der Kleinstädte", 1990) oder DAGMAR CHIDOLUE („Magic Müller", 1992) sind ab Ende der 80er-Jahre Beispiele für die literarische Gestaltung von Problemen, mit denen Jugendliche es zu tun bekamen. Das auffälligste Merkmal dieser Texte ist ihre neue literarische Qualität, ihr hoher literarischer Anspruch, ihre Literarizität, was aber nicht bedeutet, dass die bisherige KJL gewissermaßen „unliterarisch" gewesen ist.

Hoher literarischer Anspruch

3.4 Der moderne Kinderroman

Der neue, der „moderne Kinderroman" unterscheidet sich, was die angewandten Erzählverfahren betrifft, nur noch graduell, also in der Konsequenz des Einsatzes von der modernen Erwachsenenliteratur, nicht mehr prinzipiell.

Zu dieser Art modernen Erzählens gehört schließlich auch, dass der Wertungsstandort in die kindlichen bzw. jugendlichen Protagonisten gelegt ist und dass ihr Standpunkt selbst dann nicht korrigiert wird, wenn er sich aus der Sicht der Erwachsenen bzw. der Gesellschaft als problematisch bzw. falsch erweisen sollte. Insofern handelt es sich um „antiautoritär" ausgerichtete Texte (s. S. 31). Dass damit pädagogische Unterweisungen schwerer werden und auf der Darstellungsebene zumeist keine hinreichenden Lösungsangebote mehr unterbreitet werden, ist eine der – höchst strittigen – Folgen dieser literarischen Modernisierung, die auf Widerstand überall dort stößt, wo die Kinder- und Jugendliteratur weiterhin in erster Linie als Sozialisationsinstrument gilt.

Zum Begriff

Mit dem Begriff moderner Kinderroman wird der Unterschied zu buchgeschichtlichen Kategorien wie Kinderbuch, worunter das Abenteuerbuch, die Kindergeschichte, der Kinderkrimi gefasst wurden, deutlich. Der von der Textebene ausgehende Terminus ist allerdings keineswegs so neu wie vermutet. Schon ERICH KÄSTNER nutzte für seine zu Klassikern avancierten Texte „Emil und die Detektive" (1929), „Pünktchen und Anton" (1930) oder „Das doppelte Lottchen" (1949) die Bezeichnung „Romane für Kinder". Und in der Tat stellten KÄSTNERS Texte insofern etwas Neues dar, als sie die damalige Wirklichkeit von Kindern und Erwachsenen wie ihre Wirklichkeitserfahrungen gewissermaßen romanhaft erzählend zum Gegenstand kinderliterarischer Darstellung machten. Freilich, die Art und Weise des Erzählens bei KÄSTNER unterscheidet sich von jener, die in den modernen Kinderromanen ab den 70er-Jahren zu verzeichnen ist. Sicherheiten, wie sie ein allwissender und über den „olympischen Blick" verfügender Erzähler wie bei ERICH KÄSTNER besitzt, sind nicht mehr das herausragende Kennzeichen. Von daher lässt sich sagen:

> Der Begriff moderner Kinderroman bezeichnet eine (kinder)literarische Gattung, deren Texte prinzipiell über vergleichbare Merkmale verfügen wie der moderne Roman für Erwachsene, wenngleich es natürlich graduell Unterschiede gibt. Der Begriff Kinderroman meint also nicht eine zeitliche Dimension im Sinne von „gegenwärtig", „aktuell", „zeitgenössisch", sondern es geht um eine veränderte Struktur der Texte, um Inhalt und Form, um *story* und *discourse*, kurz um das „Was" und „Wie" des Erzählens.

Folglich lässt sich der moderne Kinderroman nicht reduzieren auf Modifizierungen auf der Ebene des „Was", also bei den Handlungen, Figuren, Räumen. Wie in der Allgemeinliteratur wirken die Veränderungen sich auch auf das „Wie" der literarischen Darstellung aus, insbesondere auf die Art und Weise des Erzählens. Wo (aktuelle) Wirklichkeitserkundung das Ziel ist, bekommt anstelle der „pragmatischen Relation", also der Beziehung Werk – Rezipient (der Text ist auf das vermeintliche kognitive Niveau sowie die Interessen des anvisierten Lesers ausgerichtet), die „mimetische Relation", also die Beziehung Werk – Realität größeres Gewicht. Dies ist für die Wertung der Texte wie ihre Behandlung im Literaturunterricht von entscheidender Bedeutung. Es geht nämlich nicht einzig darum, wirkungsbezogene bzw. pragmatische Werte (das Verhältnis Werk – Rezipient) ins Zentrum zu stellen und zu fragen, ob der Text auch hinreichend dem kindlichen

Rezipienten angepasst ist, sondern mehr um die „mimetische Relation" bzw. relationale Werte, also die Frage, inwieweit der Text Wirklichkeit authentisch erfasst (s. S. 21 f.).

Ein solcher Blickwinkel macht unter historischen, thematischen wie formalen Gesichtspunkten eine neue Ausdifferenzierung in Unter- bzw. Subgattungen der KJL möglich. So kann man unterscheiden zwischen a) dem modernen problemorientierten bzw. sozialkritischen Kinderroman; b) dem modernen psychologischen Kinderroman und c) dem modernen komischen Kinderroman sowie d) dem modernen phantastischen Kinderroman. Diese Unterteilung, die Mitte bzw. Ende der 90er-Jahre u. a. von STEFFENS, EWERS und GANSEL vorgeschlagen wurde, ist in den nachfolgenden Jahren bestätigt worden und hat sich innerhalb der KJL-Forschung durchgesetzt. Zudem fand diese Einteilung durch den aktuellen Literaturprozess ihre Bestätigung.

Unter- bzw. Subgattungen der KJL

Natürlich ist diese Unterscheidung, wie dies für Gattungsbestimmungen überhaupt gilt, eine modellhafte, auch deshalb, weil sich in der literarischen Praxis die Übergänge fließend gestalten, es Kinderromane gibt, bei denen die Problemorientierung übergeht in eine kindliche Innenweltdarstellung, aber auch eine umgekehrte Konstellation denkbar ist. Zudem werden in der KJL, wenn es z. B. um die Darstellung von existentiellen Krisensituationen geht, Möglichkeiten der komischen Darstellung genutzt. Dies trifft nicht zuletzt auf Texte zu, in denen es um Sterben und Tod geht, wie bei ELFIE DONNELLY („Servus Opa, sagte ich leise", 1977) oder GUUS KUIJER („Erzähl mir von Oma", 1982).

Gattungsbestimmungen

Grundsätzlich ist der Gattungsbegriff auch in der KJL ein Hilfsmittel, um Ordnung in die Vielfalt unterschiedlichster Textausprägungen zu bringen.

Die französischen Strukturalisten sehen das Hauptmerkmal einer Gattungsbestimmung im Auffinden einer Regel, die einer Gruppe von Werken gemeinsam ist. Die normative Gattungsbestimmung geht von einer Dreiteilung der Literatur aus, die an griechische Vorbilder anknüpft (ARISTOTELES, PLATON, HORAZ). Danach sind Lyrik, Dramatik und Epos als Formen dichterischen Schaffens zu unterscheiden. Später hat MARTIN OPITZ im „Buch von der deutschen Poeterey" (1624) eine strukturierte Gattungsreihe mit entsprechenden Unterteilungen vorgeschlagen. An diese terminologische Unterscheidung knüpft schließlich GOETHE mit seinem Vorschlag

> **Wichtig**
> Beim Terminus Gattung handelt es sich um einen „Oberbegriff zur Benennung unterschiedlicher Typen von Textgruppenbildungen" (Reallexikon, 651).

der Einteilung der drei „Naturformen" Epos, Lyrik und Drama an. Hiermit sind überzeitliche Normen bzw. Muster gemeint. Von den Naturformen setzt GOETHE die „Dichtarten" ab, worunter bestimmte und in einer konkreten historischen Situation entstandene und dann weiter existierende Unterformen gemeint sind wie u. a. Allegorie oder Fabel.

Ausgehend von GOETHES Unterscheidung hat es den Versuch gegeben, Gattungen in Form einer Struktur- bzw. Gestaltentheorie zu entwerfen. Dazu gehört VLADIMIR PROPPS „Morphologie des Märchens" (1928/dt. 1972). PROPP entwickelte aus der Untersuchung von hundert russischen Zaubermärchen eine verallgemeinerbare Grundstruktur der Gattung, indem er die in den Texten jeweils konstante und variable Größe herausfand. Danach sind die konkreten Handlungen die Konstanten und die Handlungsträger (Figuren) die Variablen.

> In der Russischen Formalen Schule wird letztlich die „Gattung" als historischer Textkorpus begriffen, der sich verändert. Insofern werden nicht mehr überzeitliche, feste Regeln angesetzt. Vielmehr fasst man Gattungen als sich im historischen Prozess konstituierendes Bezugssystem auf, das sich ständig verändert und nicht ein für alle Mal festgelegt werden kann.

An diese Auffassungen knüpft der Romanist HANS ROBERT JAUß an. Seine Überlegungen lassen sich mit Gewinn auf den Wandel in der KJL anwenden. Auch in der KJL sind nämlich Gattungen in ihrer historischen Entwicklung zu sehen. Nach JAUß handelt es sich hier um Gruppen von Texten bzw. „historische Familien" (JAUß 1973, 110). Da es eine Vielzahl von Übergängen zwischen den Gattungen gibt, arbeitet JAUß mit der „systemprägenden Dominante", die es ermöglichen soll, bei einer Vermischung zweier oder mehrerer Gattungen in einem Werk die dem Text zugrunde liegende Gattung festzustellen. Letztlich kann es nicht darum gehen, eine Form zu kanonisieren und festzuschreiben, vielmehr kommt es in Verbindung mit den soziokulturellen Kontexten zu Veränderungen und unterschiedlichen Ausprägungen der jeweiligen Gattung. Damit ist auch die Möglichkeit der Mischung der Gattungen gegeben, die Übergänge zwischen den Gattungen können sich zunehmend fließend gestalten.

HANS ROBERT JAUß:
„Systemprägende Dominante"

Um die Zugehörigkeit zur jeweiligen (Sub-)Gattung in der KJL zu bestimmen, kann man mit dem Begriff der „systemprägenden Dominante" (JAUß 1973, 112) arbeiten und damit feststellen, ob es sich um einen eher problemorientierten bzw. sozialkritischen, psychologischen oder komischen modernen Kinderroman handelt.

Problemorientierter bzw. sozialkritischer Kinderroman

Der problemorientierte bzw. sozialkritische Kinderroman ist historisch gesehen Reflex auf die 1968 in Gang gebrachte neue Sicht auf Kindheit, auf das Verhältnis der Generationen, auf die Schattenseiten der modernen Gesellschaft.

Diese „emanzipatorisch gemeinte" Kinder- und Jugendliteratur hat „in der Ent-Tabuisierung eines ihrer Charakteristika" (DAHRENDORF 1988, 41 ff.). Als enttabuisierte Bereiche, die mit den 70er-Jahren in den Horizont romanhafter Darstellung gelangten, gelten Politik, Herrschaft, Krieg, Faschismus, Arbeit, Arbeitslosigkeit, Ausbeutung, Liebe, Sexualität, Tod, Behinderung, Dritte Welt, Unterdrückung. Das bedeutete zunächst eine stofflich-thematische Weitung der KJL. Texte wie die von URSULA WÖLFEL („Die grauen und die grünen Felder", 1970), HANS-GEORG NOACK („Rolltreppe abwärts", 1970), PETER HÄRTLING („Das war der Hirbel", 1973: Heimsituation, Behinderung, Verhältnis Kinder-Erwachsene; „Oma", 1977: Generationskonflikte, Altern, Tod), MAX VON DER GRÜN („Vorstadtkrokodile", 1976: Behinderung, Außenseiter), CHRISTINE NÖSTLINGER („Die feuerrote Friederike", 1970; „Das ist die ganze Familie", 1970: Familienprobleme; „Maikäfer flieg!", 1973: Nationalsozialismus, Zweiter Weltkrieg), ELFIE DONNELLY („Servus Opa, sagte ich leise", 1977: Verhältnis der Generationen, Krankheit, Tod), GUUS KUIJER („Erzähl mir von Oma", 1978/dt. 1982: Verhältnis der Generationen, Tod, Erinnerung) begannen, die Verhältnisse einer Gesellschaft, in der Erwachsene und Kinder leben, einer kritischen Prüfung zu unterziehen. Nicht (phantastische) Schonräume oder spannungsreiche Abenteuer waren daher die Darstellungsgegenstände, sondern jene „wirkliche Wirklichkeit", mit der Kinder wie Erwachsene tagtäglich konfrontiert wurden.

Darstellungsgegenstand: „wirkliche Wirklichkeit"

Im Vergleich zu den Kindergeschichten und -erzählungen der 50er-und frühen 60er-Jahre kam es zu einem Austausch der Schauplätze, an die Stelle der exotischen Freiräume traten „normale" Alltagswelten. Das führte zu weiteren Veränderungen auf der Ebene der *story*: Die Handlungen, die Episoden und mit ihnen die Figuren mussten der auf soziale Erkundung ausgerichteten Darstellung angepasst werden. Auch in den Figurenbeziehungen, insbesondere im Verhältnis von Kindern und Erwachsenen setzten Veränderungen ein.

Gesellschaftsanalyse

In den problemorientierten Kinderromanen wurde von einem prinzipiell gleichberechtigten Verhältnis ausgegangen. Entsprechend fanden sich in der Darstellung kindliche Figuren, die emanzipiert-engagiert auftreten und ihre Rechte einfordern, oder aber solche, die an den dargestellten Verhältnissen leiden. In beiden Fällen zielt die Wirkungsintention der Texte darauf, dem kindlichen Leser einen kritischen Blick auf die Gesellschaft zu vermitteln, hinter die Kulisse zu schauen, ihm die sozialen Mechanismen durchschaubar zu machen, um ihn aufzuklären und damit seine Mündigkeit zu befördern. Wenn es dem problemorientierten Kinderroman vor allem darum geht, „Einsichten in die Konflikte, Strukturen, und Verharschungen des gegenwärtigen Gesellschaftssystems" (M. SCHEDLER) zu liefern, also eine Art Gesellschaftsanalyse zu betreiben, hat das Konsequenzen für die Art und Weise der Darstellung.

Es kommt im Bereich der epischen Kinder- und Jugendliteratur zur Aufbereitung von Darstellungsweisen, die in der sozialkritischen Allgemeinliteratur seit der Mitte des 19. Jh.s ihre Ausprägung fanden: Milieuskizze, naturalistischer Roman, allegorische und parabolische Erzählgattungen (vgl. EWERS 1995). In die KJL wurden jene Formen übernommen, die in der Weimarer Republik an der Grenze von Fiktion und Non-Fiction angesiedelt waren: Sozialreportage, literarische Montage sowie sonstige Formen der Dokumentarliteratur. Hinzu kommt auch die in der Tradition der Aufklärung stehende Beispielgeschichte (z. B. CHRISTIANE F. „Wir Kinder vom Bahnhof Zoo", 1979).

Beispiele

PETER HÄRTLINGS „Das war der Hirbel" (1973) gehört zu den frühen Texten, in denen mit der Darstellung der Probleme eines behinderten Kindes der Gattungstypus des problemorientierten Kinderromans seine Ausprägung findet. URSULA WÖLFEL hatte mit der kurzen Kindererzählung „Mannis Sandalen" – also nicht im Rahmen eines Kinderromans – in dem Erzählband „Die grauen und die grünen Felder" (1970) ein vergleichbares Thema behandelt: „Manni ist groß, er ist schon fast so groß wie die Jungen, die Mopeds fahren dürfen. Er hat auch schon Barthaare am Kinn, man sieht es, wenn die Sonne auf sein Gesicht scheint. Aber er spricht noch wie ein kleines Kind. Die Leute sagen: ‚Manni ist nicht richtig Kopf'. Die Kinder sagen: ‚Der ist blöd.'" (WÖLFEL 1982, 37)

PETER HÄRTLING:
„Das war der
Hirbel"

PETER HÄRTLINGS „Das war der Hirbel" kann nach wie vor als Modell für den problemorientierten Kinderroman gelten. Im Zentrum steht die Frage, wie mit einem körperlich behinderten Kind in der Gesellschaft umgegangen wird. Die sozialkritische Intention wird durch das „Nachwort für Kinder" (91 ff.) verstärkt, in dem der Autor auf gesellschaftliche Miss-Stände aufmerksam macht und gewissermaßen eine Lesart des Textes mitliefert. Danach hat Hirbel eine Krankheit, die medizinisch festzustellen ist. Wegen Komplikationen bei der Geburt leidet er unter anhaltenden Kopfschmerzen, er hat Krämpfe und Bauchschmerzen. Aber krank ist Hirbel auch, „weil sich niemand um ihn kümmerte, weil er fast nur in Heimen und Krankenhäusern lebte, weil niemand mit ihm spielte und ihm auch niemand vertraute" (HÄRTLING 1992, 91 f.; vgl. GANSEL 1999).

Diese direkte Einmischung – in diesem Fall wirklich des Autors und nicht des Erzählers – in Form eines die Rezeption lenkenden Nachwortes ist Ausdruck dafür, wie ungewohnt, wie neu die Darstellung von Behinderung für die Kinderliteratur am Beginn der 70er-Jahre war. Rückblickend hat HÄRTLING die ersten Reaktionen auf den Text so beschrieben: „Das Buch wurde erst einmal kaum beachtet, in ihm gab es kein Happy-End, es versöhnt nicht, also war es heranwachsenden Lesern auf keinen Fall zuzumuten. Literatur wurde, nach dem Verständnis vieler Eltern, für Kinder erträglich erst dann, wenn sie der Wirklichkeit beschönigend entgegnete, wenn sie harmonisierte und heilte. Lehrerinnen und Lehrer begriffen jedoch bald, daß diese törichte Schonung zugleich auch einen Entzug an sozialem Reagieren bedeutete. Wieviel Ungeklärtheiten und Unerklärbares erfahren Kinder in ihrem Alltag ...". HÄRTLING bringt damit die damalige Situation in der Gesellschaft wie im KJL-System auf den Punkt, und es verwundert nicht, dass es im Rahmen der Reform des Literaturunterrichts gerade Lehrerinnen und Lehrer waren, die die neue Qualität des Textes erkannten.

Mit HÄRTLINGS Kinderroman wurde auf soziale Probleme aufmerksam gemacht, deren literarische Darstellung bis dahin als nicht geeignet für Kinder galt. Dazu gehörte nicht nur die Problematik um ein behindertes Kind, sondern auch die Reflexion über Lieblosigkeit, Härte, Gefühlskälte gegenüber Kindern. So kennt Hirbel seinen Vater nicht, die Mutter hat ihn in ein Heim gegeben und besucht ihn nur selten.

HÄRTLING berichtet in zwölf Kapiteln über Hirbel. Dabei nimmt er die Autor-Position eines sozialen Beobachters ein, der Wirklichkeit erkundet (s. S. 38). Dies geschieht, indem der Autor-Erzähler genau wie ein recherchierender Reporter eine Geschichte aus dem „wirklichen Leben" liefert. Dazu nutzt er Mittel der (journalistischen) Textsorten wie Reportage, Kommentar oder Bericht. Die Themenentfaltung erfolgt über die sprachliche Handlung „Mitteilen".

Der Autor-Erzähler tritt also als Rechercheur einer Geschichte auf, teilt mit, was geschehen ist und bezieht sich auf einen authentischen Fall. Entsprechend muss er die Fäden der Geschichte als auktorialer Erzähler in der Hand behalten. Insofern handelt es sich um eine *Nullfokalisierung*, der Erzähler weiß mehr als jede andere Figur. Doch anders als in der traditionellen KJL hängt dies mit der Präsentation der konkreten Geschichte selbst zusammen. Die Geschichte also ist es, die das auktoriale Erzählverhalten bzw. den heterodiegetischen Erzähler bedingt, und entsprechend erscheint der Standort des Erzählers mit Notwendigkeit „olympisch". Weil er die Geschichte recherchiert hat, die persönlichen wie sozialen Zusammenhänge kennt, die einzelnen Aspekte der Ereignisse erkundet hat, kann und muss er sich kommentierend, erklärend, reflektierend einschalten. Aber die Allwissenheit ist nicht umfassend, denn die Erzählperspektive bleibt auf die Außensicht beschränkt.

Das hat einen ersten Grund, der mit der Figur selbst zusammenhängt: Der Autor-Erzähler konnte Hirbel nicht befragen, er kennt ihn nur aus Erzählungen anderer, und keiner weiß – wie sich am Ende zeigt –, wo er jetzt ist. Für einen „wirklichen" Journalisten wäre es freilich kein Problem gewesen, zu recherchieren, wohin Hirbel gekommen ist. Der Autor-Erzähler nennt einen zweiten Grund, warum nichts über Hirbels Denken und Fühlen mitgeteilt wird: „Niemand, Fräulein Maier nicht und die Direktorin nicht, wusste, was der Hirbel dachte und wer er eigentlich war." (36) Über das Innere der Figur lassen sich also nur schwer direkte Aussagen machen, insofern kann von einer externen Fokalisierung gesprochen werden. Die medizinischen Begriffe für Hirbels Krankheit zu nennen, weigert sich der Erzähler, sie scheinen ihm keine Hilfe bei der Präsentation der Geschichte, „denn sie konnten nicht erklären, was in ihm steckte" (37). Schließlich müssen die Aussagen zu Hirbels Innenwelt deshalb beschränkt bleiben, weil er sich gegenüber anderen nur begrenzt öffnet, er sich „nicht ordentlich ausdrücken [konnte]" (36 f.).

Der Autor-Erzähler geht also wie ein Journalist einer „Geschichte" nach. Am Ende des Einleitungskapitels, in dem knapp berichtet wird, was der Autor-Erzähler an allgemeinen Hinweisen über Hirbel zusammengetragen hat, heißt es: „Das ist noch keine Geschichte. Die erste Geschichte von Hirbel berichtet ..." Explizit wird also auf die journalistische Darstellungsart des „Berichts" verwiesen.

Betrachtet man die Ebene des „Was" der Darstellung, so wird mit dem „Hirbel" – für den problemorientierten Kinderroman kennzeichnend – ein Du-Thema angeschlagen. Gleichwohl finden sich Hinweise, die mehr über die Figur bzw. die Figurenanlage aussagen. Der Text gibt nämlich sehr wohl Auskunft über das Seelenleben des kindlichen Protagonisten, über seine Gefühle, seine Gedanken. Dies erfolgt nicht über Darstellungsweisen wie den inneren Monolog, die erlebte Rede oder ein personales Erzählen – derartige Mittel kommen bei psychologischen Kinderromanen von HÄRTLING wie „Oma" oder „Ben liebt Anna" zum Einsatz –, sondern durch Bilder bzw. Episoden, die Vermutungen über die kindliche Innenwelt zulassen. Was Hirbel möglicherweise empfindet, wird nicht auf einer diskursiven Ebene rational ausgedrückt, vielmehr berichtet der Erzähler von Episoden, in denen mit Hirbels Reaktionen auf seine Umwelt gleichsam eine metaphorisch-emotionale Umschreibung für seinen Gefühlszustand geliefert wird. So wissen die Jungen im Schlafsaal, dass für Hirbel der Schrank, in dem er oft sitzt, „sein Haus" (15) ist, das er mit allen Mitteln gegen Eindringlinge verteidigt. Das behütete „Haus" sagt etwas aus über seine Einsamkeit, seine Heimatlosigkeit, aber auch über seine Hoffnung auf Geborgenheit. Dass Hirbel selbst sich ein „Haus" sucht, unterstreicht die Aktivität des Protagonisten, der sich nicht zum Spielball von ihm unverstandener Mächte machen lassen will. Auch die Ausreißversuche des Hirbel sind ein Indiz für seine Suche nach einem Ort, wo er sich heimisch fühlen kann. Einen weiteren Hinweis auf die innere Situation des Helden gibt der Autor-Erzähler, indem er berichtet, dass Hirbel in seinem „Haus" minutenlang aus vollen Kräften schreit. Das Bild des schreienden Kindes symbolisiert – ins Emotional-Aggressive gewendet – einerseits sein unbewusstes Verlangen nach Aufmerksamkeit wie Zuwendung und andererseits die schreckliche Verlassenheit. Dass der Hirbel nicht „spinnt" (14), verdeutlicht die Fortsetzung der Episode. Ganz wie die Umwelt sieht die junge Erzieherin den im Schrank schreienden Jungen als „ein wildes Tier" (15). Hirbels Nacktheit und der Hinweis der Jungen, „er beißt, schlägt und kratzt" (15), unterstreichen seine Unberechenbarkeit und Wildheit. Doch urplötzlich geht das vermeintlich „tierische" Gebrüll über in ein Bild, das Ausdruck für höchste Sensibilität und Kunstfähigkeit ist: „Hirbel nahm den Schrei allmählich zurück, und mit einem Male begann er zu singen: ‚Die blauen Dragoner, sie reiten.'" Der Erzähler kommentiert die herausragende Qualität des Gesangs und die erstaunte Reaktion der Erzieherin: „Er sang rein, sehr schön, und Müller-Maier war völlig durcheinander." (16)

Hirbel ist also nicht schlechthin als Figurentyp „behindertes Kind" angelegt, er ist mehr. Er ist durchaus eine kleine Persönlichkeit, eine Individualität, die ernst genommen werden will und sich mit den ihr zur Verfügung stehenden Mitteln gegen eine verständnislose Welt zur Wehr setzt. So bleibt Hirbel eine ambivalente Figur, die sich durch kindliche Schwäche und Stärke auszeichnet. Die Flächenhaftigkeit und Eindimensionalität in der Figurenanlage wird also gerade mit einer Figur aufgebrochen, die auf den ersten Blick wegen ihrer Beschränktheit als Exempel, als Typus angelegt ist (s. S. 78 ff.). Die zentrale Metapher des „wilden Kindes", das im wahrsten Sinne nach Verständnis, Liebe, Geborgenheit schreit, wird in weiteren Episoden vertieft (Schäferepisode, 19 ff.; Traumepisode, 75 ff.).

Der auktoriale Erzähler bei HÄRTLING

Anders als in der traditionellen KJL, wo der auktoriale bzw. heterodiegetische Erzähler Ausdruck für eine asymmetrische, nicht gleichberechtigte Kommunikation ist und dem kindlichen Leser die Lesart des Textes vorgibt, hängt die Entscheidung HÄRTLINGS für ein auktoriales Erzählen mit dem „Was" des Erzählten zusammen: Erstens bietet sich der auktoriale Erzähler durchgängig als eine Art Hilfe bei der Bewältigung des für kindliche Leser neuen Themas an. Indem an die durch das mündliche Erzählen vertraute Erzählsituation angeknüpft wird, besteht die Chance, die Härte des Erzählten – dem dient auch der Einschub von humorvollen Passagen – abzudämpfen. Zweitens muss der Autor-Erzähler als Kommentator und Anwalt des Kindes auftreten, weil Hirbel nicht für sich selbst sprechen kann. Das ist der Grund, warum der Erzähler oberflächliche Urteile der Umwelt von Beginn an korrigiert. Der Textanfang unterstreicht das gewählte Verfahren: „Der Hirbel ist der Schlimmste von allen, sagten die Kinder im Heim. Das war nicht wahr." (7) Oder: „Der Doktor hatte Begriffe für Hirbels Krankheit, aber die waren keine Hilfe." (37) Genauso: „Die Leute, die von ihm sagten, er sei dumm, er lerne nichts, hatten nicht Recht. Er lernte eine Menge." (83) Darauf folgen die sozialkritischen Hinweise, was Hirbel alles lernte: „Er lernte in Heimen zu leben, was nicht leicht ist. Er lernte die Bildertests auswendig, die Ärzte und Psychologinnen mit ihm machten. Er lernte, Leuten auszuweichen, die ihn nicht mochten. Er lernte, sich gegen Kinder, die ihn angriffen, zu wehren. Er lernte es, Kopfweh zu haben und doch spielen zu können. Er lernte viel." (83) Die Anapher „er lernte" gibt zudem – wie schon die Schrankepisode – Auskunft über die Verhältnisse, mit denen Hirbel zu kämpfen hat, „um halbwegs durchzukommen" (83).

Der Schluss des Textes mit dem Kapitel „Hirbels letzte Flucht und sein Abschied" lässt wenig Hoffnung für Hirbel und bringt die sozialkritische Intention HÄRTLINGS auf den Punkt. Hirbel wird nach einem Ausreißversuch gegen seinen Willen in eine Klinik eingeliefert: „Der Hirbel warf sich auf den Boden, schrie, heulte, bäumte sich auf. Und der Doktor sagte: Das ist der Schock, er hat einen Anfall." Erneut korrigiert der auktoriale (heterodiegetische) Erzähler diese auf Entlastung (der Leser) zielende Interpretation und kommentiert, wie Hirbels Reaktion zu sehen ist: „Er hatte gar keinen Anfall, aber er wollte nicht in die Klinik." (90) Doch Hirbels Wünsche zählen nicht, er wird selbst aus der Notgemeinschaft des Heimes ausgeschlossen und isoliert: „Der Doktor fuhr mit ihm in die Klinik und lieferte ihn dort ab." (90) Die Sprachwahl „lieferte ihn dort ab" lässt keinen Zweifel daran, dass Hirbel als überflüssig und störend wie ein Gegenstand einfach abgegeben wird. Welche Möglichkeiten er in der Klinik hat und ob er überlebt, das bleibt am Ende offen: „Fräulein Maier erfuhr, daß er aus dieser Klinik in eine andere gekommen sei. Sie dachte oft an ihn. Sie hatte ihn gern gehabt. Ganz sicher war sie nach einiger Zeit die Einzige, die sich im Heim an den Hirbel erinnerte. Dann verließ Fräulein Maier das Heim, heiratete und bekam selbst Kinder. Wenn sie heute ihren Kindern von Hirbel erzählt, fragt sie sich, was aus ihm geworden ist." (90) Der Schluss bietet keinen optimistischen Ausblick, eine glückliche Lösung der Probleme ist nicht in Sicht, es handelt sich um ein offenes Ende.

Im Unterschied zu einem „geschlossenen" oder „erwarteten Ende" bleiben die kindlichen Leser mit der abschließenden Frage nach dem Schicksal des Hirbel allein. Diese Schlussgestaltung hebt sich von der traditionellen KJL ab. Dort dominiert ein „geschlossenes", „erwartetes" oder „überraschendes Ende" im Sinne einer harmonischen Lösung.

Peter Härtling hat die Möglichkeiten eines „geschlossenen" Endes ebenso verworfen wie die für ein „erwartetes Ende". Gerade das „erwartete Ende" hätte dem Erwartungshorizont der kindlichen wie erwachsenen Leser entsprochen, z. B. indem sich Hirbels Wünsche und Träume erfüllen, er also bei Karolus bleibt.

Der Autor nutzt mit seinem „Nachwort für Kinder" zwar eine Form, die ansonsten kennzeichnend für einen „erwarteten Schluss" ist, aber er funktioniert es um, indem er genau das, was von einem Nachwort gefordert wird, nicht liefert: das gute Ende oder wenigstens die Chance auf eine harmonische Lösung. Auch das dem „geschlossenen Ende" vergleichbare Mittel des „unerwarteten Endes" fällt aus: Auch diesen typisierten Formeln für ein mögliches Ende folgt Peter Härtling nicht. Die Begründung hat er selbst gegeben. „Der Schluss ergab sich aus der Geschichte", heißt es bei ihm, „er tat mir selber weh. Aber es ist eine Geschichte, die weh tun soll, und Kinder sollen auch mal merken, es geht nicht allen so prima."

In der Folgezeit, also ab Mitte der 70er-Jahre bis in die Gegenwart, hat Peter Härtling eine Reihe weiterer problemorientierter moderner Kinderromane geschrieben, die wie „Oma" (1975) oder „Ben liebt Anna" (1979) inzwischen zu Klassikern der KJL avanciert sind und wie „Ben liebt Anna" nach wie vor im Deutschunterricht behandelt werden. Bevorzugt setzt Härtling dabei auf auktoriale (heterodiegetische) und personale Erzähler. Dazu gehören: „Alter John" (1981), „Jakob hinter der blauen Tür" (1983), „Krücke" (1987), „Fränze" (1989), „Mit Clara sind wir sechs" (1991), „Lena auf dem Dach" (1993) oder „Reise gegen den Wind" (2000). Erst in seinen autobiographischen Erinnerungen „Leben lernen" (2003) taucht bei Härtling ein Ich-Erzähler bzw. ein auto-homodiegetischer Erzähler auf. Für

HÄRTLING besitzt der klassische auktoriale bzw. heterodiegetische Erzähler die Chance, präzise und unverstellt, mithin wie ein nüchterner Beobachter, die anvisierte Wirklichkeit zu erfassen.

In dem Fall also, da es darum geht, als Chronist die Problemlagen der Figuren detailliert für den Leser einsehbar zu machen, ist auktoriales Erzählen nach wie vor in der KJL eine gute Möglichkeit, der „wirklichen Wirklichkeit" auf die Spur zu kommen. Dies haben zahlreiche Autoren in wichtigen Texten seit den späten 90er-Jahren getan. Dazu gehören u. a. ZORAN DRVENKARS Debütext „Niemand so stark wie wir" (1998) sowie „Der Bruder" (1999), „Der Winter der Kinder oder Alissas Traum" (2000), KIRSTEN BOIES „Nicht Chicago. Nicht hier" (1999), „Monis Jahr" (2003), CELIA REES' „Klassenspiel" (2002), MIRJAM PRESSLERS „Die Zeit der schlafenden Hunde" (2003), JERRY SPINELLIS „Der Held aus der letzten Reihe" (2004), GUUS KUIJERS „Das Buch von allen Dingen" (2006), ANJA TUCKERMANNS „Das verschluckte Lachen" (2007) sowie MEG ROSOFFS „Was wäre wenn" (2007). In den letzten Jahren finden sich allerdings gerade beim problemorientierten Kinder- und Jugendroman wechselnde Erzählperspektiven und vielfach Ich-Erzähler. Ein Beispiel dafür ist Mark Zusaks historischer Familienroman "Nichts weniger als ein Wunder" (2019). Auch Stefanie Höflers "Mein Sommer mit Mucks" (2015), "Tanz der Tiefseequalle" (2017) oder "Der große schwarze Vogel" (2018) stehen für diesen Trend. Insofern sind die Übergänge zum psychologischen Kinderroman fließender geworden.

Psychologischer Kinderroman

Anders als der problemorientierte bzw. sozialkritische Kinderroman erfolgt beim psychologischen Kinderroman eine Schwerpunktverlagerung auf die Darstellung kindlicher und jugendlicher Innenwelten. An die Stelle von Aktion tritt hier die Reflexion über psychische Phänomene der eigenen Subjektivität (vgl. GANSEL 1994, 354). Insofern wird der „Blick ins Innere" (LYPP 1989) eröffnet und eine „Einfühlung in die kindliche Psyche" (STEFFENS 1998), mit ihren Gedanken und Gefühlen, Träumen und Ängsten geleistet.

Kindliche Mündigkeit eröffnet neue Spielräume

Die Grundlage dafür bilden die genannten Veränderungen im Bild von Kindheit wie reale Veränderungen in der Welt von Kindern und Jugendlichen. Wo Kinder zunehmend als gleichberechtigte Partner angesehen werden, in der Familie mitbestimmen können, mündige Diskussionsteilnehmer und für die Eltern „Verhandlungspartner" sind, bekommen sie es mit jenen Problem- und Konfliktfeldern zu tun, die früher den Erwachsenen vorbehalten blieben. Die Mündigkeit, die freilich zumeist nur eine begrenzte ist, bietet neue Spielräume und Entscheidungsmöglichkeiten. Damit besteht für Kinder die Qual der Wahl, sie müssen nicht mehr nur normativ vorgegebenen Regeln folgen. Die neue Mündigkeit kann somit auch zu Überforderungssyndromen führen, denn wo es keine autoritären Vorgaben mehr gibt, fehlen gleichsam Orientierungspunkte. Das Kind muss die Probleme selbstständig rational erfassen wie emotional bewältigen. Kinder sind in eine Freiheit entlassen und haben sich in ihr zu bewähren. Sie müssen sich damit Aufgaben stellen, die für frühere Kindergenerationen tabu waren. An die Stelle der Spiel-, Abenteuer-, Erlebniswelten, die natürlich immer auch eine Art Schonraum darstellten, tritt nunmehr die „reale Welt" mit ihren existenziellen Nöten.

Aber anders als beim modernen problemorientierten Kinderroman geht es im psychologischen Kinderroman nicht primär um die Präsentation bzw. die realistische Darstellung des (Kinder)Alltags, sondern um die Auswirkungen des Alltags mit seinen Konflikten auf die Psyche der kindlichen Protagonisten. Die systemprägende Dominante wechselt von der Außenweltdarstellung auf die Innenweltdarstellung. Die Außenwelt wird zwar erfasst (äußere Handlung), aber sie erfolgt nicht primär unter der Maßgabe einer sozialen Erkundung, sondern vielmehr mit dem Ziel, die Folgen für das Individuum (innere Handlung) zu zeigen. Gesellschaftliches kommt insofern indirekt zur Sprache über die Reaktionen, Anforderungen, Störungen, die sich daraus für die kindlichen Protagonisten ergeben. Nicht die äußere Wirklichkeit steht im Zentrum der literarischen Darstellung und das Agieren der Protagonisten in ihr (Handlungen, Episoden), sondern vielmehr ihre Verarbeitung.

> **Wichtig**
> Die moderne Subjektivitätsproblematik, die ansonsten kennzeichnend für die Allgemeinliteratur ist, findet mit dem psychologischen Kinderroman Eingang in die KJL.

Dabei erscheint die äußere Wirklichkeit für die kindlichen Protagonisten nur schwer durchschaubar, ja es kann zu einer Auflösung der ansonsten dominierenden Wirklichkeitskohärenz (Kohärenz von Raum und Zeit) kommen. Insofern gibt es Übergänge zur Montage verschiedener Wirklichkeitsebenen, z. B. das Gegenüberstellen von real-fiktiver und phantastischer Welt, durch Träume, Alpträume (s. S. 137 ff.). Anders als im problemorientierten, sozialkritischen Kinderroman handelt es sich hier um Kinderfiguren, die sich ihrer selbst nicht mehr sicher sind, die selbstreflexiv mit sich und ihrer Umwelt umgehen. Das autonome feste Ich weicht einem introvertierten, schwachen Ich. Dabei finden sich wie in der Allgemeinliteratur – nur graduell nicht so stark ausgeprägt – Momente von Ich-Auflösung bzw. Ich-Spaltung (Beispiel: TORMOD HAUGEN „Die Nachtvögel"). Insofern kann man davon

Ich-Themen werden bevorzugt

sprechen, dass es hier bevorzugt um Ich-Themen (s. S. 81) geht. Dabei werden keineswegs nur die inneren Probleme des kindlichen Daseins bzw. der Kinder ausgeleuchtet, sondern in den Blick geraten darüber hinaus die Zweifel der Erwachsenen, ja ihre „Fremdheit und Ferne" (LYPP 1989, 26). KIRSTEN BOIES „Mit Kindern redet ja keiner" ist auch heute noch ein eindrucksvolles Beispiel für diese Weitung. TORMOD HAUGENS „Die Nachtvögel" steht stellvertretend für den psychologischen Kinderroman, als hier die inneren Konflikte des kindlichen Protagonisten an die Krise der Eltern, insbesondere der Vaterfigur, gebunden sind. Weil Joachims Vater nicht mit der Wirklichkeit zurechtkommt, fühlt der achtjährige Protagonist sich für ihn verantwortlich. Damit erfolgt ein Rollentausch: Die kindliche Figur übernimmt jene Aufgaben, die eigentlich der erwachsene Vater hat. Die Überforderung zeigt sich in den Angstträumen Joachims (GANSEL 1994). Bereits in CHRISTINE NÖSTLINGERS phantastischem Kinderroman „Wir pfeifen auf den Gurkenkönig" (s. S. 140) geriet die Krise der Vaterfigur in den Blick, der die Defizite in der beruflichen Entwicklung durch autoritäre Machtanmaßung in der Familie zu kompensieren suchte.

Weitung des Blickwinkels, Steigerung der Polyvalenz

Mit der Weitung des Blickwinkels im psychologischen Kinderroman erfolgt eine Zunahme an Polyvalenz, es eröffnen sich „Leerstellen" und Lesarten, die im problemorientierten Kinderroman so noch nicht zu finden waren. Damit werden die Texte attraktiv für ein größeres Lesepublikum und können durchaus auch mit Gewinn von Erwachsenen gelesen werden. Im problemorientierten Kinderroman existiert oftmals eine uneingeschränkte Kontrolle der Geschichte durch den Erzähler, die primär auf realistische soziale Erfassung zielt. Bei der Darstellung von Innenwelt, also interner Fokalisierung, im modernen psychologischen Kinderroman geht die Souveränität des Erzählers zurück, weil der feste Erzählstandort aufgegeben wird, der *point of view* zu den Figuren wechselt, sie als Ich-Erzähler bzw. homo- und autodiegetische Erzähler selbst zu Wort kommen. Dies ist für den modernen Roman insbesondere seit dem frühen 20. Jh. kennzeichnend. Vergleichbar gewinnen für die Sprechsituation im psychologischen Kinderroman Bewusstseinsbericht, erlebte Rede, innerer Monolog, Bewusstseinsstrom an Bedeutung (s. Tabelle S. 121).

Während bei der erlebten Rede und der direkten Gedankenwiedergabe die Erzählerkontrolle im Vergleich zum Erzählerbericht eingeschränkt ist, hat es beim inneren Monolog dagegen den Anschein, dass der Erzähler seine Kontrolle aufgibt und entsprechend auch nicht mehr lenkend eingreift. Dies ist gleichzeitig verbunden mit einer Erhöhung des Schwierigkeitsgrades der Texte.

nerer Monolog mit Übergängen zur Bewusstseinsstromtechnik, erlebte Rede sowie Ich-Erzählung, personales Erzählen, häufiger Wechsel des Erzählstandortes, Rückblenden, rascher Wechsel der Zeitebenen und Tempusformen können als Kennzeichen des modernen psychologischen Kinderromans gelten (vgl. GANSEL 1994, STEFFENS 1995).

Darstellungsweise	formale Merkmale	inhaltliche Merkmale
Bewusstseins- bzw. Gedankenbericht (Erzählerbericht über das Denken und Fühlen der Figur)	3. Person, Präteritum	Der Erzähler verfügt über die Innensicht und gibt das Denken und Fühlen der Figur in „seiner Sprache" wieder.
Direkte Rede und Gedankenwiedergabe	1. und 2. Person, Präteritum; Erzähler gibt Rede an die Figur ab, die persönlich zu Wort kommt (Stilelemente gesprochener Sprache, dramatischer Effekt, Blankdialoge)	Selbstcharakterisierung der Figur als Vertreter bestimmter sozialer Gruppen, Landschaft, Zeit, als Typ oder Individualität (Sprachporträt)
Indirekte Rede und Gedankenwiedergabe	3. Person, Präteritum; häufig Konj. I (Konj. Präs., Perf.; Fut. I)	Perspektive des Redenden (Figur A) überlagert durch die des Redemitteilenden (Erzähler, Figur B); Komprimierung; Wesentliches durch E. hervorgehoben; leichter verständlich
Erlebte Rede bzw. freie indirekte Rede und Gedankenwiedergabe	3. Person, Präteritum; durch eine Annäherung zwischen Erzähler- und Figurenrede höherer Grad an Expressivität, Ausrufe, Fragen wiedergeben	Zusammenspiel/Mischung von Erzähler- und Figurenrede. Der Erzähler gibt die Gedanken einer Figur in deren Sprache wieder.
Innerer Monolog bzw. freie direkte Rede und Gedankenwiedergabe	1. Person, Präsens; Regeln der Syntax können durch direkte Wiedergabe der Bewusstseinsprozesse gesprengt werden.	Direkte Wiedergabe der Gedanken und Gefühle einer Figur in deren Sprache; Leser wird direkt in die Gefühls- und Gedankenwelt einbezogen.

Redewiedergabe mit dem Schwerpunkt Bewusstseinsdarstellung

Beispiele

KIRSTEN BOIE:
„Mit Kindern redet ja keiner"

KIRSTEN BOIES „Mit Kindern redet ja keiner" (1990) kann bis in die Gegenwart als exemplarisches Beispiel für einen modernen psychologischen Kinderroman gelten. Der Roman besteht aus zwei Teilen (Teil 1: 70 Seiten, Kapitel 1-15; Teil 2: 50 Seiten, Kapitel 16-26), wobei das erste und fünfzehnte Kapitel wie ein Rahmen funktionieren (vgl. STEFFENS 1996, 97). Es handelt sich um die Erzählung der neunjährigen Charlotte über die Ereignisse in ihrer Familie. Der Textanfang verfügt – für die KJL Anfang der 90er-Jahre noch eher ungewöhnlich – über keine Einleitung und Erklärung, er steigt sozusagen *in medias res* ein: „Als ich nach Hause gekommen bin, hat zuerst keiner aufgemacht" (6). Es wird also weder eine Vorgeschichte geliefert *(ab ovo)* noch gibt es eine Hinführung auf die Geschichte unter einem bestimmten Blickwinkel als *Invocatio* (s. S. 77). Eher lässt sich davon sprechen, dass die kindliche Erzählerin mit dem Ende bzw. kurz vor dem Ende mit dem Erzählen beginnt, was ansonsten kennzeichnend für den Detektiv- und Kriminalroman ist. Das Resultat steht fest, und nun geht es über ein analytisches Erzählen darum, die Ursachen zu ergründen.

Betrachtet man Möglichkeiten, den Erzählanfang zu gestalten, dann fällt das Besondere ebenso auf wie die damit verbundenen Funktionen (vgl. auch SCHWARZE 1995, 160 ff.). Nach und nach erfährt der Leser von Charlotte, dass mit der Mutter etwas geschehen sein muss. Dies wird erzähltechnisch in Form einer Rückblende bzw. *Analepse* realisiert. Auch dies ist eine Erzähltechnik, die in der traditionellen KJL eher selten vorkommt, weil es in ihr eher darum geht, eine Handlung chronologisch zu entfalten. Die Entscheidung für einen Anfang „in medias res", also mitten in der Geschichte, ist insofern von weitreichender Konsequenz: Mit dem spezifischen Beginn ist nicht ein chronologisches, sondern anachronisches Erzählen verbunden. Es kommt zum Einsatz von Rückwendungen, womit die notwendigen Informationen nachgeliefert werden. In der Rückblende erzählt Charlotte, wie schön es früher war, sie erinnert sich, wann die Mutter nervös und unausgeglichen wurde, sich überfordert fühlte und das Studium aufgab. Man erfährt, dass die Mutter vergesslich wird, unselbstständig und ihre Probleme durch Tabletten, Alkohol und einen ersten Selbstmordversuch zu lösen versucht.

Im ersten Teil beschreibt Charlotte ausschließlich die Veränderungen in der Familie. Sie erzählt von den Störungen des Zusammenlebens zwischen den Eltern und den sich daraus ergebenden Folgen für ihre Person. Charlotte beschreibt ihre veränderten Gefühle der Mutter gegenüber, aus Zuneigung und Liebe wird zunehmend Angst, Enttäuschung, Distanz, Abwehr und schließlich sogar so etwas wie kindlicher Hass („Ich war sowieso nicht mehr so gerne zu Hause" (31); „Ich habe mich aber ganz steif gemacht, und dann hab ich mich losgerissen ..." (43)). Der Tod des geliebten Hamsters lässt sie ihre Abwehr und Aggressionen herausbrüllen („Mörder hab ich geschrien. ‚Mörderfrau' ..." 63 f.) und stellt den Höhepunkt im ersten Teil dar.

Im zweiten Teil sucht Charlotte nach Gründen für die Veränderung der Mutter. Sie bemüht sich den Selbstmordversuch zu verstehen. Da zunächst keiner der Erwachsenen (Vater, Bekannte, Großmütter) mit Charlotte über die Ursachen sprechen will, nimmt Charlotte zunächst an, dass sie selbst der Grund für die Veränderung der Mutter ist und ihre Krankheit sich auf sie „vererbt". Erst Sabine, die Mutter ihrer Freundin, nimmt Charlotte ernst und erklärt ihr die Situation. In gemeinsamen Gesprächen gewinnt sie neues Vertrauen und versucht ihr Verhältnis zur Mutter neu zu gestalten. Der Kinderroman endet mit dem gemeinsamen Besuch im Krankenhaus. Offen bleibt, was die Zukunft bringen wird.

Rückwendung Rückblende („flashback", „retrospection", Analepse)	Unterbrechung des erzählten Zeitverlaufs, der sogenannten „Jetztzeit" durch Aufnahme von Ereignissen, die davorliegen. Das Schema kann modellhaft so aussehen: 3, 4, 5, 2, 1, 6, 7. Die Funktion: aufbauend oder auflösend, verschiedene Zeitabläufe werden synchronisiert.
Rückschritt	Es erfolgt ein Einschnitt im Erzählgang im Sinne eines Nachtrages, einer Ergänzung, einer Erklärung, einer Kommentierung, einer Abschweifung, einer umfangreichen Ausgestaltung des bislang Erzählten.
Rückgriff	Der Einschnitt in den Erzählgang im Sinne einer rückgreifenden Erinnerung, eines Faktums, einer Erklärung ist nur kurz, eher peripher, kaum spürbar und hat beiläufigen Charakter.
Rückblick	Der Rückblick auf die Vergangenheit kann einer Zusammenfassung, einer umfassenden Kommentierung, einer Auswertung des Vergangenen unter dem Gesichtspunkt der Wirkung auf die Gegenwart dienen.

Rückwendungen

KIRSTEN BOIES Text kann exemplarisch für eine Vielzahl von Texten stehen, die ab 2000 entstanden sind. Betrachtet man die Entwicklungen der letzten Jahre, dann lässt sich sagen, dass der moderne psychologische Kinderroman sich mit einem in vielfältiger Weise variierten Ich- bzw. (auto)homodiegetischen Erzähler in der KJL findet. Dabei wird über eine Ich-Erzählsituation der Erzählvorgang konsequent in die Gedanken und die Gefühlswelt einer kindlichen Protagonistin gelegt. Genau dies ist ein Indiz für einen psychologischen Kinderroman. Es werden dem Leser Beobachtungen, Gefühle, Ängste mitgeteilt, und es findet sich keine Wertungsinstanz (etwa ein auktorialer Erzähler), die korrigierend oder kommentierend eingreift. Das macht den Unterschied zu traditionellen Texten aus, die inzwischen sehr wohl auch zum Mittel des Ich-Erzählens greifen können.

GUDRUN MEBS: *„Sonntagskind"*

Ein früheres Beispiel für einen vergleichbar eindeutigen modernen psychologischen Kinderroman liegt bereits mit GUDRUN MEBS' „Sonntagskind" (1983) vor. Auch hier wird die Geschichte durchgängig von der kindlichen Protagonistin in der Ich-Erzählform präsentiert. Dabei handelt es sich um die Erzählung eines achtjährigen Mädchens, deren Name im Text nicht genannt wird. Die Namenlosigkeit weist wie im problemorientierten Kinderroman auf die soziale Problematik, denn die Kinderfigur kennt ihre Eltern nicht und lebt im Heim. Anstelle eines Namens fällt der symbolische Titel „Sonntagskind", der nicht nur den Geburtstag der Protagonistin meint, sondern auch über ihre Hoffnungen Auskunft gibt. Wie alle anderen Heimkinder träumt sie nämlich davon, dass eine reiche und schöne Frau ihre Wochenendmami wird und sie den Sonntag bei ihr verbringt.

Aber anders als beim modernen problemorientierten Kinderroman, in dem authentische Informationen über die Außenwelt gegeben werden, dominiert im „Sonntagskind" eine Darstellung, die gänzlich an die Perspektive der kindlichen Heldin gebunden bleibt. Die Leser erfahren über die Realität nur das, was für die Protagonistin Bedeutung hat. Es handelt sich um eine Art Bewusstseinsstrom.

Steigerung wie Unterschied im Vergleich zur traditionellen Ich-Erzählung bestehen darin, dass in diesem Fall „erlebendes" und „erzählendes Ich" ineinander übergehen, es erfolgt keine Trennung zwischen beiden, und das „erzählende Ich" befindet sich auch nicht in einem zeitlichen Abstand zum „erlebenden Ich". Eine solche Entscheidung hat Folgen bis in die Sprachstruktur hinein, die weitgehend auch im Tonfall dem Denk- und Erfahrungshorizont einer Achtjährigen entspricht.

Der moderne psychologische Kinder und Jugendroman, dessen offensichtlichstes Merkmal zunächst die Ich-Erzählsituation (nach F. K. STANZEL) bzw. der (auto)homodiegetische Erzähler (nach G. GENETTE) ist, hat sich seit 2000 weiter ausgeprägt. Bei einem Blick auf aktuelle Entwicklungen kann man mitunter den Eindruck gewinnen, dass in den maßstabsetzenden Texten ein kindlicher bzw. jugendlicher Ich-Erzähler eingesetzt wird. Dazu gehören literarisch so anspruchsvolle Texte wie JUTTA RICHTER „Der Tag, als ich lernte die Spinnen zu zähmen" (2000), „Hechtsommer" (2004) und „Ich bin hier bloß der Hund" (2011), ALICE MEAD „Pass auf dich auf, Kleiner" (1998), DAVID KLASS „Ihr kennt mich nicht" (2001) und „Wenn er kommt, dann laufen wir" (2006), SHARON CREECH „Herznah" (2006), MARTINE LEAVITT „Mein Leben als Superheld" (2006), FAIZA GUÈNE „Paradiesische Aussichten" (2006), FRANCES O'ROARK DOWELL „Chicken Boy" (2007), SARAH WEEKS „So B. It" (2007), JOYCE CAROLL OATES „Mit offenen Augen. Die Geschichte von Freaky Green Eyes" (2007) und „Nach dem Unglück schwang ich mich auf, breitete meine Flügel aus und flog davon" (2008), MIRELLE GEUS „Big" (2007), PATRICIA MCCORMICK „Verkauft" (2008). Auch KEVIN BROOKS, der bereits Eingang in der Sekundarstufe I gefunden hat, setzt bevorzugt auf Ich-Erzähler. Dazu gehören: „Lucas" (2003), „Martyn Pig" (2004), „Candy" (2006), „Kissing the Rain" (2007). Der Trend zu Ich-Erzählern hat auch nach 2010 zu herausragenden Texten geführt wie FRANK COTRELL BOYCE „Der unvergessene Mantel" (2013), JOKE VON LEEUWEN „Als mein Vater ein Busch wurde und ich meinen Namen verlor" (2013), INÉS GARLAND „Wie ein unsichtbares Band" (2014), SARAH CROSSAN „Die Sprache des Wassers" (2014)oder ANDREAS STEINHÖFELS „Anders" (2014). Diese vielschichtigen Texte lassen sich schwer einer der Subgattungen zuordnen, am ehesten noch der Innenweltdarstellung. Über die jeweiligen Ich-Erzähler werden dabei vielfältige aktuelle Probleme erfasst (Krieg, Migration, Asyl und Ausweisung, Fremdheit, Heimat und Heimatverlust, Neuorientierung in einem fremden Land). Nach Mark Haddon, der in „Supergute Tage oder Die sonderbare Welt des Christopher Boone" (2005), der einen Protagonisten zur Hauptfigur macht, der autistisch ist, finden sich in den letzten Jahren wiederholt Kinder- bzw. Jugendromane in denen realistisch von dieser Problematik erzählt wird. Dazu gehören Barry Johnsbergs „Das Blubbern von Glück" (2014) und Claire Christians „Du bringst mein Leben so schön durcheinander" (2019).

Variante: Der Tagebuchroman
Als eine spezielle Variante des modernen psychologischen Kinderromans, der unterstreicht, in welcher Weise Erzählformen der Allgemeinliteratur für die KJL produktiv gemacht werden, kann der Text von BEVERLY CLEARY „Ruf doch an, Papa!" (1983/dt. 1986) gelten. Auch hier handelt es sich um einen kindlichen Protagonisten, der unter der Familiensituation leidet.

Mit Brief- und Tagebuchromanen wird ein Gattungsmuster der Allgemeinliteratur für die moderne KJL nutzbar gemacht. Dabei handelt es sich um so maßgebliche Texte wie JOHANN WOLFGANG GOETHES „Die Leiden des jungen Werthers" (1774), FRIEDRICH HÖLDERLINS „Hyperion" (1797–1799), LUDWIG

TIECKS „William Lovell" (1795–96). Die Kennzeichen wie Funktionen des Briefromans sind – wenngleich in abgeschwächter Form – auch für „Ruf doch an, Papa" nachweisbar.

Höchstmaß an Authentizität

Der Brief- und Tagebuchroman stellt eine Sonderform des psychologischen Kinderromans dar und bedeutet für die KJL einen Zuwachs an Modernität. Es besteht einmal mehr die Chance, einen „Blick ins Innere" zu richten. Bewusst wird auf Instanzen verzichtet, die die subjektiv begrenzte Sicht des kindlichen Protagonisten korrigieren, wodurch ein Höchstmaß an Authentizität erreicht werden kann. Dazu zählen Texte wie CHRISTINE NÖSTLINGERS „Susis geheimes Tagebuch/Pauls geheimes Tagebuch" (1987), JOHN MARSDENS „Liebe Tracy, liebe Mandy" (1991/dt. 1995) oder KIRSTEN BOIES „Sophies schlimme Briefe" (1995).

Seit Ende der 90er-Jahre ist der Briefroman, als eine Variante des psychologischen Kinder- bzw. Jugendromans, vielfach genutzt worden. Dazu gehören prämierte Texte wie VALÉRIE DAYRES „Lilis Leben eben" (2005), SALLY NICHOLLS' „Wie man unsterblich wird. Jede Minute zählt" (2008) oder JOHN GREENS „Eine wie Alaska" (2008). Auch in neueren Texten werden Varianten des Brief- und Tagebuchromans genutzt wie in Marit Kaldhols „Allein unter Schildkröten" (2012), Dave Cousins „Warten auf Gonzo"(2016), Emil de Wilds „Bruder Geheimnis", Simon van der Geest „Krasshüpfer" (2016) oder Elisabeth Steinkellers auch von der Gestaltung interessanter Texte „Papierklavier" (2020).

> **Wichtig**
> Brief- und Tagebuchromane regen den Leser zu einer starken Einfühlung und Identifikation an. Bleibt die Rolle des angesprochenen Briefpartners allgemein, muss er die Leerstellen ausfüllen.

Komischer Kinder- bzw. Familienroman

Neue Stufe in der Erkundung aktueller Wirklichkeit

Im Vergleich zum problemorientierten wie zum psychologischen modernen Kinderroman stellt der moderne komische Kinder- bzw. Familienroman eine neue Stufe in der Erkundung aktueller Wirklichkeit dar. Systemprägend ist die komische Komponente, bei der es sich allerdings keineswegs um eine Idyllisierung oder um Restauration im Stil der traditionellen KJL der 50er-Jahre handelt. Die neue kinderliterarische Komik hat ihre Grundlage in den bereits dargestellten kulturgeschichtlichen Veränderungen von Kindheit und Familie im Rahmen eines Modernisierungsprozesses. Wo von einer Normalisierung bzw. Entdramatisierung des Generationenkonflikts gesprochen werden kann, Kinder und Jugendliche nicht beständig gezwungen sind, sich abzugrenzen, es keinen fundamentalen Wertedissens zwischen Eltern und Kindern gibt, ein partnerschaftliches Verhältnis zunimmt, verlieren frühere Konfliktfelder an Bedeutung. Ja, die neue Generation der Erwachsenen scheint auf der gleichen Seite wie die Kinder zu stehen, nicht mehr das konservative Beharren auf Überkommenem kennzeichnet sie, sondern sie geben sich oder sind „progressiv" und „fortschrittlich". Dass auch dies für Kinder wieder eine Kehrseite haben kann und die verzweifelte Suche nach Möglichkeiten von Abgrenzung provoziert, ist nur natürlich, aber bislang kinderliterarisch noch wenig erkundet.

Doch zunächst einmal verlieren traditionelle Rollenbilder ihre Gültigkeit, es kann eine befreiende Komik entstehen, weil tradierte Werte, Normen durcheinandergewirbelt werden, es zur Karnevalisierung kommt. Die kindlichen Protagonisten präsentieren sich wie schon in den 50er-/60er-Jahren fröhlich, gewitzt, selbstbewusst. Insofern handelt es sich um eine „Renaissance kinderliterarischer Komik" (WILD 1995, 81 ff.), aber es handelt sich um eine Komik auf höherer Stufe. Der situative und sprachliche Humor ist nämlich eingebunden in die neuen Familienverhältnisse.

Traditionelle Rollenbilder verlieren Gültigkeit

> Der psychologische Kinderroman schildert die Auswirkungen der veränderten Familienkonstellationen (Scheidung, Tod, allein erziehende Eltern) auf die Psyche der kindlichen Protagonisten und markiert die Verlustängste wie die Unsicherheiten der Kinder. Der komische Kinder- bzw. Familienroman dagegen gewinnt den neu entstehenden Familienverhältnissen eine positive Seite ab. Auch hier gelangen durchaus Defizite ins Blickfeld, nur werden sie nicht beklagt, sondern in den Kontext einer witzig-ironischen Bewertung gestellt. Gleichzeitig kommen die Handlungsmöglichkeiten, der Spaß, die Lust zur Sprache, die die kindlichen Protagonisten aus den mitunter chaotischen Situationen ziehen, ins Blickfeld.

Im komischen Kinderroman werden die Risiken in einer modernen Gesellschaft keinesfalls verschwiegen, aber im Unterschied zum psychologischen Kinderroman erfahren sie eine andere Wertung; mit Problemen wie Spannungen wird locker, gelassen, humorvoll, ironisch umgegangen. Ein Grund liegt darin, dass die gewandelten Familienverhältnisse nicht mehr als Folge elterlichen Versagens erfasst werden, vielmehr handelt es sich um selbstbewusste Bekenntnisse der Erwachsenen zu ihrem Lebensstil. Der wiederum hat seine Grundlage im umfassenden Wandel des kulturellen Bewusstseins seit 1968. Entsprechend sind Eltern häufig im Umfeld der studentischen Protestgeneration angesiedelt, stehen zum Feminismus, sind Anhänger der Friedens- oder/und Umweltbewegung. Zumeist bewegen sie sich in sozial abgesicherten Milieus der Mittelstandsschichten, verfügen über intellektuelle Ressourcen und ausreichende finanzielle Möglichkeiten. Der komische Kinderroman hat die auf Problemorientierung und moderne Subjektivitätsproblematik zielenden Darstellungen gewissermaßen zur Voraussetzung. Es bedarf nämlich eines gesellschaftlichen wie literarischen Vorlaufes, um eine neue Souveränität und Lockerheit in der Darstellung zu erreichen. Die problemorientierten und psychologischen Kinderromane der 70er- und 80er-Jahre zielten bevorzugt auf Aufklärung über Wirklichkeit, suchten Außen- wie Innenwelten zu erfassen und wollten sensibel machen für die Nöte, Zweifel und Schwierigkeiten der Kinder. Sie drückten die Schattenseiten der (Post)Moderne aus und brachten ihre Verluste zum Vorschein. Das führte zu gezielter Zuspitzung, ja durch die aufgemachte Verlustrechnung durchaus auch zu einer Vereinseitigung. Wo Sachlichkeit und Unbestechlichkeit in der Darstellung von Außen- und Innenwelten zum obersten Stilprinzip werden, kann die Vielschichtigkeit der individuellen Alltagserfahrung auf der Strecke bleiben. Denn bei allem Daseinsernst besteht das Leben auch von Kindern eben nicht nur aus einer Aneinanderreihung von Leid, Schmerz oder Düsternis.

Kindliche Protagonisten begegnen Wandel mit Ironie

Anders der komische Kinderroman, der den modernen Verhältnissen auch die Lichtseiten abgewinnt, den Spaß und die Lebenslust ins Zentrum stellt und dies ohne die Wirklichkeit schönzufärben oder zu idealisieren. Von der Reaktivierung einer behüteten Welt, einer Idylle, einem Schonraum wie in den 50er-Jahren kann daher nur eingeschränkt die Rede sein. Im Gegenteil, die Komik entsteht ja gerade aus den aktuellen Verhältnissen. Diese werden keineswegs affirmativ zur Kenntnis genommen, die komische Dimension kommt zustande durch die ironische Distanz gegenüber den gesellschaftlichen Entwicklungen und Zeitströmungen. Mit Ironie und Selbstironie reagieren die kindlichen Protagonisten auf den Wandel in der Familie, diverse Erziehungskonzepte, das Verschwinden von starren Abgrenzungen zwischen den Generationen oder ideologische Vorgaben. So bei CHRISTINE NÖSTLINGER („Nagle einen Pudding an die Wand", 1990; „Sowieso und überhaupt", 1991; „Olfi Obermeier und der Ödipus", 1984; „Einen Vater hab ich auch", 1994), KIRSTEN BOIE („Jeder Tag ein Happening", 1993; „Nella-Propella", 1994; „Sophies schlimme Briefe", 1995); ANNE FINE („Der Neue", 1992; „Das Baby-Projekt", 1995; „Mrs. Doubtfire. Das stachelige Kindermädchen", 1994), PETER HÄRTLING („Mit Clara sind wir sechs", 1991); PAUL KROPP („Alle Macht dem Müsli", 1991); VIVECA SUNDVALL („Eddi und Maxon Jaxon", 1992; „Alles wegen Valentino", 1993; „Johanna, die beste Freundin der Welt", 1994); ANDERS JACOBSSON/SÖREN OLSSON („Berts gesammelte Katastrophen", 1990 ff.); UWE TIMM („Rennschwein Rudi Rüssel", 1989).

In den letzten Jahren sind eine Vielzahl weiterer komischer Kinderromane publiziert worden. Im Zentrum stehen dabei nach wie vor familiäre Probleme. Zu denken ist an solche komischen Kinder- bzw. auch Jugendromane wie BETTINA OBRECHTS „Eltern zu verschenken" (2008), FRIEDRICH ANIS „Meine total wahren und überhaupt nicht peinlichen Memoiren mit genau elfeinhalb" (2006), MARIE-AUDE MURAILS „Simpel" (2007), DO VAN RANSTS „Wir retten Leben, sagt mein Vater" (2006).

Alle diese Texte sind Belege dafür, dass sich kindliche Freude und Selbstreflexivität nicht ausschließen müssen. Gattungstypologisch ergeben sich Anleihen beim Pikaro- und Schelmenroman. Und im Bereich der Texte, die sich an jugendliche Adressaten wenden, gibt es Bezüge und Übergänge zum Adoleszenzroman (s. S. 165 ff.). Im Zentrum des komischen Kinder- bzw. Familienromans steht – wie es der Begriff sagt – eine Familie, und die wird zumeist von einem Familienmitglied in den verschiedensten Situationen gekennzeichnet. Die Komik entwickelt sich dabei aus der Offenheit, der (post)modernen Gleichheit, aus dem rasanten, einzelne Mitglieder überfordernden Wechsel zwischen alten und neuen Lebensformen, Lebens- und Weltbildern.

Beispiele

Bei Betrachtung der modernen komischen Kinder- bzw. Familienromane fällt auf, dass die Distanz zu gesellschaftlichen Entwicklungsprozessen über die Ironie und Selbstironie der Figuren bzw. der Erzählerfigur zustande kommt. Rollenvorstellungen, Weltbilder, Werte wie Normen werden parodiert und auf witzige Weise hinterfragt. Grundlage für die witzig-ironischen Darstellungen bilden die verschiedenen Varianten postmodernen Familienlebens. Während in traditioneller Familiendarstellung, etwa bei CHRISTINE NÖSTLINGERS „Wir pfeifen auf den Gurkenkönig", der Humor durch die Ironisierung der autoritären Vaterrolle entsteht, findet sich gerade in den komischen Familienromanen eine Vielfalt von Familienkonstellationen. Dabei sind die fest definierten Rollenmuster von Vater, Mutter, Kind sowie Mann, Frau, Junge, Mädchen außer Kraft gesetzt. Indem tradierte Konstellationen, Werte, Normen durcheinandergewirbelt werden, kann den entstandenen Situationen, Handlungen, Gesprächen, Gedanken ihre komische Seite abgewonnen werden.

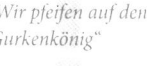
CHRISTINE NÖSTLINGER: „Wir pfeifen auf den Gurkenkönig"

Ein Beispiel für eine häufig anzutreffende Konstellation ist mit KIRSTEN BOIES „Nella-Propella" gegeben: Jacquo, die Mutter, hat sich im Wissen um die Konsequenzen dazu entschieden, allein und ohne den Vater des Kindes zu leben. Anders als im problemorientierten Kinderroman leidet die kindliche Protagonistin Nella nicht darunter, ohne Vater aufzuwachsen, sie weiß die mitunter chaotischen Verhältnisse und überraschenden Situationen sogar vorteilhaft für sich zu nutzen. Für Mutter und Kind stellt die Lebensform der Ein-Eltern-Familie wegen der Unregelmäßigkeiten des Studentenalltags eine ständige Herausforderung dar.

KIRSTEN BOIE: „Nella-Propella"

Komischer Kinderroman – ANDREAS STEINHÖFEL: „Rico, Oskar und die Tieferschatten"

Um eine aktuelle Variante des komischen Kinderromans handelt es sich bei ANDREAS STEINHÖFELS „Rico, Oskar und die Tieferschatten" (2008), von dem mit „Rico, Oskar und das Mistverständnis" (2020) bereits der 5. Band der Reihe vorliegt. Der Erzählanfang des Textes erfolgt unmittelbar „in medias res" (s. Tabelle S. 77) ohne eine Einführung in die Handlung oder die Figurenkonstellation. Allein die Tatsache, dass der Blick nicht auf eine Figur gerichtet wird, sondern auf eine einzige Nudel, muss skurril erscheinen und sagt etwas über den Erzähler aus:

> *Die Nudel lag auf dem Gehsteig. Sie war dick und geriffelt, mit einem Loch drin von vorn bis hinten. Etwas getrocknete Käsesoße und Dreck klebten dran. Ich hob sie auf, wischte den Dreck ab und guckte an der alten Fensterfront der Dieffe 93 rauf in den Sommerhimmel. Keine Wolken und vor allem keine von diesen weißen Düsenstreifen. Außerdem, überlegte ich, kann man Flugzeugfenster nicht aufmachen, um Essen rauszuwerfen.*
>
> *(A. Steinhöfel 2008, 9)*

Durch die Gebundenheit des Erzählens an den kindlichen Ich-Erzähler (auto-homodiegetischer Erzähler) kommen die humoristischen Effekte zustande. Erstens betreffen sie die Lebensweise, die Werte und Normen, die Rico und seine Mutter repräsentieren. Zweitens werden von Rico Redewendungen, Argumente und Darstellungen der Erwachsenen in eigener Regie gedeutet und interpretiert.

Rico als Ich-Erzähler charakterisiert sich naiv-offen so:

> *Ich sollte an dieser Stelle wohl erklären, dass ich Rico heiße und ein tiefbegabtes Kind bin. Das bedeutet, ich kann zwar sehr viel denken, aber das dauert meistens etwas länger als bei anderen Leuten. An meinem Gehirn liegt es nicht, das ist ganz normal groß. Aber manchmal fallen ein paar Sachen raus, und leider weiß ich vorher nie, an welcher Stelle. Außerdem kann ich mich nicht immer gut konzentrieren, wenn ich etwas erzähle. Meistens verliere ich dann den roten Faden, jedenfalls glaube ich, dass er rot ist, er könnte aber auch grün oder blau sein, und genau das ist das Problem.*
>
> *(A. Steinhöfel 2008, 11)*

Mit dem Ich-Erzähler verschafft sich STEINHÖFEL als Autor die Chance, die Alltagswelt mit Humor, Ironie und Groteske zu verfremden. Rico leidet dabei keineswegs an seiner Umwelt und der Tatsache, dass seine Mutter in einem Nachtclub arbeitet und er entsprechend oft auf sich selbst gestellt ist. ANDREAS STEINHÖFELS Kinderroman zeigt einmal mehr, dass ab 2000 die Übergänge zwischen dem psychologischen und komischen Kinderroman fließender geworden sind. Die Komik entsteht vielfach, indem kindliche Protagonisten als Ich-Erzähler eingesetzt werden und mit ihrer naiven Weltsicht einen anderen Blick auf die Welt werfen und auf diese Weise komische Verfremdungseffekte erzeugen.

Phantastischer Kinderroman

In der Gegenwart ist der Erfolg von Texten unübersehbar, die mit phantastischen Mitteln arbeiten. Das war bereits vor dem Welterfolg von J.K. ROWLINGS „Harry Potter" (1998 ff.) der Fall. Dies hängt u.a. damit zusammen, dass phantastische Texte dem kindlichen Bedürfnis nach Handlung, äußerer Spannung sowie Komik in besonderem Maße entgegenkommen.

Ein Blick auf die Geschichte der KJL zeigt, dass es vor allem phantastische Texte sind, die Erfolg bei jungen Lesern und Erwachsenen haben, mithin zu All-Age-Büchern werden. Unter inhaltlichen, formalen wie wirkungsästhetischen Gesichtspunkten ist es nämlich gerade die Verbindung von Phantastischem, Spannung und Humor, die eine Reihe von Texten zu Kinderbuchklassikern gemacht hat. Zu nennen sind neben E.T.A. HOFFMANNS „Nussknacker und Mausekönig" Klassiker wie „Pu der Bär", „Pinocchio", „Pippi Langstrumpf", „Alice im Wunderland", „Jim Knopf", „Momo", „Die unendliche Geschichte", „Der kleine Wassermann", „Sofies Welt", dann „Harry Potter", CORNLELIA FUNKES „Tintenherz"-Trilogie oder STEPHANIE MEYERS „Bis(s)"-Serie – alles Texte, die auch von erwachsenen Lesern rezipiert werden und auf Bestsellerlisten landeten (s.S. 9).

Das hat folgenden Grund: Alle diese Texte knüpfen an die Tradition des Geschichtenerzählens an und bedienen sich dabei der alten Mythen, Märchen und Sagen. Zudem ergeben sich durch den Einsatz des Phantastischen „Leerstellen", die von kindlichen wie erwachsenen Lesern „konkretisiert" bzw. aufgefüllt werden und eine Vielzahl von Lesarten ermöglichen. Die Polyvalenzkonvention (s.S. 16), die eine Mehrdeutigkeit literarischer Texte, also vielfältige Sinngebungen, Botschaften meint, ist durch das vieldeutige Ende von E.T.A. HOFFMANNS „Nussknacker und Mausekönig" ebenso gegeben wie durch die phantastischen Bilder etwa vom Elfenbeinturm, der Farbwüste Goab, dem Nachtwald Perelin in der „Unendlichen Geschichte", der „Kammer des Schreckens", dem „verbotenen Wald" in „Harry Potter".

Anknüpfung an die Tradition des Geschichtenerzählens

Die Diskussionen um eine Definition des Phantastischen bzw. der Phantastik haben seit Ende der 90er-Jahre zwar zugenommen, aber einen Konsens gibt es bislang nicht. Gleichwohl lässt sich zunächst festhalten:

In phantastischen Texten agieren auf der Ebene der *story* Figuren, werden R
entworfen oder sind Handlungen möglich, die einen Bruch mit dem historis
weils gültigen Realitätsbegriff darstellen. Dies kann geschehen, indem in die
fiktive Welt Monster eindringen, eine Eule an den Protagonisten Briefe über
oder der Held durch eine Schranktür in eine andere Welt gerät.

Wenn nun von moderner Phantastik auch innerhalb der KJL die Rede ist, dann muss diese der modernen Phantastik für Erwachsene vergleichbare Merkmale aufweisen.

Merkmale und Beispiele
Das Muster von E. T. A. Hoffmann ist lange Zeit nicht grundlos ohne Nachfolge geblieben. Maria Lypp hat vermutet, dass die in der modernen Literatur offensichtliche Affinität des Phantastischen zum Unbewussten und zum Inneren der Dinge, die erschreckend ans Licht treten, in der KJL kaum Gestalt finden kann. Es hänge dies auch damit zusammen, dass KJL nach herkömmlicher Auffassung das Ich-Bewusstsein stärken und nicht infrage stellen soll (Lypp 1984, 106), eine Funktion, die das Phantastische in der modernen Literatur übernimmt. Offen zutage treten nämlich die Abgründe des Ichs, dargestellt werden über phantastische Präsentationen die „Nachtseiten" des Seelischen, urplötzlich bricht das tabuisierte Unbewusste hervor und kommt an die Oberfläche. Dazu gehören verschiedene Texte von Franz Kafka, Gustav Meyrinks „Golem" (1915), Alfred Kubins „Die andere Seite" (1908), expressionistische Erzählungen von Georg Heym oder Alfred Döblin. Vergleicht man die Rolle des Phantastischen in diesen Texten mit der Funktion, die solcherart Elemente in der KJL haben, dann erscheint es plausibel zu vermuten, es sei schon viel, wenn in ihr die „Entlegenheit des Inneren" mit phantastischen Mitteln erfasst würde.

Wollte man unter Bedingungen von Moderne und Postmoderne einen Schritt weiter gehen und eine ergänzende Möglichkeit für die Bewertung gewinnen, dann wäre dem Neuen, dem Modernen der zur Diskussion stehenden Texte mit einem Ansatz von Tzvetan Todorov beizukommen, der phantastische Literatur eben nicht nur nach Stoffen (z. B. Zeitreisen, fremde Welten) oder Motiven (z. B. Werwolf, Vampir, Gedankenübertragung) einteilt – sondern eine Unterscheidung in Ich- und Du-Themen vornimmt und damit an die Tiefenstruktur der Texte kommt (s. S. 81).

In phantastischen Texten lassen sich Ich-Themen an Vervielfältigungen des Ichs (u. a. Doppelgänger), Ich-Aufspaltungen oder Metamorphosen einer Figur erkennen. Der Blick richtet sich auf den Protagonisten selbst. Zu den Du-Themen zählen jene Darstellungen, in denen die Figuren mit

„fremdartigen Wesen" oder unbekannten Welten konfrontiert sind. Du-Themen zielen auf Präsentation von Außenwelt, auf Aktion und Handlung. Ich-Themen sind weniger handlungsintensiv, erkunden Innenwelten, stellen psychische Vorgänge dar und zielen auf Reflexion. Ausgehend davon lässt sich ein *erstes Merkmal* des modernen phantastischen Kinderromans ausmachen:

> Um einen modernen phantastischen Kinderroman handelt es sich, wenn im Text die kindlichen „Nachtseiten" (Ich-Thema) erfasst werden (vgl. GANSEL 1999).

Eine Grundlage für diese literarische Modernität liegt in gesellschaftlichen Modernisierungsprozessen. Wo nämlich in der modernen Gesellschaft die Rolle der Eltern, ihr Verhältnis zu den Kindern, die Institution Ehe usw. unsicher wird, kann das nicht ohne Auswirkungen auf Kinder bleiben. Es ist daher nicht verwunderlich, wenn sich – bislang nur vereinzelt – Texte finden, in denen das Phantastische die Funktion hat, das Leiden der Protagonisten an ihrer Außenwelt (äußere Spannung, Du-Thema) mit einer Innenweltdarstellung (innere Spannung, Ich-Thema) zu verbinden.

So spielt in TORMOD HAUGENS „Die Nachtvögel" auch ein phantastisches Element eine Rolle, das ebenfalls die Funktion hat, ein Bild von der seelischen Befindlichkeit des kindlichen Protagonisten Joachim zu geben. Das erklärt, warum weder die Nachtvögel (Alpträume und Ängste des kindlichen Protagonisten) noch die Figur des Doppelgängers einen äußeren „Skandal" (s. S. 138) bewirken. Ja, es bleibt offen, ob es sich beim „Doppelgänger" um eine „real-fiktive" Figur handelt oder aber um eine Figur der kindlichen Phantasie. Die inneren wie äußeren Konflikte Joachims sind gebunden an die Krise der („modernen") Eltern, insbesondere der Vater-Figur. Eben, weil Joachim als gleichberechtigter Partner akzeptiert wird, laden die Eltern ihm gewissermaßen ihre Probleme auch noch auf. Das führt nicht nur zu Angstzuständen, sondern geht bis hin zu einer Art Bewusstseinsspaltung. Diese wird verstärkt durch die Angst, die Joachim vor anderen Kindern, besonders den Größeren, hat (GANSEL 1999):

TORMOD HAUGEN: *„Die Nachtvögel"*

Manchmal wünschte Joachim, daß er nicht nur eine einzige Person wäre, sondern mehrere gleichzeitig. Er stellte sich das gerne vor. Dann brauchte er nur zu sagen: „Jetzt möchte ich mit dreien von mir spielen!" Und schon wären drei da. Das wäre toll! Mit denen würde er sich dann auch nicht zanken, denn sie wären sich doch alle gleich und spielten die gleichen Spiele.

(T. Haugen 1993, 70)

Über verschiedene Phasen kommt es schließlich zu einer Art Bewusstseinsspaltung („Er ging hinüber zum Korb, aber irgendwie war es gar nicht er selber ... Er sah sich selber zu, wie er die Hand ausstreckte und ein rosa Taschentuch herausnahm." (108)). Joachim glaubt schließlich einen Unsichtbaren, einen „Doppelgänger", entdeckt zu haben, der sich vor ihm versteckt und der möglicherweise vor ihm, Joachim, Angst hat. Die Figur bekommt für Joachim zunehmend Konturen, und es ergibt sich auf diese Weise eine Steigerung der Ich-Dissoziation.

Die Ambivalenz, die Unschlüssigkeit, über den Status des auftretenden (phantastischen) Phänomens wird vom Autor über das Textende hinaus nicht aufgelöst, die kindlichen wie erwachsenen Leser bleiben im Unklaren. Doch scheint sich eine Lösung für Joachim – nicht für den Vater – abzuzeichnen: „Joachim schlief ein, und die Nachtvögel waren still." (143)

ANTONIO MARTINEZ-MENCHEN: *„Pepito und der unsichtbare Hund"*

Einen Schritt weiter bei der Darstellung einer phantastischen Ich-Spaltung eines kindlichen Protagonisten geht ANTONIO MARTINEZ-MENCHEN in „Pepito und der unsichtbare Hund" (1985/dt. 1990). Hier erzeugt das Erscheinen des Übernatürlichen allerdings einen „inneren Skandal" („Ich-Thema") und entspricht damit dem, was TZVETAN TODOROV als kennzeichnend für das Phantastische insgesamt angenommen hat, nämlich die „Unschlüssigkeit, die ein Mensch empfindet, der nur die natürlichen Gesetze kennt und sich einem Ereignis gegenübersieht, das den Anschein des Übernatürlichen hat" (TODOROV 1992, 26). In diesem Fall ist der kleine Pepito mit der Erscheinung eines Hundes konfrontiert, den nur er wahrnehmen kann:

„Wie geht's Köter? Schon wieder hier? Hast du", sagte ich zu Juanito, „schon mal einen so hässlichen Hund gesehen?" Juanito schaute mich an, als würde er Gespenster sehen. Ich begriff, dass irgend etwas nicht stimmte. „Was denn für einen Hund? Warum musst du nur immer so ein dummes Zeug daherreden?" Ich schaute den Hund an, der neben uns hersprang, und dann in Juanitos ernstes Gesicht. (A. Martinez-Menchen 1990, 17)

Als der kindliche Ich-Erzähler erkennt, dass nur er den kleinen Hund sieht, verheimlicht er seine Existenz, weil er fürchtet, man würde ihn ins Irrenhaus bringen. Die Begegnung mit dem phantastischen Phänomen wird also nicht – wie in Märchentexten – als problemlos angenommen, sondern führt im Gegenteil zu einem Infragestellen der eigenen (kindlichen!) Identität, insofern wird also ausdrücklich ein „Ich-Thema" angeschlagen. Der (erwachsene) Leser kann vermuten, dass Pepitos (phantastische) Halluzination bzw. Bewusstseinsspaltung ihre Ursache in der schweren Erkrankung der Mutter hat, die mit dem Tod kämpft. Was es mit dem kleinen Hund aber wirklich auf sich hat, bleibt im Text offen, er verschwindet in dem Augenblick, da die Mutter – wie durch ein Wunder – überlebt. Über das Textende hinaus bleibt die Ambivalenz der phantastischen Projektion erhalten. Pepitos Erlebnis wird nicht rational aufgeklärt, es findet sich keine (erzählerische) Instanz, die wertend eingreift und seine Vision erklärt.

Auch in BENNO PLUDRAS „Das Herz des Piraten" (1985) gerät die kindliche Protagonistin in eine krisenhafte Situation angesichts der Konfrontation mit dem Phantastischen: Jessi findet einen Stein, der rot glüht, pulsiert und noch dazu spricht. Als Jessi ihn entsprechend behandelt, wird sie von der Umgebung als verrückt eingestuft. Das Besondere des Textes besteht darin, dass es keine rationale Auflösung des Konfliktes und die Entscheidung für eine Leseweise gibt.

Das ist auch in LYGIA BOJUNGA-NUNES' Kinderroman „Maria auf dem Seil" (1979/dt. 1992) so, in dem die Protagonistin sich gegen den Tod der Eltern durch eine Art Bewusstseinsspaltung und Amnesie wehrt.

Mit Blick auf diese Texte lässt sich ergänzend ein *zweites Merkmal* erkennen:

> Als modern kann eine phantastische Erzählung für Kinder auch dann gelten, wenn das Erlebnis wunderbarer, vielleicht auch schrecklicher Welten nicht durch eine rationale Erklärung aufgehoben und damit das erwachsene, rationale Weltverständnis sich durchsetzt.

Je konsequenter ein Text zu den phantastischen Erlebnissen steht und je entschiedener er die rationale Interpretation vom Standpunkt der Erwachsenen abwehrt, desto mehr werden Kinder und ihre Vorstellungen wirklich ernst genommen. Damit nutzt dieser Teil der KJL das Phantastische in vergleichbarer Weise wie die moderne Allgemeinliteratur, der es um Verunsicherung geht und die auf rationale Erklärungen für unerklärbare, vermeintlich phantastische Phänomene verzichtet. Dass dies zu komplexeren erzählerischen Strukturen führt, liegt ebenso auf der Hand wie die Tatsache, dass solche Texte eine artifizielle Verbindung zwischen äußerer und innerer Spannung, zwischen „Ich"- und „Du-Themen", herstellen.

Ganz in diesem Sinne modern ist daher CARLOS RUIZ ZAFONS Jugendroman „Der Fürst des Nebels" (1993/dt. 1996), in dem das Phantastische bis zum Schluss in der Schwebe bleibt und keine rationale Auflösung erfolgt. Auch CARMEN MARTIN GAITES „Rotkäppchen in Manhattan" (1990/dt. 1994) ist ein hochpoetischer Text, der in vielfältiger Weise mit Mitteln von Intertextualität arbeitet. Wie JOSTEIN GAARDERS „Sofies Welt" (1991/dt. 1993) handelt es

CARMEN MARTIN
GAITE: „Rotkäpp-
chen in Manhattan"

sich um ein Buch für „Erwachsene ab vierzehn Jahren". Das betrifft nicht nur die wiederholten Anspielungen auf die Märchen, sondern die (Kinder-) Literatur insgesamt.

Im Zentrum steht die kleine Sarah, ein modernes Kind, das eine überdurchschnittliche Intelligenz besitzt und bereits über eine ausgeprägte Selbstreflexivität verfügt. Sarah macht sich schon mit drei Jahren Gedanken über die Welt und hat „allein lesen gelernt, ... und für sie war Lesen der größte Spaß überhaupt" (16). Dabei erfindet sie sich zu gedruckten Buchstaben „Fanfaneien", zu denen „am Ende des vierten Lebensjahres bereits so unvergessliche Ausdrücke zählten wie ‚Melba' ‚Tarinde', ‚Malzog' und ‚Miranfu'" (29). Einige Worte bleiben Sarah im Gedächtnis und erhalten eine Bedeutung, die man mit der Zeit errät: „‚Miranfu' hieß zum Beispiel ‚Bald geschieht etwas anderes' oder ‚Bald erlebe ich eine Überraschung.'" (29) Als das „große Abenteuer" der vielen Kinder-Bücher hat Sarah erkannt, „daß Kinder allein in die große weite Welt hinausgingen, ohne Mutter und Vater, die sie an die Hand nahmen, sie ständig ermahnten und andauernd etwas verboten" (17). Beim Lesen verändert Sarah die Geschichten „und erfand für jede einen ganz anderen Schluss" (17), und dies auch, weil sie der Meinung ist, das Ende sei falsch. An „Alice im Wunderland" stört sie der rational aufklärende Schluss: „[...] als Alice sagt, alles sei nur ein Traum gewesen, warum musste sie das auch sagen!" (18).

Der Text, in dem eine personale Erzählweise dominiert, hält durchweg die Ambivalenz und lässt offen, wie Sarahs phantastische Erlebnisse in New York zu deuten sind. Wie in den von ihr gelesenen Büchern macht Sarah sich an ihrem zehnten Geburtstag – dem Märchen von „Rotkäppchen" vergleichbar – auf den Weg nach Manhattan, um die geliebte Großmutter zu besuchen. Ihre phantastische Odyssee findet weder ein Ende, noch führen die phantastischen Erlebnisse zu einem rationalen Schub in der kindlichen Entwicklung, im Gegenteil: Sarah faltet einen Zettel auseinander, den sie von der phantastisch-realen Miss Lunatic bekommen hat, liest ihn und trifft eine Entscheidung: „Sarah steckte das Geld in den Schlitz und rief: ‚Miranfu!', der Kanaldeckel öffnete sich, und sie sprang mit nach vorn ausgestreckten Armen in den Schacht, sofort wurde sie von einem milden Luftstrom aufgefangen, der sie zur Freiheit führte." (175 f.)

Für die traditionelle phantastische KJL untypisch kehrt die Protagonistin nicht gestärkt an den Ausgangspunkt zurück, es gibt vielmehr eine „Überraschung", „etwas anderes" beginnt, das Zauberwort „Miranfu" kündigt eine Fortsetzung der kindlichen Suche an.

Solche Texte stoßen keineswegs überall auf Zustimmung. Dies ist ein Grund, warum ein Autor wie der Schweizer JÜRG SCHUBIGER über zwanzig

Jahre brauchte, um mit seinen phantastisch-parabolischen Erzählungen wie „Dieser Hund heißt Himmel" (1978), „Das Löwengebrüll" (1988) oder schließlich „Als die Welt noch jung war" (1995) den Durchbruch zu schaffen. Erst in dem Maße nämlich, wie die Grenzen zwischen KJL auf der einen und Erwachsenenliteratur auf der anderen Seite fließender geworden sind, konnte SCHUBIGERS an KAFKA geschulter Umgang mit dem Phantastischen und Wunderbaren auch kindliche bzw. jugendliche Leser erreichen. Die Art und Weise, in der er phantastische Präsentationsarten einsetzt, wie er einen an Märchen und phantastischen Erzählungen tradierten Erwartungshorizont unterläuft und kafkaeske Verfahren nutzt bzw. umbaut, ist prototypisch für eine moderne Phantastik für Kinder.

Bei genauerer Betrachtung zeigt sich auch, dass bereits ASTRID LINDGRENS „Mio, mein Mio" (1955) und „Die Brüder Löwenherz" (1974), allgemein als „Märchenromane" klassifiziert, Beispiele für moderne Phantastik sind.

Der Bezug der genannten Texte zum psychologischen Kinderroman ist offensichtlich. Gleichwohl gibt es am Ende der 90er-Jahre unter dem Aspekt von Modernität auch Texte, die dem komischen Kinderroman nahekommen. Dazu gehört PAUL VAN LOONS „Gruselbus"-Reihe (1991/dt. 1997 ff.). Im ersten Band der Serie ist eine Klasse zu Gast im Gruselbus des Schriftstellers Onnoval, der ihnen Gruselgeschichten vorliest. In Wahrheit handelt es sich bei Onnoval um einen Werwolf, der seine Opfer sucht. Einzig durch die Coolness der kleinen Liselore können die Kinder der Katastrophe entkommen. Sie tötet den Werwolf mit einem Schuss zwischen die Augen! Damit ist ein *drittes Merkmal* genannt, das als Ausweis für die Modernität eines phantastischen KJL-Textes gelten kann:

> Phantastische Texte sind ebenfalls als modern zu klassifizieren, wenn auf der Ebene der *story* die Kinderfiguren beständig klassische Muster zitieren bzw. auf sie zurückgreifen und dabei eine unmerkliche Ironisierung der Gattung und bestimmter Handlungsmuster erfolgt.

Der Phantastikboom
Spannung, Phantastisches, Märchenhaftes
Fragt man nach dem Zusammenhang von Spannung und Phantastischem, so stößt man auf Schwierigkeiten bei der definitorischen Bestimmung. Offen ist nämlich, ob es sich bei Phantastik bzw. dem Phantastischen um eine Gattung, eine Darstellungsweise, einen Stil oder eine Struktur handelt. Hinzu kommt noch, dass unter Aspekten von literarischer Wertung (s. S. 21 f.) Texte der phantastischen Literatur – vor allem in der deutschen Diskus-

Gattung, Darstellungsweise, Stil oder Struktur?

sion – mit dem Makel des Trivialen versehen wurden. Und dies, obwohl die Entwicklung des Phantastischen in Frankreich, England und Amerika den deutschen Vorläufern – vor allem der romantischen Epoche – einiges zu danken hat.

M. G. Lewis' Phantastik-Klassiker „The Monk" (1798) wurde von der deutschen Räuber- und Schauerromantik beeinflusst. Das von Johann August Apels und Friedrich Laun herausgegebene „Gespensterbuch" (1810/1812) fand auch in Frankreich eine begeisterte Lesergemeinde und beeinflusste die späteren Vampirerzählungen Lord Byrons. Texte von E.T.A. Hoffmann („Nußknacker und Mausekönig", 1816; „Das fremde Kind", 1817) und Ludwig Tieck („Die Elfen", 1812; „Der blonde Eckbert", 1797) zählen inzwischen zu Klassikern der Phantastik und wurden zur Kinder- und Jugendlektüre.

Die literaturwissenschaftliche Diskussion in Deutschland nach 1945 bekam mit der Öffnung des Literaturbegriffs in den 70er-Jahren einen Schub und wurde durch Arbeiten von französischen Theoretikern wie Roger Callois, Louis Vax, Tzvetan Todorov angeregt. Dabei gibt es deutliche Unterschiede zwischen der Bundesrepublik und der DDR. In der DDR kam es im Kontext mit der kulturpolitischen Abwehr der Romantik erst im Laufe der 70er-Jahre zum Durchbruch des Phantastischen.

Callois und auch Vax gehen – wie in der Diskussion um den Begriff „Spannung" – bei Überlegungen zum Phantastischen von der Ebene der Handlung bzw. „stofflich-inhaltlichen" Besonderheiten aus. Betrachtet man die Struktur der Texte, in denen das Phantastische eine Rolle spielt, so scheint dieses Vorgehen geeignet, größere Teile der phantastischen Literatur zu erfassen sowie bestimmte Grundmodelle und -figurationen zu entwerfen (s. S. 145 ff.).

Handlungstheoretische Bestimmungen nutzen dabei als wesentliches Merkmal „den Riss". Er entsteht, wenn einer empirisch alltäglichen, von rationalen Gesetzmäßigkeiten bestimmten fiktiven Welt, eine Welt des Irrational-Unerklärlichen gegenübertritt und der punktuelle Zusammenstoß beider Bereiche einen „Skandal" oder „Riss" bewirkt. Folgerichtig erfordert für Vax das „Phantastische im strengen Sinne" den „Einbruch eines übernatürlichen Ereignisses in eine von der Vernunft regierte Welt" (Vax 1974, 17). Und bei Callois heißt es:

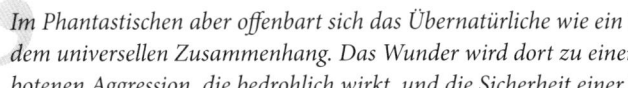

Im Phantastischen aber offenbart sich das Übernatürliche wie ein Riß in dem universellen Zusammenhang. Das Wunder wird dort zu einer verbotenen Aggression, die bedrohlich wirkt, und die Sicherheit einer Welt

zerbricht, in der man bis dahin die Gesetze für allgemein gültig unverrückbar gehalten hat. Es ist das Unmögliche, das unerwartet in einer Welt auftaucht, aus der das Unmögliche per definitionem verbannt worden ist.

(R. Callois 1974, 46)

Die so geartete Bestimmung des Phantastischen – im engen Sinne – nutzt als Vergleichsmaß das Märchen als sogenannte einfache Form. ROGER CALLOIS definiert wie LOUIS VAX entsprechend das Phantastische in Abgrenzung zum Märchen:

Das Märchen ist ein Reich des Wunderbaren, das eine Zugabe zu unserer Alltagswelt ist, ohne sie zu berühren oder ihren Zusammenhang zu zerstören ... Das Märchen spielt sich in einer Welt ab, in der der Zauber etwas Alltägliches ist und Magie die Regel. Das Übernatürliche ist dort nicht beängstigend. (R. Callois 1974, 46)

Durch die Konfrontation zweier (fiktiver) Welten werden bisherige Denk- und Verhaltensweisen der Figuren (und Leser) infrage gestellt und müssen überprüft werden. Mit dem Einbruch des Phantastischen ist zumeist der Reiz des Neuen verbunden, das Außergewöhnliche, Bizarre, Nichtvorstellbare geschieht, ein Geheimnis muss gelöst werden (ein Geheimnis des Objekts, der Figur, der Zeit, des Ortes), Konflikte brechen auf, Hindernisse entstehen. Die Frage etwa, auf welche Weise das Geheimnis gelöst, die Hindernisse überwunden, das Ziel erreicht wird, erzeugt beim Leser Spannung.

Um ein Beispiel zu geben: CHRISTINE NÖSTLINGER lässt in ihrem zum Klassiker avancierten Kinderroman „Wir pfeifen auf den Gurkenkönig" die Familie Hogelmann an einem Ostersonntag in ihrer Küche ein gurkenähnliches Gebilde mit einer goldenen Krone auf dem Kopf entdecken. Wie in den Überlegungen von VAX und CALLOIS bewirkt der Einbruch des Gurkenkönigs in das „normale" Alltagsleben der Familie Hogelmann einen Skandal. Die Mutter, konfrontiert mit dem Übernatürlichen, steht vor dem Zusammenbruch, und in der Folge wirkt das phantastische Element als Katalysator: Unausgesprochene Konflikte in der Familie werden offenbar, spitzen sich zu, und die (spannende) Frage entsteht, auf welche Weise eine Lösung erfolgt. Dabei werden verschiedene Spannungsbögen bzw. Geschichten (u. a. Agieren des Gurkingers, Schulprobleme der Kinder, Kumi-Ori-Gesellschaft im Keller, Misserfolg des Vaters) miteinander verbunden.

CHRISTINE NÖSTLINGER: *„Wir pfeifen auf den Gurkenkönig"*

Im Fall des „Gurkenkönigs" erzeugt der auf der Textebene ablaufende Auftritt des phantastischen Monsters bei den literarischen Figuren Verunsicherung und damit *suspense*, also eine schwebende Ungewissheit. Die kindlichen Protagonisten verhalten sich offen und reagieren locker. Auch auf den (kindlichen) Leser wirkt die Situation nicht beängstigend, sondern unterhaltend, humorvoll, spannend. Eine wirkliche Gefährdung ist nicht zu erkennen, weil Größe, Aussehen ebenso wie die skurrile Sprache keinen Zweifel an der Unterlegenheit des Gurkenkönigs lassen und er sich von Beginn an – wie dann der Vater – durch das Missverhältnis von Schein und Sein desavouiert.

Gleichwohl gibt es im Bereich der Phantastik Textgruppen, die gerade aus dem Aufbau von Unschlüssigkeit auf der Figuren- wie Leserseite ihre Spannungseffekte ziehen. Im Fall der Schauer- und Horrorliteratur – dafür stehen vor allem STEPHEN KING und in der KJL solche Texte wie die Reihen „Der Gruselbus" (1997 ff.) von PAUL VAN LOON oder „Gänsehaut" (1992 ff.) von ROBERT L. STINE – kann das bis zum Entstehen von Gefühlszuständen wie Angst, Schrecken, Schauder gehen.

Phantastisches und Phantastik

Um von den verschiedenen Theorieansätzen ausgehend eine Verständigungsgrundlage zu schaffen, kann man folgenden Arbeitsbegriff ansetzen: Phantastisches ist dadurch gekennzeichnet, dass es von den Wahrscheinlichkeiten einer bestimmten historisch-sozialen Erfahrungswirklichkeit – der realistischen Fiktion, bei der Elemente gemäß der Logik ihrer Verknüpfung in der realen Welt auch in der künstlerischen Darstellung miteinander verbunden sind –, dadurch weit abweicht, dass auf der Ebene der *story*, des „Was", die Elemente (Ereignisse, Geschehen, Handlungen, Figuren) so miteinander in Verbindung gesetzt werden, wie das in der empirischen Wirklichkeit nicht oder zumindest noch nicht möglich ist. Dabei werden die Gesetze der Logik zumeist bewusst durchbrochen oder aber ausgeweitet.

Grundsätzlich gilt: Erst wenn das Phantastische zur **„systemprägenden Dominante"** (H. R. JAUß) wird, d. h., die phantastischen Mittel komplex angewendet werden und das Zusammenspiel der Darstellungselemente entscheidend bestimmen, sollte von Phantastik gesprochen werden. Ausprägungen bzw. Varianten der Phantastik sind – gemessen an ihrem Anteil an phantastischen Elementen: Märchen, Utopie, Science-Fiction, Gothic Novel, Anti-Utopie, phantastische Erzählung oder Fantasy. In der Gegenwartsliteratur zeichnet sich eine Tendenz zur Synthese unterschiedlicher Formen des Phantastischen ab.

Mit anderen Worten: Auf der Ebene der *story* erscheint Unmögliches als möglich, und es wird eine die Grenzen empirischer Wirklichkeit überschreitende künstlerische Spielwelt aufgebaut. Diese Abweichung, diese Störung ist auch dann offensichtlich, wenn für das eigentlich inkompatibel erscheinende Zusammenspiel von Figuren und Handlungen eine rationale oder pseudorationale Erklärung gegeben wird (Science-Fiction).

Das Phantastische als Form künstlerischer Darstellung ist ein genreübergreifendes Mittel und kann auch in Texten auftreten, die dennoch nicht zur phantastischen Literatur gezählt werden. In der „nichtphantastischen" Literatur treten phantastische Elemente vereinzelt auf, sind nur punktuelle Störungen in einer ansonsten dem Realen verpflichteten Spielwelt (etwa als Träume). Besonders die bildhaften Elemente (Parabel, Allegorie, Hyperbel) und die sprachlichen Bilder (Metapher, Metonymie, Vergleich) werden als Mittel des Phantastischen in künstlerischen Darstellungen genutzt (vgl. GANSEL 1999). *Genreübergreifendes Mittel*

Zu beachten ist dabei, dass die „Erkenntnis" des Möglichen historisch determiniert ist und damit auch das, was zu einem bestimmten Zeitpunkt für phantastisch gehalten wird oder auch nicht, Wandlungen unterliegt. JULES VERNES „Von der Erde zum Mond" (1865) mit der Antizipation der Mondfahrt war zu seiner Zeit ein phantastischer Roman, genau genommen ein früher Science-Fiction-Text. In der Gegenwart kann das Handlungselement einer Mondfahrt nicht mehr als phantastisch eingeordnet werden. Insofern sind bei Definitionsversuchen zur Phantastik sogenannte Historizitätsvariablen anzusetzen. Das heißt, in einer Epoche, da das menschliche Bewusstsein der Wirklichkeit ein latent phantastisches Potential zugesteht, wo der Glaube an Geister, Werwölfe, Vampire, Hexen oder das Weiterleben nach dem Tod noch ungebrochen existiert, wo das Wunderbare noch nicht verdrängt ist und man der Existenz magischer Kräfte die gleiche Existenz zuschreibt wie wissenschaftlich erklärbaren Phänomenen, wird ein Text, in dem ein solches „Ereignis" eine Rolle spielt als „nicht-phantastisch" und damit als „mimetisch" bzw. „realistisch" gelten. *„Historizitätsvariablen"*

Das hat Folgen: Ein und dasselbe Phänomen, also etwa die Mondfahrt oder das Vorkommen eines Geistes, kann je nach dem existierenden kulturellen System „phantastisch" oder eben „nicht-phantastisch" sein. Von daher erweist sich der jeweilige Wirklichkeitsbegriff als eine entscheidende „Historizitätsvariable" (GANSEL 1999; FREUND 1980).

Vorläufer der Phantastik

DIETER PENNING hat das Entstehen des Phantastischen im Zusammenhang mit Entwicklungen des Literatursystems im 18. Jh. und einem „neuen gebildeten Lesepublikums" gesehen, „das bereits ein Bewusstsein für Fiktionalität hat". Für ihn ist Phantastik darum auch ein „Spiel mit dem fiktionalen Bewusstsein des modernen Lesers" (PENNING 1980, 43). Hinzu kommt, dass das phantastische Geschehen mit den realen Lebensbedingungen, also der konkret-historischen Zeit durchaus in Zusammenhang steht.

Betrachtet man die Zeit- und Raummotive (s. S. 83–87), dann zeigt sich, in welchem Maße die verschwiegenen und verborgenen Gefährdungen des Menschen durch die von Menschen zu verantwortende Welt die phantastischen Konstellationen bedingen. Allein im Wandel des Gebrauchs des Vampir- oder Schlossmotivs spiegeln sich reale kulturelle Veränderungen wider. E.T.A. HOFFMANNS „Majorat" (1817) ist ein Beispiel für die Übergänge und schrittweisen Veränderungen in der Rolle des Phantastischen wie auch LUDWIG TIECKS „Der blonde Eckbert" (1797). Auf den ersten Blick überwiegt nämlich in „Majorat" die klassische Schauerexposition, und auch im Weiteren scheint die englische Tradition übermächtig. Und dennoch zeigen sich schon Modifizierungen.

E.T.A. HOFFMANN: „Nachtstücke"

Das Unheimlich-Phantastische wird in E.T.A. HOFFMANNS „Nachtstücken" mit neuen Gestaltungsmitteln erfasst. Sie beschreiben in Verbindung mit traditionellem phantastischem Inventar nicht mehr nur einen äußerlichen Spuk (äußerliche Spannung), sondern das nächtliche Geschehen spielt sich in den Figuren selbst ab (innere Spannung). Das ist der Grund, warum die Gespenster gewissen „Abnutzungserscheinungen" unterliegen. Sie sind auf Handlungen festgelegt, an die in aufgeklärten Zeiten keiner mehr glauben will. Damit ist auch die Basis für ihre Ironisierung gegeben.

Veränderte Raummotive

Die Verbindung zur jeweils historischen Wirklichkeit zeigt sich auch in der Veränderung der Raummotive. Es erfolgt zunehmend eine Einbettung des Phantastischen in großstädtische Lebensräume. Nicht mehr abgelegene Burgen, sondern die Straßen und Städte sind die Aktionsräume für phantastische Ereignisse. Mit der Hereinnahme der Großstädte bekommt der Schauer eine neue Dimension. Das Phantastische durchzieht eine alltägliche Welt und soll vom Leser aufstörend zur Kenntnis genommen werden.

Ein derartiger Umbau schlägt sich auch in den phantastischen Texten von E.T.A. HOFFMANN nieder, der damit die Wende zur modernen Phantastik bzw. zur modernen Literatur nimmt. Der durch das Phantastische erzeugte Schrecken kann nur dann eine den Leser erregende Dimension gewinnen, wenn er in seiner alltäglichen Welt auftaucht. Die Festlegung des Bösen in entlegene Enklaven ist zwar literarisch weiterhin möglich, aber sie gerät in den Geruch des Trivialen. Ein ehemals im Zentrum stehendes ursprünglich innovatives Motiv rückt an die Peripherie und wird frei für den allgemeinen literarischen Gebrauch, sei es in der Trivialliteratur oder der KJL. Ottfried Preußlers „Der kleine Wassermann" (1956) oder die vielfältigen Vampirgeschichten in der KJL sind Beispiele dafür.

Schon mit E.T.A. Hoffmann gerät das Phantastische ins Umfeld des seit dem Ende des 19. Jh.s existierenden Diskurses von zersplitterter Welterfahrung und fragmentarischer Weltabbildung. Während in der traditionellen Literatur die Wirklichkeit als durchschaubar und kausallogisch erfassbar dargestellt wird, kommt es in der Moderne zur Wirklichkeitsauflösung und damit zur Montage verschiedener Wirklichkeitsebenen. Der Einsatz des Phantastischen als künstlerischer Darstellungsweise wird damit geradezu herausgefordert.

Auch die Ich- bzw. Figurengestaltung signalisiert deutliche Unterschiede: *Figurengestaltung* In der traditionellen Literatur dominiert, bei allen Selbstzweifeln der Figuren, letztlich doch die Auffassung von einem festen Ich als Grundlage eines kausallogischen Denkens und einer ganzheitlichen Wirklichkeitsgestaltung. In der modernen Literatur kommt es nunmehr gerade zur Auflösung eines autonomen, festen Ichs. In vielen Fällen führt das zur Ich-Spaltung und Ich-Dissoziation. Verdopplung des Ichs und Ich-Montage sind also Reflex auf eine Wirklichkeit, die eben nicht mehr durchschaubar und kohärent ist. Zwangsläufig gehören phantastische Figurendopplungen wie auch die Dissoziation verschiedener Wirklichkeitsebenen zum Grundarsenal der modernen Literatur. Dies ist ein Grund, warum phantastische Darstellungen in besonderem Maße geeignet sind, die Tiefenschichten des Ichs auszuleuchten. Joachim Metzners Überlegung, wonach sich das Phantastische in der Literatur durch eine mitunter psychotische Prädominanz der Tiefenstruktur der menschlichen Persönlichkeit definiert, ist darum schlüssig (Metzner 1980, 79 ff.).

Aber können derartige Formen eine Rolle in phantastischen Texten spielen, die sich an Kinder wenden, und wann handelt es sich um moderne phantastische Literatur für Kinder und Jugendliche? E.T.A. Hoffmann und Ludwig Tieck haben hier maßstabsetzend gewirkt, und ausgehend von ihnen lassen sich zwei Erzählmodelle entwerfen, die allerdings zu ihrer Entstehungszeit noch nicht als genuin phantastisch bzw. als Kinderliteratur galten. Dabei handelt es sich um das zweidimensionale bzw. dualistische Kunstmärchen der Romantik und um das Wirklichkeitsmärchen (vgl. Wild 2008, 118 ff.).

Dualistisches Kunstmärchen

Das dualistische Kunstmärchen (Tieck „Die Elfen"; Hoffmann „Das fremde Kind") ist im Unterschied zum Märchen zweidimensional, zwei Welten stehen sich gegenüber, die nach unterschiedlichen Gesetzen funktionieren. Der Märchen-Text ist eindimensional, denn die gesamte Handlung bewegt sich in einem Reich des Wunderbaren. Im dualistischen Kunstmärchen agieren die beiden Figurentypen auf zwei Ebenen, verbunden durch sogenannte Schleusen. Die kindlichen Figuren funktionieren als Grenzgänger. Der Zusammenstoß der zwei Welten bzw. der Figuren findet „real" statt, sie agieren mit und gegeneinander. Die Begegnung löst bei den Figuren der Realwelt Erstaunen, Angst, Freude aus.

Wirklichkeitsmärchen

Anders beim Wirklichkeitsmärchen (z. B. „Nussknacker und Mausekönig"). Auch hier kommen beide Welten miteinander in Kontakt, aber dies bleibt eine Erfahrung einer einzelnen Figur, die von den übrigen Figuren der „Realwelt" (Erwachsene oder Kinder) nicht geteilt wird. Da der gültige Wirklichkeitsbegriff Wunder entschieden ausschließt, wird die mit dem Phantastischen konfrontierte (kindliche) Figur im Innersten irritiert, ja erschüttert. Es stehen sich zwei Wirklichkeitsauffassungen gegenüber, die ihr Bewusstsein zu spalten drohen (vgl. Wild 2008, 119).

Im Rahmen einer realistisch gezeichneten Welt liegt der Schluss nahe, dass die Konfrontation mit dem Wunderbaren im Bewusstsein, in der Psyche des Protagonisten stattfindet. Auf diese Weise entsteht ein psychischer Konflikt darüber, was „wirklich" und was „unwirklich", phantastisch, wunderbar ist. Damit ist ein Grund für das Entstehen eines „Psychodramas" gegeben.

E. T. A. Hoffmanns „Nussknacker und Mausekönig" kann daher als ein Wirklichkeitsmärchen gelten, denn Marie Stahlbaum, die kindliche Protagonistin, ist sich unschlüssig darüber, wie sie die ablaufenden Ereignisse werten soll. Ist die Schlacht zwischen den Spielzeugfiguren auf der einen und den Mäusen auf der anderen Seite „wirklich" oder nur geträumt? Die Antwort auf diese Frage wird in der Schwebe gehalten, weil der auktoriale Erzähler (heterodiegetische Erzähler) Maries Sichtweise als „wirklich" bestätigt, während die Eltern eine andere Interpretation geben: Sie sehen Maries Darstellung als Fiebertraum und Wahnvorstellung.

Damit bieten sich zwei Leseweisen an: eine eher kindliche, die die Ereignisse als lustiges Märchen einordnet oder aber eine erwachsene, wonach es sich im Kern um eine Art Fiebertraum, möglicherweise gar Bewusstseinsspaltung der Tochter handelt. Das „Wirklichkeitsmärchen" stellt daher eine erste Ausprägung von moderner Phantastik für Kinder dar.

Grundmodelle der Phantastik
Unter stofflich-inhaltlichen Gesichtspunkten lassen sich Varianten und Grundmodelle des Phantastischen unterscheiden. Dies betrifft insbesondere die Art und Weise, wie das phantastische Ereignis eintritt, aber auch die Figuren sowie Schauplätze des Geschehens.

Die musterbildenden und erfolgreichen phantastischen Texte der 50er- und 60er-Jahre in der KJL der Bundesrepublik werden in ihrem Kern repräsentiert durch Übersetzungen aus dem Englischen und Skandinavischen: Pamela L. Travers „Mary Poppins" (1934/dt. 1952), Astrid Lindgren „Pippi Langstrumpf" (1945/dt. 1949), Pauline Clarke „Die zwölf vom Dachboden" (1962/dt. 1967), Mary Norton „Die Borgenmännchen" (1952/dt. 1955), „Eine tolle Hexe" (1957), Alexander Key „Die Tür zu einer anderen Welt" (1965), C. S. Lewis' „Narnia"-Zyklus oder Edith Nesbits frühe Texte „Geheimnisvolle Reisen mit Psammy" (1906) oder „Die Kinder von Arden" (1908).

Versuche, die Entwicklung des Phantastischen in der Kinder- und Jugendliteratur nach 1945 zu periodisieren, finden sich bei Gansel (1998), Lehnert (1990, 55 ff.), Mattenklott (1989, 68 ff.) oder Tabbert (1992, 74 ff.). Will man darüber hinaus aktuellen Varianten des Phantastischen in der KJL auf die Spur kommen, so liegt es nahe, von den inzwischen existierenden Typologien auszugehen (Haas 1978; Haas u. a. 1984).

Eine solche Sichtung der Erscheinungsformen ermöglicht eine Beschreibung von Tendenzen und zeigt, wie in der KJL inzwischen feste „Darbietungsformen" des Phantastischen existieren. Vorausgesetzt man geht von diesen Grundtypen aus, dann lassen sich auch Texte der 80er- und 90er-Jahre drei Modellen zuordnen, die jeweils nach dem Verhältnis von real-fiktiver und phantastischer Handlungsebene fragen:

> **Wichtig**
> Mit der Zuordnung zu Grundmodellen ist grundsätzlich wenig über die Textspezifik, die Funktion des Phantastischen oder Märchenhaften wie die literarische Qualität gesagt.

Grundmodell A

Bekannteste Variante des Phantastischen

In die real-fiktive Welt treten plötzlich Figuren, Gegenstände, Erscheinungen, die aus einem phantastischen Handlungskreis kommen, oder innerhalb der real-fiktiven Welt laufen phantastische Veränderungen (Verwandlungen) ab.

Zu denken ist diesbezüglich an Klassiker wie Pamela Travers' „Mary Poppins", Christine Nöstlingers „Wir pfeifen auf den Gurkenkönig", Irina A. Korschunows „Wenn ein Unugunu kommt".

Der Grundtyp A stellt die wohl bekannteste Variante des Phantastischen dar und wird auch in den 80er-/90er-Jahren in modifizierter Form genutzt. Es lassen sich so unterschiedliche Texte wie Jo Pestums „Der Pirat auf dem Dach" (1986), Bea de Kosters „Verhext und zugenäht" (1996), Hans Magnus Enzensbergers „Der Zahlenteufel" (1997), Cornelia Funkes „Zottelkralle das Erdmonster" (1994), Jostein Gaarders „Durch einen Spiegel in einem dunklen Wort" (1996) typologisch diesem Modell zuordnen.

Neue Variante: Cyberspace-Novel

Vor dem Hintergrund der technologischen Modernisierungsschübe in den 90er-Jahren ist eine neue Variante hinzugekommen, die inzwischen ein eigenes Subgenre bildet, die „Discworld-Novel" oder besser: die Cyberspace-Novel. Bei den Cyberspace-Novels handelt es sich um Texte, die zwar traditionelle Motive des Phantastischen nutzen wie Verwandlung, Zeitreise, Sprung in andere Welten, Gedankenlesen, aber diese – rationale Gesetzmäßigkeiten überschreitenden Ereignisse – durch den Einsatz von audiovisuellen Medien bzw. Computern motivieren. Nicht geheime Mächte oder phantastische Fähigkeiten führen zur Wirklichkeitsdehnung, sondern die Computer- bzw. Mediensimulation. Die scheinbar gegen Gesetze der Kausalität verstoßenden Vorkommnisse erhalten auf diese Weise – wie schon in der Science-Fiction – eine rational-logische Erklärung.

Um Beispiele zu geben: In Chloë Raybans „Echt unecht" (1996) verlässt die Protagonistin nach einer „Virtual Reality-Ausstellung" das Medienstudio geschlechtsumgewandelt als junger Mann. Bei Andreas Schlüter findet der Computerfreak Ben in „Der Ring der Gedanken" (1995) in einem Elsternest einen Ring, der Gedanken lesen kann. Wie bei Rayban wird auch bei Schlüter das phantastisch anmutende Geheimnis letzten Endes rational aufgeklärt: Im „Ring der Gedanken" ist ein Computerchip eingebaut.

Klassische Variante

Grundmodell B

Durch bestimmte Schleusen gelangt man aus der real-fiktiven Welt in die phantastische und zurück. Diese klassische Variante ist besonders in Texten der Romantik ausgeprägt.

In Ludwig Tiecks „Die Elfen" oder E. T. A. Hoffmanns „Das fremde Kind" fungieren die kindlichen Protagonisten als Grenzgänger, die zwei Welten miteinander verbinden, die real-fiktive und die phantastische. Im Rahmen eines romantischen Selbstverständnisses wird einzig Kindern die Eigenschaft zugeschrieben, in beiden Welten heimisch zu sein; Kinder sind es, die noch nicht das Rationale favorisieren, sie nehmen das Wunderbare an, sind sensibel und offen gegenüber anders gearteten Wirklichkeitserfahrungen. Romantisch motiviert ist auch die Entgegensetzung von Kinder- und Erwachsenenwelt in OTTFRIED PREUßLERS Klassiker „Der kleine Wassermann", hier symbolisiert im Streit zwischen Menschen- und kleinem Wassermann. Dort, wo die kindlichen Figuren Grenzgänger zwischen real-fiktiver und phantastischer Welt sind, existieren Schleusen. In LEWIS CARROLLS „Alice im Wunderland" ist der Umsteigepunkt ein Mauseloch, bei ERICH KÄSTNERS „Der 35. Mai oder Konrad reitet in die Südsee" funktioniert die Tür eines Kleiderschrankes als Schleuse. Neuere Texte, die mit dem Motiv des Grenzgängertums arbeiten und eine Verbindung zwischen zwei Welten schaffen, sind TORMOD HAUGENS „Die Juwelen des Zaren" (1995) – hier wird wie in romantischen Texten ein Spiegel zum Tor zwischen den Welten – oder JOSTEIN GAARDERS „Das Kartengeheimnis" (1995), wo wie in MICHAEL ENDES „Unendlicher Geschichte" ein Junge über ein Buch in eine phantastische Welt gerät. Auch PEGGY CHRISTIANS „Die erlesenen Abenteuer der Maus Cervantes" (1997) funktioniert nach diesem Prinzip: Cervantes, die Buchladenmaus flüchtet ins Phantastik-Regal und fällt in einen mittelalterlichen Folianten. Auf rätselhafte Weise gerät sie selbst in die Geschichte, die darin erzählt wird.

Schleusen zwischen real-fiktiver und phantastischer Welt

Die veränderten technischen Möglichkeiten im Medienzeitalter haben auch hier zu einer Variante der Cyberspace-Novel motiviert: Über den Computer geraten die Protagonisten in eine andere, zumeist virtuelle Welt. Bei ANDREAS SCHLÜTERS „Level 4 – Die Stadt der Kinder" (1994) wird aus einem Computerspiel „Wirklichkeit". In SCHLÜTERS Text „Die Zeitfalle" (1996) ist es ein Cyberspace-Tunnel, der die Protagonisten in das Florenz des 16. Jh.s führt, eine aktuelle Variante des traditionellen Motivs der Zeitreise. Auch in GILLIAN CROSS' „Auf Wiedersehen im Cyberspace" ermöglicht der Computer das Umsteigen in eine virtuelle Welt, ebenso wie in EVA-MARIA LAMPRECHTS „Karo, die Computerhexe" (1997).

Grundmodell C
Die Konstruktion von eigenen phantastischen Welten, die in verfremdeter Form Spiegelbild der realen sein können.

Spiegelbild der realen Welt

J. R. R. TOLKIENS „Herr der Ringe" oder „Der kleine Hobbit" sind klassische Beispiele für eine Variante des Phantastischen, in der die Existenz von zwei Handlungskreisen (realfiktive Ebene vs. phantastisch-fiktive Ebene) aufgehoben wird zugunsten der Konstruktion einer phantastischen Eigenwelt. Eine nicht minder erfolgreiche moderne Variante hat TERRY PRATCHETT in seinen „Scheibenwelt-Romanen" entworfen. Der Umfang der Scheibenwelt beträgt „dreißigtausend Meilen, und umgeben ist sie vom Kranz des Randfalls: In einer gewaltigen Kaskade strömt das Wasser der Meere über die Kante ins All [...] Die Scheibenwelt dreht sich einmal in achthundert Tagen, ..." (PRATCHETT/BRIGGS 1996, 224).

Subgenre Fantasy   Texte dieser Art stehen dem Märchen insofern nahe, als der gesamte Text sich auf einer (wunderbar-phantastischen) Ebene bewegt, es existiert ein (phantastischer) Handlungskreis. Diese Texte sind abzugrenzen von einem Subgenre, der Fantasy, in der Magie, Zauber, Ritual und vorchristliche Welten eine entscheidende Rolle spielen. Der bekannteste deutsche Fantasy-Autor ist WOLFGANG HOHLBEIN. Beispiele für erfolgreiche Fantasy-Texte sind DEAN R. KOONTZ' „Die Nacht der Zaubertiere" (1988/dt. 1992), PATRICIA WRIGHTSONS „Wirrun-Trilogie" (1977/dt. 1985) oder CHRISTOPHER ZIMMERS „Die Steine der Wandlung" (1996).

CHRISTOPHER ZIMMER gehört neben RALF ISAU mit seiner „Neschan"-Trilogie („Die Träume des Jonathan Jabbok", „Das Geheimnis des siebten Richters", „Das Lied der Befreiung Neschans") und dem Roman „Das Museum der gestohlenen Erinnerungen" (1997) zu jenen wichtigen deutschsprachigen Autoren, deren phantastische Texte die nach wie vor existierende Grenze zwischen sogenannter populärer und Hochliteratur durchlässig machen. Den Texten ist mit herkömmlichen Typisierungsversuchen des Phantastischen nicht beizukommen, sie stellen vielmehr Gattungsmischungen dar und sind nicht einem der genannten phantastischen Muster zuzuordnen. Bei ISAU finden sich Anspielungen auf Mythen, Märchen, Philosophien und nicht zuletzt literarische Texte. Der gewichtigste deutschsprachige Fantasy-Autor ist WOLFGANG HOHLBEIN, der inzwischen weltweit eine Auflage von über 40 Millionen hat. Der Durchbruch gelang mit „Märchenmond" (1982). Ein weiterer wichtiger Fantasy-Autor ist KAI MEYER, der mit dem ersten Band von „Merle und die Fließende Königin" 2003 für den Deutschen Buchpreis nominiert wurde. Erfolgreich waren auch seine „Wellenläufer-"(2003/2004) und „Wolkenvolk"-Triologie (2006/2007).

Varianten beim intertextuellen Bezug auf Märchen   Ende der 90er-Jahre zeigen sich neue Varianten beim intertextuellen Bezug auf die Märchen (vgl. GANSEL 1998):
1. Märchen werden auf der Darstellungsebene direkt zum Gegenstand der Auseinandersetzung zwischen den Protagonisten (Beispiel: HENKY HENTSCHEL „Die Charlies haben die Märchen geklaut", 1997).
2. Das intertextuelle Spiel mit den Märchen durch a) direktes Zitieren der alten Märchentexte und b) die Übernahme einzelner Figuren (König, Prinz, Prinzessin, Zauberer, Hexe) oder c) die Nutzung ausgewählter Märchenmotive (Beispiel: YAK RIVAIS „Fiffi und die Hexe", 1996 als moderne Mächenadaption; DONNA JO NAPOLI „Im Zauberkreis", 1996 mit Bezug auf das Hänsel-und-Gretel-Motiv; BIANCA PITZORNO „Die unglaubliche Geschichte von Lavinia", 1997 mit Bezug auf ANDERSENS „Kleine

Streichholzverkäuferin"; DIETER KÜHN „Der fliegende König der Fische", 1996 mit Bezug auf das Hänsel-und-Gretel-Motiv).
3. Das Neu-Erzählen und Bearbeiten der alten Märchen, Sagen, Mythen (Beispiel: PETER HACKS „Prinz Telemach und sein Lehrer Mentor", 1997, mit Bezug auf HOMERS „Odyssee").
4. Postmoderne Märchen: Dafür steht ein Texttyp, den PHILIPP RIDLEY entwickelt hat und der eine Mischung darstellt aus Märchen, Science-Fiction, Gesellschaftssatire, Horrorroman, Comic und Video-Clip. Die Textwelten wirken surreal, indem sie die bekannte (post)moderne Wirklichkeit durch den Einsatz märchenhafter bzw. phantastischer Elemente verfremden (Beispiel: PHILIPP RIDLEY „Dakota Pink", 1995; „Der Meteoritenlöffel", 1996; „Kasper und der Glitzerkönig", 1997).

Gattungstypologisch gehören zum Grundmodell C auch die Anti-Utopien. Dazu zählen SAMJATINS „Wir" (1920), HUXLEYS „Schöne neue Welt" (1932), ORWELLS „1984" (1949), oder BRADBURYS „Fahrenheit 451" (1953). Die Anti-Utopie erlaubt das Durchspielen einer Situation, deren reales Eintreten nicht nur für den Einzelnen, sondern für die gesamte Menschheit tödlich wäre. Sie verdichten durch Verfremdung, verzichten zumeist auf phantastische Elemente und damit auf alles, was den Leser ablenken könnte. Zentrale Kommunikationsabsicht sind die Warnung und die Aktivierung des Lesers.

Wichtig
Anti- bzw. Warn-Utopie dienen der literarischen Antizipation von möglichem Zukünftigem, aber absolut zu Verhinderndem.

Zu den in den 80er- und 90er-Jahren entstandenen Anti-Utopien gehören BEN BOVAS „Gefangen in New York" (1981), CHARLOTTE KERNERS „Geboren 1999" (1990), THEA DUBELAARS „Das Experiment" (1995/dt. 1996), IVA PROCHÁZKOVÁS „Eulengesang" (1995), LEONARDO WILDS „Unemotion. Roman über die Zukunft der Gefühle" (1996), KAREN HESSES „Phoenix Rising" (1997), KURT WASSERFALLS „Digital Life oder Laras Lieblingsbuch" (1997); REINHOLD ZIEGLERS „Version 5 Punkt 12" (1997), ELEANOR NILSSONS „Planspiel" (1998).

Ab etwa 2005 zeichnen sich neue Entwicklungen innerhalb der Subgattung der Anti-Utopie bzw. Dystopie ab, die in ihren unterschiedlichen Ausprägungen zu Weltbestsellern wurden. Repräsentativ für diesen Trend, der seinen Ausgangspunkt in Nordamerika hat, ist der Welterfolg von SUZANNE COLLINS „Die Tribute von Panem" (2008–2010, der Originaltitel des ersten Bandes lautete „Hunger Games"). Es folgten Texte wie CORY DOCTOROWS „Little Brother" (2010), SUSAN BETH PFEFFER mit „Die Welt, wie wir sie kannten" (2010) und „Die Überlebenden von New York" (2011) oder JO TREGGIARIS

„Ashes, Ashes" (2011) (Vgl. Roeder 2012). Bestsellerstatus erreichen Texte dieser Machart, weil sie an ein breites Publikum gerichtet sind (All-Age-Orientierung), an klassische Dystopien (u. a. Huxley, Orwell) anknüpfen, auf neueste Entwicklungen Bezug nehmen (u. a. Terror, Überwachung) und dabei erfolgreiche unterhaltungsliterarische Muster nutzen.

Aktuelle Requisiten und Medienkritik
Bei der Beschreibung von Entwicklungen im Bereich des Phantastischen lassen sich Zusammenhänge herstellen zu dem konkreten historisch-kulturellen Umfeld, also den Entstehungsbedingungen eines Textes, dem jeweiligen Kulturcode, der Zeitströmung, dem Zustand des gesellschaftlichen Bewusstseins. Für die Gegenwart stellt sich darüber hinaus die Frage, ob Modernisierungsphänomene wie die Pluralisierung von Lebenswelt-Erfahrungen zu Veränderungen im Gebrauch des Phantastischen in stofflicher, thematischer und struktureller Hinsicht geführt haben.

CHLOË RAYBAN:
„Echt unecht"

Bei den Cyberspace-Novels ist zunächst eine stoffliche Anpassung des Phantastischen an die realen technischen Möglichkeiten zu vermerken. Ihr Entstehen kann allerdings nicht als Indiz von literarischer Modernität gewertet werden. So war CHLOË RAYBANS Geschlechtertausch-Geschichte „Echt unecht" dem Grundmodell A zugeordnet worden: Innerhalb der real-fiktiven Welt kommt es zu einer „phantastischen" Veränderung, denn die Protagonistin Justine verlässt nach einem misslungenen „Virtual-Reality"-Experiment geschlechtsumgewandelt als ihre männliche Version die Vorführkabine. Der Text benötigt keinen zweiten phantastischen Handlungskreis, sämtliche Ereignisse laufen auf der real-fiktiven Ebene ab.

Das phantastische Ereignis produziert weder einen Schock, noch wird Unschlüssigkeit bei der Protagonistin oder beim Leser erzeugt. Beide wissen von Beginn an um die Ursache für die eingetretenen Veränderungen. Die Protagonistin formuliert: „Es galt, die Gelegenheit beim Schopf zu ergreifen und voll auszunutzen. Ich wollte alles über das andere Geschlecht herausfinden, was ich nur irgendwie rauskriegen konnte." (RAYBAN 1996, 31)

Durch den Computerfehler entstehen vielfältige Verwicklungen, die den Blick auf männliche und weibliche Klischees eröffnen, aktuelle Lebenseinstellungen, Bewusstseinslagen und Zeitströmungen werden karikiert. Schließlich stellt sich heraus, dass auch noch die computergesteuerte Geschlechtsumwandlung nur eine Simulation war.

Das phantastische Requisit erfüllt damit die „äußere Funktion", eine traditionelle Geschlechtertausch-Geschichte zu motivieren und das seit der Antike bekannte Muster den aktuellen technischen Entwicklungen anzupassen. Dies gilt vergleichbar für jene Texte, in denen der PC bzw. Computerspiele als Umsteigepunkt in fremde Welten funktionieren. Anders als bei Grundmodell A werden hier zwei Welten miteinander in Beziehung gesetzt.

In GILLIAN CROSS' „Auf Wiedersehen im Cyberspace" ermöglichen Gürtel, Handschuh und Spielhelm den Einstieg in den Cyberspace. Die Protagonistin des Textes versinkt als Testspielerin in computersimulierten Welten und ist fasziniert von der Möglichkeit, mit einem unbekannten Gegenüber in einen Wettkampf zu treten. Schließlich wird sie mit ihren eigenen Ängsten konfrontiert und findet – misstrauisch gemacht – heraus, dass die Spieler durch die ausgehenden Reize abhängig gemacht werden sollen. Der aufklärerische Impetus ist unübersehbar, denn die jugendlichen Protagonisten (und mit ihnen die Leser) erkennen die Gefahr, die im vermeintlichen Verwischen der Grenzen von Fiktion und Wirklichkeit ausgehen.

„Modern" sind Texte dieser Art vor allem im Hinblick auf die „stoffliche" Weitung und die modische Aktualisierung der Darstellungsebene, was auch für SCHLÜTERS „Level 4 – Die Stadt der Kinder" gilt. Das „Wie" der literarischen Darstellung bleibt traditionell, die schnelle Schnittfolge, das Auflösen narrativer Strukturen, Multiperspektivik – alles Kennzeichen einer Medienästhetik – spielen keine Rolle.

Anders verhält es sich bei TERRY PRATCHETT („Nur Du kannst die Menschheit retten", 1992/dt. 1994) oder MONIKA PELZ („True Stories", 1988), die in ihren Cyberspace-Novels Verfahren einer Medienästhetik zu nutzen suchen. Gleichwohl bleibt dies die Ausnahme, wiederholt dienen die phantastischen Elemente gerade der literarischen Einkleidung von Medienkritik. Vor dem Verwischen der Grenzen von Fiktion und Wirklichkeit wird gewarnt und auf negative Folgen für die Entwicklung der kindlichen bzw. jugendlichen Protagonisten verwiesen.

Solche Tendenzen zeigen sich bevorzugt in jener Textgruppe, die gattungstypologisch dem Subgenre der Anti-Utopie folgt. Neben den bereits genannten Romanen gehören dazu etwa THEA DUBELAARS „Das Experiment" (1995/dt. 1996), LEONARDO WILDS „Unemotion" (1996) oder KURT WASSERFALLS „Digital Life oder Laras Lieblingsbuch" (1997). Bei KURT WASSERFALL kommt es zu einer direkten Entgegensetzung von „Buch" und „Medien", von alter und neuer Welt, von Vormoderne und (Post)Moderne. Eine besondere Rolle im Bereich der Phantastik sowie der Subgattung der Anti-Utopie spielt Ursula Poznanski, die mit "Erebos" (2010) einen herausragenden Jugendroman vorgelegt hat. 2019 folgte die Fortsetzung „Erebos 2" und 2020 mit „Cryptos" ein All-Age-Text, der eine Welt entwirft, in der die Macht sich in den Händen von Konzernen befindet.

Subgenre Anti-Utopie

Phantastische Zeitreisen

In besonderer Weise ist in den letzten Jahren mit einer Variante von Grundmodell B gearbeitet worden: Die Protagonisten gelangen durch einen Zeitschlauch oder andere phantastische Ereignisse bzw. Requisiten von der real-fiktiven Gegenwartsebene in eine andere Zeit. Durch die Zeitreise und den Abstand von der ihnen vertrauten Welt gewinnen die Protagonisten neue Erfahrungen. Sie müssen sich, wie schon MICHAEL ENDES Bastian, in einer ihnen unbekannten Welt in einer Reihe von Abenteuern und bei der Auseinandersetzung mit fremden Mächten bewähren. Dies wiederum führt dazu, dass sie ihre Gegenwart mit anderen Augen sehen und letztlich durch die Erfahrungen gestärkt in sie zurückkehren.

HANS MAGNUS ENZENSBERGER: „Wo warst Du, Robert?"

HANS MAGNUS ENZENSBERGER, der zu den bekanntesten deutschsprachigen Autoren gehört, hat in seinem Kinderroman „Wo warst Du, Robert?" (1998) sieben Mal einen Raum- und damit Zeitwechsel in Szene gesetzt, um den Protagonisten aus seiner Gegenwart am Ende des 20. Jh.s bis in Zeiten des Dreißigjährigen Krieges zu führen. Der Text beginnt *in medias res* so: „Es war ein ganz gewöhnlicher Tag, als Robert verschwand. Und das Sonderbarste an seinem Verschwinden war, daß niemand es bemerkt hat, nicht einmal seine Mutter." (7) Robert wird im Weiteren als ein modernes mediensozialisiertes Kind eingeführt, das nicht stillsitzen kann und über eine Besonderheit verfügt: „Aber seine Augen sind so sonderbar, sehr hell und ziemlich grün. Woher er das nur hat, diesen starren Blick, den niemand einfangen kann? Er blickt an seiner Mutter vorbei, er schaut durch sie hindurch ..." (ebd.). ENZENSBERGER nimmt ernst, womit Kinder heute konfrontiert sind, mit dem Fernsehen, dem Film, dem Computer, und er zeigt, in welchem Maße die Medien Roberts Wirklichkeitswahrnehmung bestimmen. Robert flimmert es nämlich vor den Augen, er tagträumt, er wechselt die Zeit- und „Wirklichkeitsebenen" und baut sie neu zusammen. Kurz, er sampelt und switcht zwischen den „Wirklichkeiten". Was Robert sieht – eine Mischung aus Medien- und Leseerlebnissen –, das hält er vor seiner Umgebung geheim, auch vor den Eltern, denn er schätzt ihre Reaktionen ab. Der personale Erzähler notiert:

> *Natürlich weiß niemand, was Robert da alles vor dem Einschlafen sieht. Er ist ja nicht blöd. Er wird sich hüten, zu verraten, was in seinem Augenkino läuft. Seinem Vater fiele doch immer nur ein und derselbe Satz ein, wenn er so was zu hören bekäme: Du bist verrückt. Nein, Robert hat gelernt, sich nichts anmerken zu lassen.*
>
> (H. M. Enzensberger 1998, 9)

Das Besondere an dem Wechsel der Zeiten und Räume ist, dass Robert über das Medium Fernsehen sieben Mal in einen Zeittunnel gelangt, der ihn bis ins 17. Jh. führt. Letztlich gelingt dem Protagonisten nur deshalb die Rückkehr, weil er über ausgeprägte kommunikative Kompetenzen verfügt, die es ihm ermöglichen, sich in den aussichtslos erscheinenden Situationen zu verständigen.

Weitere Texte, in denen die handelnden Personen ebenfalls auf eine phantastische Zeitreise geschickt werden sind beispielsweise GABRIELE BEYERLEINS „Der schwarze Mond" (2001), in dem der jugendliche Protagonist aus der Gegenwart auf eine Burg ins Mittelalter gerät. Hier herrscht ein grausamer Herzog. In GABRIELE ALIOTHS „Das magische Licht" (2001) findet sich die Hauptfigur Georgina nach einem Zeitsprung auf einer einsamen Insel neben einem Jungen wieder, der aus der irischen Sagenwelt zu kommen scheint, und beide müssen zusammen verschiedene Aufgaben lösen (R. BUDEUS-BUDDE Süddeutsche Zeitung, 16.09.2009). Der Held namens Boston in KIRSTEN BOIES „Alhambra" (2007) schließlich gerät auf einem Touristenmarkt in Granada über eine magische Fliese in das Jahr 1492, eine Zeit, in der die spanischen Könige Andersdenkende verfolgen und zum Christentum zwingen wollen.

Das Phänomen „Harry Potter"

Als die lang erwartete deutsche Ausgabe des fünften Bandes von „Harry Potter und der Orden des Phönix" in den Buchhandel kam, machte die Deutsche Post für einen Aufpreis das Angebot, zwischen null und zwei Uhr nachts die Bücher zu liefern. Zugleich gab es an vielen Orten in Deutschland nächtliche Lesungen. Dabei hatte eine nicht geringe Zahl bereits das englische Original gelesen, das sich – bislang wohl einmalig – seit Beginn der Auslieferung auf den Bestsellerlisten in Deutschland befand.

Der fünfte Band zeigt einmal mehr, warum die Reihe weltweit so erfolgreich ist. Die Handlung setzt erneut mit dem Haupthelden Harry ein, der einige Wochen der Ferien im Privat Drive zugebracht hat, ohne etwas von seinen Freunden und darüber zu hören, was nach den schrecklichen Ereignissen am Ende des letzten Schuljahres passiert ist. Stattdessen wird Harry in der Muggelwelt vor eine neue Probe gestellt: Auf dem Nachhauseweg werden er und sein Cousin Dudley – der ist inzwischen Chef einer Jugendgang – lebensgefährlich von zwei Dementoren angegriffen. Harry nutzt seinen Zauberstab und kann die phantastischen Wesen durch einen besonderen Spruch vertreiben. Eine Nachbarin, eigentlich eine Hexe, ist zum Glück Zeugin des unerhörten Ereignisses. Sie wird sich später für Harry einsetzen, der wegen des Vorfalls vom Schulinternat Hogwarts ausgeschlossen werden soll. Er hat gegen ein strenges Gesetz verstoßen: Im Land der Muggles darf nicht gezaubert werden. Entsprechend wird Harry von einer Garde erfahrener Zauberer abgeholt und in das Elternhaus von Sirius Black gebracht, wo Voldemort-Gegner den „Orden des Phönix" gegründet haben. Harry ist wieder einmal in Gefahr, zudem glaubt ihm keiner, dass Lord Voldemort zurück ist, schlimmer noch, er wird als Lügner und Aufschneider abgestempelt. Medien wie der „Daily Prophet" setzen ihn in ein falsches Licht, und das Ministerium für Magie will die Rückkehr Voldemorts vertuschen. Die Anhörung im Ministerium aber geht schließlich gut für Harry aus. Was offenbleibt? Keiner weiß, wie die Dementoren in die Muggel-Stadt gekommen sind. Dazu wäre nämlich ein Befehl aus dem Ministerium notwendig gewesen. Das lässt vermuten: Das Ministerium ist von Voldemort-Anhängern unterwandert!

Menschliche Züge   Geschickt werden von JOANNE K. ROWLING erneut „Leerstellen" gesetzt und einmal mehr Spannung erzeugt. Parallelen zur „wirklichen Wirklichkeit" der (jungen) Leser sind beständig möglich, und mit Sicherheit funktioniert die „Perspektivenübernahme". Angespielt wird beispielsweise auf die Macht der Medien ebenso wie auf die jungen Leuten durchaus vertraute Situation, dass ihnen keiner der Erwachsenen glauben will. Dass „mächtige Instanzen" – in diesem Fall das Zauberministerium – Methoden nutzen, um ihr Bild von Wirklichkeit zu propagieren, ist tagtäglich erlebbar. Und wie leicht man vom Helden zum Außenseiter werden kann, diese Erfahrung haben viele der Leser bereits selbst gemacht. Die Leser können also mit Harry mitleiden, der nach der Rückkehr ins Internat von den anderen als vermeintlicher Lügner geschnitten wird. Zudem muss er mit der Enttäuschung fertig werden, dass nicht er, sondern Hermine und Ron die Berufung zu Präfekten erhalten, einer Art Vertrauensschüler. Ein gewisser Neid auf die „Erfolge" anderer ist auch Harry keineswegs fremd, was ihn umso „menschlicher" macht.

Wie schon in den früheren Bänden bekommen es Harry und seine Freunde erneut mit einer zwielichtigen Lehrerperson zu tun, diesmal mit Dolores Umbridge. Sie hat sich schon in der Kommission gegen Harry ausgesprochen und unterrichtet nun – was für eine Ironie des Schicksals – das Fach „Verteidigung gegen die dunklen Künste". Freilich bleiben ihre Lektionen blanke Theorie, praktische Übungen gibt es nicht, was wiederum dem Leser „verdächtig" erscheinen muss. Darüber hinaus schikaniert sie Harry, verbietet das Fliegen sowie das Quidditch-Spielen, die Besen werden kurzerhand weggeschlossen. Die Weasley-Zwillinge lassen sich das natürlich nicht gefallen, zaubern sich ihre Besen zurück und verlassen mitten in ihrem letzten Jahr und ohne Abschluss die Schule. Sie wollen „Jungunternehmer" werden und einen Zauber-Scherzartikel-Laden eröffnen. „Einen Weasley machen" wird in Hogwarts entsprechend zum geflügelten Wort, wenn von „Verschwinden" und „Abhauen" die Rede ist.

Nach wie vor stellt sich die Frage danach, was den „Harry-Potter-Boom" erklärt. Ist es die erzählerische Qualität, die Phantasie der Autorin, die gigantische Vermarktung? Eine Antwort könnte lauten: Es ist – wie schon bei anderen Kult-Texten – die Mischung, die den Erfolg ausmacht. Also simpel gesprochen das „Was" und „Wie" des Textes, die derzeitige Zeitströmung, die Person der Autorin, natürlich die inzwischen eingetretene Vermarktung und die Möglichkeiten einer Mediengesellschaft. Nimmt man nur einmal die „Harry Potter"-Bände selbst, dann enthalten diese genau jene Momente, die für Klassiker der Kinderliteratur wie für Erfolgstexte auch der Allgemeinliteratur gelten: Da ist zunächst das Erzählen von Geschichten, und J. K. ROWLING ist eine Erzählerin von Format. Hinzu kommen die Räume bzw. Schauplätze. In diesem Fall hat die Autorin den klassischen Schauplatz des Internats durch die phantastische Dimension „modernisiert". Durch kunstvoll gebaute Handlungsbögen wird Spannung erzeugt, wozu auch der Wechsel zwischen real-fiktiver Muggelwelt und phantastischer Hogwartswelt beiträgt. Wie in den romantischen Kunstmärchen von TIECK oder E. T. A. HOFFMANN, in LEWIS CARROLLS „Alice im Wunderland" oder in ERICH KÄSTNERS „Der 35. Mai oder Konrad reitet in die Südsee" gibt es eine Art Schleuse, durch die man von der einen in der die andere Welt gelangt. Bei „Harry Potter" ist es ein bestimmter Bahnsteig.

„Harry Potter" – ein neuer Klassiker

Doch konsequenter und geschickter als ihre Vorgänger verbindet J. K. ROWLING die Handlung in den zwei Welten miteinander. Es gelingt ihr, ein vielschichtiges Netzwerk zwischen den Ebenen zu knüpfen. Eine einmal gelegte Fährte wird an anderer Stelle und zumeist mit einer überraschenden Wendung wieder aufgegriffen. Eine zunächst nur schemenhaft angerissene Figur erhält in einem veränderten Handlungskontext eine ganz neue Funktion und Gestalt. Man denke etwa an Harrys Paten, Sirius Black oder die graue Ratte Krätze. Dabei ist es nicht von Belang, ob die Autorin jeweils von Beginn an die möglichen Wandlungen einer Figur vorgeplant hat. Die Geschichte entwickelt schlichtweg eine Eigendynamik, und anders als in einem sogenannten realistischen Roman kann J. K. ROWLING mit dem von ihr verfolgten „Prinzip der Verrätselung" und vor dem Hintergrund einer phantastischen Welt rasante Wendungen von Figuren einleiten.

„Prinzip der Verrätselung"

„Defizitheld"

Insgesamt bleibt Harry eine Art „Defizitheld", er ist trotz seiner besonderen Fähigkeiten wie viele Leser selbst das Gegenteil eines Erfolgstypen. Wie im Märchen muss er immer neue Proben bestehen, gerät in Gefahr und muss sich die Achtung der anderen erkämpfen. Der Aspekt des Geheimnisvollen der Figur des Harry Potter erfährt etwa im fünften Band eine Steigerung, denn es gibt Signale, die eine bislang so nicht vermutete Verbindung zwischen Harry und dem Inbegriff des Bösen, Voldemort, andeuten.

Es gehört zu den Essenzen von erfolgreicher Literatur, Figuren und Konflikte zu entwerfen, die archetypisch sind. Dazu gehört der uralte Kampf zwischen „Gut" und „Böse". Doch anders als in der uns vertrauten Erlebnisgesellschaft und einem Teil ihrer Medienprodukte reicht nicht der Einsatz von körperlicher Kraft, bei „Harry Potter" müssen die Figuren sich etwas einfallen lassen, man muss seinen Zauberstab und seinen Besen schon gut bedienen, um siegreich zu sein.

Auch J. K. ROWLING nutzt also mit Souveränität literarische Traditionen, aber sie imitiert sie nicht nur, sondern mischt sie locker und mit einem Schuss Humor, Komik, ja Ironie. Der englische Humor in all seinen Spielarten ist in den Übersetzungen durchaus erhalten geblieben. Dazu gehört neben der Situationskomik natürlich vor allem das hintergründige Spiel mit der Sprache.

Doch womit erklärt sich die einzigartige Euphorie, die die Neuerscheinungen der Bände jeweils auslösen? Dafür gibt es viele Erklärungen. Man kann die euphorische Aufnahme als eine nachholende Reaktion in einer Mediengesellschaft sehen. Da Medienerfolg bzw. Bekanntheit in der heutigen Zeit für viele der größte Traum ist, er letztlich aber nur für wenige wirklich in Erfüllung geht, werden die Wunschphantasien auf andere „Objekte" abgelenkt, und das können diverse „Superstars" sein und natürlich auch eine Heldin wie J. K. ROWLING mit ihrem „Harry Potter".

jkrowling.com

Das Bild von einer Autorin, die alleinerziehend und arbeitslos auf Papierservietten im Restaurant diesen Welterfolg produziert, entspricht dem märchenhaften Bild vom Aschenputtel. Und natürlich stellt es für viele, die nie erfolgreich und berühmt sein werden, eine Art Wunschprojektion dar, nämlich die Hoffnung, dass es auch für sie zu schaffen ist.

Vermutlich wäre der Erfolg des „Harry Potter" vor 1989 allerdings so nicht denkbar gewesen. Und dies hat nicht nur mit den politischen Veränderungen zu tun oder dem sogenannten Wertewandel. Ohne das Internet, das *World Wide Web*, gäbe es nicht diese weltweit agierende Kommunikationsgemeinschaft – in diesem Fall von Potter-Fans. Das WWW hat also in kürzester Zeit einen Austausch über Leseerfahrungen ermöglicht genauso wie eine neue Art von Gemeindebildung.

Ohne das Internet wäre auch nicht die Popularisierung von „Harry Potter" als Merchandising-Produkt denkbar, von der Brille, über den Zauberhut bis zum Hörbuch und Film. Harry ist letztlich zu einer Marke (gemacht) geworden, wie Adidas oder Nike. Die Vermutung allerdings, „Harry Potter" sei ein Medienprodukt, kann nicht überzeugen: Die Medien können nämlich nur das erfolgreich aufgreifen und verstärken, was ohnehin im gesellschaftlichen Bewusstsein Akzeptanz und Interesse findet.

Ein Welterfolg provoziert natürlich Kritiker. Nicht überall werden die Potter-Bände als Literatur akzeptiert. Amerikanische Verleger forderten, sie von der Bestseller-Liste der „New York Times" zu verbannen, wieder andere haben Schwierigkeiten mit der Rolle, die Magie und Zauber spielen. Es besteht zudem die Tendenz, Literatur für Kinder und Jugendliche auf „Harry Potter" zu reduzieren und dabei zu verkennen, in welchem Maße in den letzten Jahrzehnten gerade im Bereich der Literatur für junge Leser eine Vielzahl von Texten entstanden ist, die sich durch größere literarische Innovationen auszeichnet als „Harry Potter". Doch das sind akademische Debatten, die die Leser nicht interessieren (brauchen).

Zwischen Euphorie und Abwehr

In Zeiten einer Spät- oder Postmoderne sind die Grenzen zwischen E- und U-Literatur ohnehin fließender als je zuvor, auch die zwischen Allgemein- und Jugendliteratur. Darum greifen längst auch Erwachsene zu „Harry Potter". Freilich gibt es *die* Erwachsenen als Leser nicht, man hat es auch hier mit sehr verschiedenen Lesergruppen zu tun. Der Normalleser ist zuallererst an spannenden Geschichten interessiert, das können PATRICK SÜSSKINDS „Das Parfum" (1985), MARCEL REICH-RANICKIS Autobiographie „Mein Leben" (1999), HENNING MANKELLS Kriminalromane oder DAN BROWNS Thriller „Illuminati" (2003), „Sakrileg" (2004) und „Das verlorene Symbol" (2009) sein. Und natürlich „Harry Potter". Wer „Harry Potter" mit Spaß liest, zeigt zudem, dass er sich der eigenen Kindheit zu erinnern vermag und auf Labyrinthe der Phantasie einlässt. Er ist eben gerade kein „Muggel".

Ein weiterer Aspekt: Die Vorstellung, Kinder würden einfach gebaute und Erwachsene komplizierte Texte lesen und lieben, erscheint fraglich. HÖLDERLIN oder FRANZ KAFKA sind faszinierende Autoren, doch nicht für ein Massenpublikum. Zudem sind viele Leser in der Lage, zwischen den Literaturen hin und her zu springen. Auf der einen Seite also liest man einen hochkomplexen, philosophisch anspruchsvollen Roman, auf der anderen Seite lässt man sich von einer eher einfach strukturierten Geschichte in Bann ziehen.

Neue Gattung: Der Adoleszenzroman

4.1 Vom Jugendbuch zum Adoleszenzroman

Wie in der Literatur, die sich an kindliche Adressaten wendet, wurde auch die Literatur für junge Leute noch bis in die 80er-Jahre hinein unter dem Oberbegriff „Jugendbuch" zusammengefasst. Es existierten weiterhin Bezeichnungen wie Abenteuerbuch, Detektiv- und Kriminalgeschichten für junge Leser, zeitgeschichtliche und politische Jugendliteratur, Science-Fiction, das religiöse Jugendbuch. Die Gruppennamen waren an bibliothekarischen Schwerpunktbildungen orientiert, die Definition der Unterbereiche erfolgte anhand der jeweiligen „Stoffe", vermuteter Leseinteressen oder auf der Grundlage wirkungsbezogener Faktoren.

Wandel der Lebenswelten bedingt neue Kindheits- und Jugendbilder

Doch das Textkorpus mit seinen veränderten Themen, den Figuren und den anders gearteten Erzählern machte seit den 80er-Jahren eine solche Einteilung zum Problem. Auch in der Literatur für junge Leser kam es zur Ausbildung vergleichbarer Gattungen wie in der Allgemeinliteratur. Grundlage waren die veränderten kulturellen Bedingungen, die neuen Kindheits- und Jugendbilder. Mit dem Wandel der Lebenswelten haben sich auch die Erfahrungen wie Sichtweisen von Kindern und Jugendlichen weiter ausdifferenziert. So ist es ein Unterschied, ob es um Lebenswelten von Kleinkindern, Vorschulkindern, Grundschulkindern oder von jungen Leuten ab vierzehn Jahren, von jungen Erwachsenen oder den sogenannten Post- bzw. Spätadoleszenten geht und über sie erzählt wird. Knapp zusammengefasst, lassen sich folgende äußere Merkmale ausmachen:

- Für heutige Jugend, ja bereits Kindheit ist eine Art „Früherwachsenheit" kennzeichnend. Zwar ist der Zugang zur Erfahrungswelt der Erwachsenen auch noch gegenwärtig bis zu einem bestimmten Alter aus kognitiven Gründen eingeschränkt. Gleichwohl sind die „symbolisch-kulturellen Grenzlinien" aufgeweicht, sie sind nur noch eingeschränkt wirksam, der Erfahrungsvorsprung der Erwachsenen hat abgenommen, in manchen Bereichen sich sogar verkehrt. Die Generationsräume von Erwachsenen und Jugendlichen sind nicht mehr penibel getrennt, sondern miteinander verwoben, die Grenzen sind fließend.
- Wo der Zugang zu den Erwachsenenerfahrungen immer breiter wird, verwischen sich die Kategorien „Erwachsener" und „Jugendlicher", es kommt für Jugendliche zu einer „Entschränkung", die immer weniger eindeutige altersmäßige Abgrenzungen erlaubt (ZIEHE 1991, 63).

- Der Begriff „Jugend" ist zu einer Art Leitbild für alle Generationen geworden. Jung-Sein gilt in einer (post)modernen Erlebnisgesellschaft als Sinnbild, ja als Wert schlechthin. Die Folge ist, dass die älteren Generationen bemüht sind, möglichst rasch Zeichen von Jung-Sein zu übernehmen. Die Kehrseite liegt auf der Hand: Es wird immer schwerer, Stile zu kreieren, die eben nicht sogleich kopiert werden können. Das ist ein Grund, warum junge Leute sich in der Gegenwart gezwungen sehen, als Mittel der Abgrenzung zu extremen Mitteln zu greifen. Die provokanten Gesten stellen Versuche dar, in einer Zeit des „*anything goes*" überhaupt wahrgenommen zu werden.
- Unter den aktuellen gesellschaftlichen Bedingungen kommt es nicht nur zur Hochbewertung von Jung-Sein, sondern auch dazu, dass die diesen Lebensabschnitt bezeichnende Phase sich zeitlich ausdehnt. Jugend beginnt einerseits früher und anderseits wird der Übergang zum Erwachsenenstatus hinausgezögert: Heirat, Familiengründung, Berufstätigkeit, Erwerb der sozialen Selbstständigkeit verschieben sich mitunter bis in das dritte Lebensjahrzehnt. Gleichzeitig können in einer Risikogesellschaft selbst Erwachsene im höheren Lebensalter vor der Notwendigkeit einer Neudefinition ihrer Rolle in Familie, Beruf oder sozialem Umfeld stehen.

  An die Stelle der traditionellen „Normalbiographie" tritt die „Bastelbiographie", die „Risikobiographie", die „Drahtseilbiographie"; dies ist ein „Zustand der (teils offenen, teils verdeckten) Dauergefährdung" (BECK/BECK-GERNSHEIM 1994, 13). Anders als noch in früheren Jahrzehnten, in denen eine klare Abgrenzung zwischen Kindheit, Jugend, Erwachsensein möglich war, verwischen sich die Grenzen.
- Unter den geschilderten Verhältnissen ist es nur natürlich, wenn die Individualisierung und Pluralisierung der Lebensstile zunimmt, die Lebensentwürfe, die Weltbilder vielfältiger werden, immer neue Gruppen, Szenen, Stile entstehen (BAACKE 1987; ZINNECKER 1985, 1991; FERCHHOFF 1993).

Die geschilderten Veränderungen der Lebenswelt haben Auswirkungen auf die traditionellen Wesensbeschreibungen und Begriffsbestimmungen im Bereich KJL, sie führen zu Veränderungen im „Handlungs- und Symbolsystem" (s. S. 14 ff.). Wenn nämlich heutige Jugendliche nicht mehr vor der Notwendigkeit einer fundamentalen Abgrenzung von den Eltern stehen oder die Landkarte früherer Abenteuer- und Geheimniszonen schon von Jugendlichen vermessen wird (Sexualität, Kommunikationsformen, Reisen nach innen und außen), wirkt sich das auf den Status der jugendlichen Leser aus. Es geht nicht zuletzt darum, das Lebensgefühl, die Lebenslage, die Lebenssicht, die Lebensprobleme heutiger Jugendlicher literarisch zu erfassen. Das wird – vergleichbar der Erwachsenenliteratur – Geschichten entstehen lassen, die sich die „Form auf den Leib gezogen haben" und die der Form „lediglich die Aufgabe" zumessen, „die Geschichte unbeschädigt zur Welt zu bringen" (UWE JOHNSON).

> **Wichtig**
> Was für Autoren wie junge Leser mehr und mehr zählt, sind Wirklichkeitserkundung, Zeitdiagnostik, Wahrheitssuche.
> Diese Intentionen und die gesellschaftlichen Verhältnisse bestimmen die Art und Weise der Darstellung, also das „Was" und „Wie".

Eine in dieser Art denkbare Veränderung im Selbstverständnis der Autoren wie der Rezipienten hat auch auf den bisherigen Begriff von „Kinder- und Jugendliteratur" Auswirkungen. Sie wird offener und die Übergänge zur Erwachsenenliteratur fließender. Es ist keineswegs nur ein kokettierender Gestus oder das Bemühen, sich von der doch eher niedrig bewerteten KJL abzusetzen, wenn JOSTEIN GAARDER seinen Erfolgsroman „Sofies Welt" als Buch für „Erwachsene ab vierzehn Jahren" bezeichnet.

Im Handlungs- und Symbolsystem Kinder- und Jugendliteratur ist es also zum Entstehen von Gattungen gekommen, die mit denen der Erwachsenenliteratur vergleichbar sind. Es reicht daher nicht mehr aus, einfach nur von „Jugendliteratur" zu sprechen. So meint der Begriff Jugendroman – wie in der Erwachsenenliteratur – alle romanhaften Darstellungen für Jugendliche.

Um Anhaltspunkte für eine weitergehende Gattungsklassifikation epischer Texte in der Jugendliteratur zu gewinnen und ihre neue Vielfalt zu beschreiben, erscheint es geboten, knapp auf Romanformen in der Erwachsenenliteratur zu verweisen.

In der Romanforschung wird zumeist nach zwei Kriterien differenziert. Das sind vor allem a) formale oder b) inhalts- bzw. stoffbezogene Kriterien. Hinzu kommen c) stilistische und d) wertende Einteilungen. So unterscheidet WOLFGANG KAYSER formal nach der Dominanz von Handlung, Figur und Raum in „Geschehnisroman", „Figurenroman", „Raumroman".

Geschehnis-, Figuren-, Raumroman

Der Geschehnisroman ist die älteste Form romanhaften Erzählens, in deren Zentrum eine Folge von Handlungen steht (Begegnung, Trennung, Vereinigung). Im Figurenroman konzentriert sich die Darstellung auf einen zentralen Helden (CERVANTES: Don Quichote; GOETHE: Werther). Der Raumroman stellt einen Helden dar, der durch die Welt geführt wird (GRIMMELSHAUSEN: Simplizissimus). Dieser Held verfügt im Gegensatz zum Figurenroman nur eingeschränkt über eine Individualität, die episodische

Struktur der Handlung unterscheidet sich von jener Geschlossenheit des Geschehnisromans.

Diese Bestimmungen sind idealtypisch gedacht und kommen nur selten in Reinform vor. Als inhaltsbezogene Begriffsbildungen lassen sich die Termini Bildungsroman, Entwicklungsroman, Erziehungsroman ansehen, wobei die Grenzen fließend sind. Es geht grundsätzlich um den psychologischen und intellektuellen Werdegang eines Protagonisten.

Unter Bildungsroman werden zumeist jene Texte verstanden, in denen „Bildung als zentraler Diskurs thematisiert wird" (SELBMANN 1994). Dazu gehört als bekannteste Ausprägung GOETHES „Wilhelm Meister" (1795/96). Beim Entwicklungsroman handelt es sich anders als beim Bildungsroman nicht um ein historisches Epochenphänomen, sondern um einen überzeitlichen Romantypus. Ziel und Weg des Protagonisten sind daher auch an keine spezifische Epoche und Kultur gebunden. Anders als beim Bildungsroman, der sich auf einen bestimmten Zeitabschnitt, zumeist die Jugendphase konzentriert bzw. mit der Etablierung im Berufsleben endet, kann hier der gesamte Lebensweg des Helden Gegenstand der Darstellung sein. Die didaktische Intention ist im Entwicklungsroman zurückhaltender ausgeprägt als in den beiden anderen Typen. Der Erziehungsroman – das sagt bereits der Name – stellt den Erziehungsprozess in das Zentrum der Darstellung und führt diesen exemplarisch vor. Dazu benötigt er ein Objekt der Erziehung, den Zögling, wie auch einen Erzieher, der als Mentorfigur fungiert. In der Folge verlagert sich der Schwerpunkt von einem Haupthelden auf eine Art Figurenpaar.

Bildungs-, Entwicklungs-, Erziehungsroman

Weitere inhaltlich geprägte Romantypisierungen sind die Utopie, als idealtypische Darstellung einer besseren Welt- und Gesellschaftsordnung (THOMAS MORUS' „Utopia", 1516), die Anti-Utopie als Antizipation einer Welt- und Gesellschaftssituation, die in der Gegenwart angelegte negative Tendenzen bis ins Extrem gesteigert zu Ende spielt: SAMJATINS „Wir" (1920); HUXLEYS „Schöne neue Welt" (1932), natürlich ORWELLS „1984" (1949) oder BRADBURYS „Fahrenheit 451" (1953). Die Übergänge zum Science-Fiction-roman oder zum Horrorroman sind erneut fließend. Der historische Roman meint die fiktionale Darstellung eines historischen Ereignisses in lockerer oder strenger Anlehnung an die Geschichte (W. SCOTT, V. HUGO, L. FEUCHTWANGER). Im Gesellschaftsroman geht es um die Schilderung insbesondere einer Gesellschaftsschicht am Beispiel eines signifikanten Einzelschicksals (T. FONTANE).

Utopie, Anti-Utopie, historischer Roman, Gesellschaftsroman

Schließlich gibt es auch die Möglichkeit, von stilistischen Kriterien bzw. der dominanten Darstellungsweise ausgehend, eine Typologie zu entwerfen. In diesem Falle kann man vom satirischen Roman sprechen, vom allegorischen Roman, vom Dokumentarroman, vom Briefroman. Es existieren auch Begriffsbildungen, die die wertende Komponente zum Maßstab machen wie Trivialroman, Unterhaltungsroman, Populärroman (vgl. dazu auch Ludwig 1995).

Betrachtet man vor diesem Hintergrund die im KJL-System bis in die 70er-Jahre hinein üblichen Begriffsbildungen für Jugendliteratur, dann dominieren wie in der Kinderliteratur buchgeschichtliche Kategorien wie „Abenteuererzählung" (anstelle von „Abenteuerroman") oder das „geschichtliche Jugendbuch" (anstelle von „historischer bzw. zeitgeschichtlicher Roman"). Da eine der Allgemeinliteratur vergleichbare Ausdifferenzierung in der Jugendliteratur bis in die 50er-/60er-Jahre hinein nicht existiert, fehlen entsprechende romantypologische Unterscheidungen. Doch bereits Hilfsbegriffe wie Jeansliteratur, problemorientierte Jugendliteratur oder Mädchenliteratur bzw. dann emanzipatorische Mädchenliteratur signalisieren, dass seit Ende der 60er-Jahre die Quantität der entstehenden Texte es ermöglicht, sie jeweils zu Gruppen mit bestimmten Merkmalen zusammenzufassen.

Schließlich kommt es in den 70er-Jahren zur „Eingemeindung" eines aus der Erwachsenenliteratur stammenden Erzählmusters bzw. dem Entstehen eines für die Jugendliteratur neuen Romantyps, des Adoleszenzromans, eine Typenbildung auf Grundlage von inhalts- bzw. stoffbezogenen Merkmalen.

Dass in Texten für junge Leser zumeist „Adoleszenz" ein Thema ist, darf nicht dazu (ver)führen, alle Texte, in denen Jugendliche im Zentrum stehen, unter diesem gattungstypologischen Muster zu subsumieren. Damit würden die Begriffe Jugendroman und Adoleszenzroman so nahe aneinandergerückt, dass sie ineinander aufzugehen drohen. Dies ist mitnichten der Fall:

> Der Terminus Jugendroman bezeichnet lediglich einen Oberbegriff, der die Adressatenspezifik wie Inhalt und Struktur eines Textes berücksichtigt. Das Textkorpus zeigt auch hier eine gattungstypologische Ausdifferenzierung. Der Begriff Jugendroman umfasst demzufolge alle möglichen Romanformen für Jugendliche wie z. B. den Familienroman, den historischen Roman, den Science-Fictionroman, den Kriminalroman und schließlich den Adoleszenzroman.

Nicht jeder Jugend ins Zentrum stellende Roman für junge Leser kann also als Adoleszenzroman gelten (vgl. Kaulen 1999). Auch frühere Kategorisierungen nach Stoffen bzw. Themen wie „Dritte Welt", „Nationalsozialismus", „Drogen", „Rechtsradikalismus und Gewalt", „Familienbeziehungen", „Kindheit" greifen nur bedingt, weil neben den auf Problemdarstellung orientierten Texten zunehmend auch solche entstanden sind, die nicht in der Behandlung eines Themas bzw. Problems aufgehen und es zudem immer häufiger zu Gattungsmischungen kommt. Gleichwohl wird nach wie vor der Begriff „Problemorientierte Jugendliteratur bzw. Jugendroman" gebraucht.

4.2 Problemorientierte Jugendliteratur

Seit den 70er-Jahren zeichnet sich die aktuelle Kinder- und Jugendliteratur durch „Problemnähe" wie „Zeitbezogenheit" aus und wird in starkem Maße als ein zeitdiagnostisches Medium angesehen. Diese – an sich ganz und gar positiv zu wertende – Tendenz, einen direkten Bezug zu den aktuellen Wirklichkeitserfahrungen, den Problemlagen und Konflikten der jugendlichen Leser herzustellen, hat zur Ausbildung einer neuen Textgattung geführt: der problemorientierten Jugendliteratur.

Das Erzählgeschehen dieser Texte ist als „realistisch" in dem Sinne zu bezeichnen, als es in einem vom Leser „lokalisierbaren räumlichen und zeitlichen Koordinatensystem" angesiedelt ist und mit wirklichkeitsmodellierenden Verfahren arbeitet. Problemorientierte Texte stellen Teile von Wirklichkeit ins Zentrum der Darstellung, sie folgen dem „Trend zur Segmentierung der Realität in einzelne Problemfelder" (HAAS 1984, 38). Vergleichbar mit dem Raumroman steht ein Held im Zentrum der Handlung, der in einem spezifischen Segment der Wirklichkeit agiert und zumeist mit einem besonderen sozialen Problem konfrontiert ist. Dabei verfügt der Protagonist nur begrenzt über eine Individualität, abgehoben wird vielmehr auf Exemplarisches und Typik (s. S. 79).

Exemplarisches und Typik stehen im Vordergrund

> Problemorientierte Texte wollen, nahe an der Wirklichkeit bleibend, aktuell aufklären, Einstellungen ändern, für politische und soziale Forderungen sensibilisieren. Das ist neben dem unterhaltenden, lesefördernden Anspruch eine ihrer Aufgaben, der exemplarische Fall steht im Vordergrund. Um die Erfassung von epischer Totalität mit existenziellen Sinnangeboten geht es ebenso wenig wie um die Darstellung des Einmaligen einer Figur oder die psychologische Analyse. Die Wirksamkeit gewinnen problemorientierte Texte aus der Authentizität des Dargestellten, dem Bezogensein auf jeweils aktuelle Wirklichkeitsfelder und vor allem aus dem Wiedererkennungseffekt.

Während zu Beginn der 70er-Jahre allein schon die Behandlung eines bestimmten Themas ein Grund für eine positive Wertschätzung sein konnte, weil damit existierende Tabus durchbrochen wurden (Arbeitslosigkeit, Dritte Welt, Tod, Alkoholismus, Gewalt), reicht in der Gegenwart das Merkmal der stofflich-thematischen Aktualität für sich genommen nicht mehr aus, um einem Text Bedeutsamkeit zu attestieren. Infolge der gesellschaftlichen Modernisierungsprozesse, besonders aber seit der Etablierung der Mediengesellschaft sind bereits im Alltagswissen von Jugendlichen sämtliche brisanten Themen von Umweltzerstörung bis hin zu Aids mindestens hintergründig präsent. Es bedarf also nicht mehr der literarischen Aufklärungsarbeit, um sie öffentlich zu machen oder zu aktualisieren (vgl. GANSEL 1999). Dies muss zwangsläufig zu einer Veränderung auch in der Bewertung der Texte führen.

Präsentation soziologischer Befunde

Da es zu einer „Vergesellschaftung von Alltagswissen" (ZIEHE 1991, 62) gekommen ist, wird die Öffentlichkeit gewissermaßen beständig mit Thematisierungswellen konfrontiert, die dann jeweils auch ihre aktuelle kinder- bzw. jugendliterarische Entsprechung finden. Die hier immer wieder aufs Neue vorgenommene Präsentation soziologischer Befunde im Gewand zumeist einer Erzählung, seltener eines Romans, ist ein auch jenseits der Grenzen der KJL anzutreffendes Phänomen, gegen das als solches nichts einzuwenden ist.

Das Angebot an problemorientierten Texten ist nach wie vor groß, sie haben nicht an Bedeutung verloren. Vielmehr hat seit Ende der 80er-Jahre eine Interessenverlagerung stattgefunden. Frühere Themen wie „Arbeitslosigkeit", „Umwelt", „Berufsausbildung" und „Aussteiger" sind zeitweise aus der Mode gekommen. Das ist neben dem Verschleißeffekt ein völlig natürlicher Vorgang: Diese Wirklichkeitsausschnitte waren in Zeiten steigenden Wohlstands und geringer Arbeitslosigkeit zum Teil weniger brennend. Inzwischen ist abzusehen, dass mit den verschlechterten wirtschaftlichen Bedingungen eine Renaissance gerade dieser Themen einsetzen wird.

Themen der 90er-Jahre waren: Rechtsradikalismus und Gewalt, Kindesmisshandlung und sexueller Missbrauch, Jugendkulturen, Sexualität, Aids, Modedrogen (Ecstasy). Ab 2000 lässt sich allerdings deutlich feststellen, dass der sozialkritische Moment in den Texten vor allem für Jugendliche zugenommen hat. Dabei geht es nach wie vor um Themen wie Drogen und Alkoholismus unter Jugendlichen, Mobbing in der Schule, Migrations- und Integrationsprobleme, Straßenkindheiten, Sekten, Fragen des sozialen Abstiegs.

Als repräsentativ für die skizzierte Form des problemorientierten Jugendbuchs können Texte von Jana Frey gelten, wie z. B. „Sackgasse Freiheit. Sofias Geschichte. Aus dem Leben eines Straßenkindes" (2000), „Verrückt vor Angst. Ein Mädchen in der Jugendpsychiatrie" (2001), „Höhenflug abwärts" (2003), „Der verlorene Blick. Ein Mädchen erblindet" (2005), „Rückwärts ist kein Weg. Schwanger mit 14" (2005), „Das eiskalte Paradies. Ein Mädchen bei den Zeugen Jehovas" (2008). Auch Kristina Dunkers Jugendromane wie „Vogelfänger" (2009), „Anna Eisblume" (2008), „Schmerzverliebt" (2008), „Helden der City" (2002) gehören dazu, ebenso wie Christian Linkers „Blitzlichtgewitter" (2008) oder Daniel Hörers „Gedisst" (2008).

4.3 Der Adoleszenzroman

Natürlich Jeans! Oder kann sich einer ein Leben ohne Jeans vorstellen? Jeans sind die edelsten Hosen der Welt. Dafür verzichte ich doch auf die ganzen synthetischen Lappen aus der Jumo, die ewig so tiffig aussehen. Für Jeans könnte ich überhaupt auf alles verzichten, außer auf die schönste Sache vielleicht. Und außer Musik. Ich meine jetzt nicht irgendeinen Händelsohn Bacholdy, sondern echte Musik, Leute. Ich hatte nichts gegen Bacholdy oder einen, aber sie rissen mich nicht gerade vom Hocker. Ich meine natürlich echte Jeans. Es gibt ja auch einen Haufen Plunder, der bloß so tut wie echte Jeans. Dafür lieber gar keine Hosen. Echte Jeans dürfen zum Beispiel keinen Reißverschluß haben vorn. Wer echter Jeansträger ist, weiß, welche ich meine.

(U. Plenzdorf 1973, 20)

Ulrich Plenzdorfs bereits 1967/68 entstandener, aber erst 1973 publizierter Text „Die neuen Leiden des jungen W." wurde in Ost und West zu einem Kultbuch. Die Erzählung funktionierte in der Folgezeit wie eine Art „Verstärker", denn inzwischen gab es eine Reihe von Romanen, in denen mit jugendlichem Elan gegen etablierte Autoritäten angegangen wurde und die Phase der Adoleszenz im Mittelpunkt stand. Mit dem „jungen W." rebellierte ein Junger gegen das „Establishment", was wohl ebenfalls als Grund dafür gelten kann, warum der DDR-Text auch in westeuropäischen Ländern identifikatorisch gelesen werden konnte. Denn: Letztlich war das „westliche 1968" eine Rebellion der jungen Generation, eine Revolte der Adoleszenten und Postadoleszenten. Die Jugend erschien als Avantgarde einer sozialen, politischen und kulturellen Evolution. Die jugendlichen Sub- und Gegenkulturen waren es schließlich, die zu einer Herausforderung für die etablier-

Ulrich Plenzdorf: *„Die neuen Leiden des jungen W."*

ten politischen Instanzen wurden und in der Folgezeit einschneidende Veränderungen bewirkten, weniger hinsichtlich der politischen und sozialen Verhältnisse als vielmehr mit Blick auf das, was man „Lifestyle" nennen kann. Es ging um Musik, um lange Haare, Kleidung – zunächst also um das antiautoritäre Ausleben von Lust. Daher kommt in allen Texten, die über Adoleszenz erzählen, den „Äußerlichkeiten" die Funktion zu, den Protest gegen etablierte und herrschende Hierarchien gewissermaßen symbolisch auszutragen. Ein Grund dafür ist darin zu sehen, dass jugendliche Bewegungen – wie PIERRE BOURDIEU zeigt – über keine Legitimationsinstanzen verfügen und darum etablierte Systeme verletzen müssen.

Zum Begriff Adoleszenz

Weil das bis in die 70er-Jahre existierende Textkorpus keine Klassifikation ermöglichte, kam es zur Prägung des Begriffs Adoleszenzroman erst in den 80er-Jahren. Gleichwohl signalisierte bereits der „Gebrauch" von Hilfsbegriffen wie „Jeansliteratur" oder „emanzipatorische Mädchenliteratur" die Existenz einer Gruppe von Texten, die sich in besonderer Weise der Jugendphase annahmen. Schließlich setzte sich in Anlehnung an das Muster der angloamerikanischen *adolescent novel* die Bezeichnung Adoleszenzroman durch.

Da es sich beim Begriff Adoleszenzroman um eine Typenbildung auf Grundlage von inhalts- bzw. stoffbezogenen Merkmalen handelt, ist zunächst zu klären, was man überhaupt unter „Adoleszenz" versteht und worin die Kennzeichen gesehen werden.

Mit der Frage nach dem Adoleszenz-Begriff ist ein Bezug zu Disziplinen hergestellt, die sich mit jenen Phasen beschäftigen, die das Ende der Kindheit und den Übergang zum Erwachsenenalter anzeigen, wie z. B. Medizin, Anthropologie, Jugendforschung, Soziologie, Psychologie, Erziehungswissenschaft, Pädagogik, Psychoanalytische Entwicklungstheorie, Empirische Sozialforschung, Gender- und Generationenforschung.

Adoleszenz: ein „Werk des Menschen"

Einfluss auf die Diskussion um Adoleszenz hatte CHARLOTTE BÜHLERS Arbeit „Das Seelenleben des Jugendlichen" (1921). Ab den 70er-Jahren regten dann Untersuchungen insbesondere zur angloamerikanischen Literatur u. a. von PETER FREESE („Die Initiationsreise", 1971) und ARNO HELLER („Odyssee zum Selbst", 1973) die Diskussion neu an. Besondere Bedeutung erlangte auch PETER BLOS' bereits 1962 erschienene psychoanalytisch orientierte Studie „Adoleszenz" (1962/2001). Für BLOS bezeichnet Pubertät die „körperlichen Manifestationen der sexuellen Reifung", während Adoleszenz „für die psychologische Anpassung an die Verhältnisse der Pubeszenz gebraucht" wird. Die Geschlechtsreifung wird daher als biologisches Ereignis, als ein „Werk der Natur" gesehen, die Adoleszenz mit ihrem psychischen wie sozialen Hintergrund als ein „Werk des Menschen".

Hervorzuheben ist, dass der Adoleszenzbegriff zumeist dort genutzt wird, wo es um „moderne" Jugend geht, es sich also um eine Art „psychosoziales Moratorium" handelt, einen Aufschub vor dem Schritt ins Erwachsenendasein. Und in der Tat liegt die Spezifik von Adoleszenz in modernen Gesellschaften in ihrer „relativen Unbestimmtheit", und dies schließt „die zugehörigen Altersgruppen, Kontexte, Rahmenbedingungen und Verlaufsformen" (KING 2002) ein.

Im Unterschied zu traditionalen und frühmodernen Gesellschaften, in denen Jugend klar abgesteckt ist, verliert diese im Prozess von gesellschaftlicher Modernisierung ihre eindeutigen Konturen. Bereits beim Übergang von der Vormoderne zur Moderne erhält die Jugendphase einen neuen Status, sie wird zu einem Zeitraum der Erprobung und bietet die Chance, individuelle Bildungsprozesse zu durchlaufen. Immer mehr Jugendliche erhalten die Möglichkeit, gesellschaftliche Spielräume zu erproben, und innerhalb eines Bildungsmoratoriums eröffnen sich ihnen vielfältige Optionen für die eigene Lebensplanung.

> Als Adoleszenz gilt allgemein jene Phase, die den „Abschied von der Kindheit" (L. KAPLAN) und den Eintritt in das Erwachsenenalter bezeichnet. Die Besonderheit dieser lebensgeschichtlichen Phase besteht im Mit- und Gegeneinander von körperlichen, psychischen und sozialen Prozessen (vgl. FLAAKE/KING 1995, 13). Es geht sozusagen um die „Neuprogrammierung" der physiologischen, psychologischen und psychosozialen Systeme.

Grundsätzlich wird man davon ausgehen können, dass Adoleszenz sich auf folgende Ebenen bezieht:
- Physiologisch umfasst Adoleszenz die Gesamtheit der körperlichen Entwicklung, wobei die sexuelle Reifung von besonderer Bedeutung ist.
- Psychologisch meint Adoleszenz den Komplex individueller Vorgänge. Dies betrifft die Auseinandersetzung junger Leute mit ihrem „Ich", ihrer Sexualität, den sozialen Beziehungen, den Hoffnungen und Zielen sowie dem Hineinwachsen in die Welt der Erwachsenen.
- Soziologisch betrachtet, handelt es sich bei der Adoleszenz um eine Art Zwischenstadium, in dem Jugendliche zu einer verantwortungsvollen, aktiven Teilnahme an gesellschaftlichen Prozessen motiviert werden, eine institutionelle Absicherung aber noch nicht besteht (vgl. REMSCHMIDT 1992).

Worauf bezieht sich Adoleszenz?

Eine altersmäßige Festlegung der Adoleszenz ist nur annähernd möglich, grundsätzlich wird von einer Zeitspanne zwischen dem 11./12. bis zum 25. Lebensjahr ausgegangen. Unter den veränderten kulturellen Bedingungen (post)moderner Gesellschaften gewinnt die sogenannte Postadoleszenz an Bedeutung, die im 20./21. Jh. mitunter bis in das dritte, ja sogar vierte Lebensjahrzehnt hineinreicht. Dies hängt mit der Tatsache zusammen, dass junge Menschen zwischen 20 und 35 Jahren zwar eine politische, kulturelle, partiell soziale Selbstständigkeit erlangen, ohne allerdings über gesicherte Ressourcen zur Lebenssicherung zu verfügen.

Kulturgeschichtliche Determinierung

Zu beachten ist, dass die Phase der Adoleszenz kulturgeschichtlich determiniert ist. Es ist also ein Unterschied, ob von Adoleszenz im 18. Jh., um die Jahrhundertwende, in den 50er-Jahren oder nach 2000 die Rede ist. Ebenso sind für die Bestimmung von Adoleszenz die jeweiligen gesellschaftlichen Rahmenbedingungen von Bedeutung, also die Frage danach, ob die Adoleszenz sich in einer „offenen" bzw. demokratischen Gesellschaft vollzieht oder in einer „geschlossenen" Gesellschaft bzw. einer Diktatur. Insofern muss man zwischen Adoleszenz in der Bundesrepublik und der DDR differenzieren.

Von entscheidender Bedeutung für die Verlaufsformen von Adoleszenz und ihre spezifischen Ausprägungen ist der Stand von gesellschaftlicher Modernisierung, die Frage also, ob sich Adoleszenz unter vormodernen, modernen oder postmodernen Verhältnissen vollzieht. Moderne Jugend bedarf – darüber existiert ein Konsens – eines offenen Problemraumes mit vielfältigen Entscheidungs- und Individualisierungsmöglichkeiten.

> **Wichtig**
> Adoleszenz im modernen Sinne ist das Produkt eines gesellschaftlichen Modernisierungsprozesses.

Merkmale und Geschichte

Unabhängig von den inzwischen existierenden literarischen Ausprägungen lassen sich folgende Merkmale für den Adoleszenzroman ausmachen:

- Im Zentrum der Darstellung stehen ein oder mehrere jugendliche Helden, wobei sich die Darstellung anders als im Entwicklungsroman auf die Jugendphase konzentriert.
- Während im klassischen Adoleszenzroman der jugendliche Held meist männlichen Geschlechts ist, finden sich im modernen und postmodernen Adoleszenzroman auch Protagonist*innen* als zentrale Figuren. Die Übergänge zur emanzipatorischen Mädchenliteratur sind fließend.
- Die Zeitspanne ist nicht auf die Pubertät beschränkt, sondern umfasst den gesamten Prozess der Identitätssuche junger Leute, kann also von der Vorpubertät bis in die Postadoleszenz reichen.

- Die jugendlichen Hauptfiguren können in einer „existentiellen Erschütterung" oder einer „tiefgreifenden Identitätskrise" angetroffen werden, aber es ist unter (post)modernen Bedingungen ebenso möglich, dass die Adoleszenz als lebensgeschichtliche Phase lustvoll und offen erlebt wird, eben als Chance, sich zu erproben, und als Gewinn bei der Sinn- und Identitätssuche.
- Als Adoleszenztexte kennzeichnende Problembereiche gelten a) die Ablösung von den Eltern; b) die Ausbildung eigener Wertvorstellungen (Ethik, Politik, Kultur usw.); c) das Erleben erster sexueller Kontakte; d) das Entwickeln eigener Sozialbeziehungen; e) das Hineinwachsen oder das Ablehnen einer vorgegebenen sozialen Rolle. Dabei sind die Romane und Erzählungen zumeist durch ein „offenes Ende" gekennzeichnet, die Protagonisten bleiben auf der Suche, eine Identitätsfindung im Sinne eines festen Wesenskerns muss in neueren Texten nicht erfolgen und auch nicht angestrebt sein.

> **Wichtig**
> Im Adoleszenzroman geht es neben einer möglichen Identitätskrise grundsätzlich um das Spannungsverhältnis zwischen Individuation und sozialer Integration in einer eigenständigen Lebensphase mit selbsterlebbarer Qualität..

Ein literaturhistorischer Blick auf die Entwicklung des Adoleszenzromans zeigt, dass markante Ausprägungen bereits mit JOHANN WOLFGANG VON GOETHES „Die Leiden des jungen Werther" (1774) und KARL PHILIPP MORITZ' „Anton Reiser" (1785–1790) vorlagen. HARTMUT BÖHME hat mit Recht darauf verwiesen, dass Kindheit und Adoleszenz über einen längeren historischen Zeitraum „nicht in den ihnen eigenen Dynamiken und Entwicklungsabläufen" bekannt gewesen seien. Von Ausnahmen wie GOETHES „Werther" und MORITZ' „Anton Reiser" abgesehen, habe „keine Sprache emphatischer Rekonstruktion, sondern nur der pädagogischen Durchdringung von Kindheit und Jugend" existiert. Erst ab 1800 entstanden zunehmend Texte, die sich durch eine „Sprache emphatischer Rekonstruktion" auszeichneten. Insbesondere die Romantiker hätten zur Darstellung von Adoleszenz „komplexe symbolische Topographien, räumlicher Grenzziehungen, Raumbewegungen, Zeitordnungen sowie Mittlerfiguren" entwickelt (BÖHME 1981, 136).

Literaturhistorische Perspektive

In der Tat ist offensichtlich, wie sich seit dem ausgehenden 18. Jh. die Gestaltung und Thematisierung von adoleszenten Entwicklungsprozessen zunächst im Kunstmärchen vollzieht. Es verwundert daher nicht, wenn bei WIELAND, NOVALIS, E. T. A. HOFFMANN oder später bei WILHELM HAUFF die Darstellung von adoleszenten Übergangsphasen eine gewichtige Rolle spielt. Nimmt man E. T. A. HOFFMANNS Kunstmärchen, so lassen sie sich wie Adoleszenzerzählungen lesen, wobei neben der „ironisierend-komisierenden Brechung" der Typus von adoleszenten jungen Männern entworfen wird, die zwar auf ihre Weise vielversprechend, aber mental und psychisch gefährdet sind. Im Sinne des (Bildungs)Moratoriums handelt es sich zumeist um poesieverfallene Studenten, die durch die in den Texten realisierte Struktur von der Hauptlinie zeitgenössischer Männlichkeitskonstrukte insofern abweichen, als der Konflikt zwischen dem Entwurf Bürger/Beamter vs. Künstler/Poet in phantastisch-märchenhafter Form zugunsten der dichterischen Existenz entschieden wird (vgl. STEINLEIN 2001). Auch bei den HAUFFSCHEN Märchen handelt es sich um „Pubertätsgeschichten". Im Märchen von „Zwerg Nase" etwa wird streng genommen über eine Zeit erzählt, die „wesentlich die der Pubertät und frühen Adoleszenz" ist. Die vielfältigen Verwandlungen, Verwechslungen, Verkleidungen können – wie REINER WILD gezeigt hat – als „‚Abbildungen' der für Pubertät und frühe Adoleszenz typischen Identitätsproblematik" interpretiert werden (WILD 1994, 352).

Eine historische Umakzentuierung erfährt die Gattung des Adoleszenzromans mit den Schulromanen bzw. -erzählungen der Jahrhundertwende, wie z. B. ARNO HOLZ' „Der erste Schultag" (1889), EMIL STRAUSS' „Freund Hein" (1902), RAINER MARIA RILKES „Turnstunde" (1904), HERMANN HESSES „Unterm Rad" (1906), ROBERT MUSILS „Die Verwirrungen des Zöglings Törleß" (1906), FRIEDRICH HUCHS „Mao" (1907), ROBERT WALSERS „Jakob von Gunten" (1909). Zu denken ist auch an das „Hanno"-Kapitel in THOMAS MANNS „Buddenbrooks" (1901).

J. D. SALINGER:
„Der Fänger im Roggen"

Ein neuer Abschnitt der Entwicklung hin zum Adoleszenzroman in der deutschen Literatur setzte in den 50er-Jahren mit der Rezeption von JEROME D. SALINGERS „Der Fänger im Roggen" (1951/dt. 1956) ein, der 1956 in einer abgeschwächten Übersetzung von HEINRICH BÖLL auf den deutschen Buchmarkt kam. Der Titel wurde in der Bundesrepublik wie in der DDR vor allem in den 60er-Jahren mit Begeisterung rezipiert, weil er dem Lebensgefühl einer jungen Generation Ausdruck verlieh, einer Generation, die zunehmend gegen die etablierten gesellschaftlichen Instanzen revoltierte, überkommene Rollenbilder angriff und auf der Suche nach sich selbst war. Insofern ist das Entstehen des modernen Adoleszenzromans Reflex auf den Prozess von gesellschaftlicher Modernisierung, dessen Folgen sich in den USA wesentlich früher abzeichneten als in westeuropäischen Ländern. Die Wiederentdeckung der Schul- bzw. Adoleszenzromane um 1900, die auch Eingang in den Literaturkanon der gymnasialen Oberstufe fanden, hing also zusammen mit dem durchschlagenden Effekt, den die Modernisierung auf die wohlfahrtsstaatlichen westlichen Gesellschaften hatte.

Frühe Beispiele für die Gestaltung von Adoleszenz in der neueren deutschen Literatur nach 1945 waren Günter Grass' Novelle „Katz und Maus" (1961), Peter Weiss' „Abschied von den Eltern" (1961) wie auch Uwe Johnsons noch in der DDR geschriebener, aber erst postum erschienener Roman „Ingrid Babendererde" (1956/1985). Zu einem Kultbuch in Ost und West wurde schließlich Ulrich Plenzdorfs „Die neuen Leiden des jungen W." (1973). Gleichwohl handelte es sich hier – wie bei allen anderen Texten – nicht um spezifische Jugendliteratur, die Adressaten waren nicht vordergründig Jugendliche. Dies traf auch für Peter Schneiders „Lenz" (1973), Volker Brauns „Die unvollendete Geschichte" (1975) sowie Hans-Josef Ortheils „Fermer" (1978) zu. Neben den Romanen von Rolf Dieter Brinkmann und Jörg Fauser gehören auch Texte von Peter Handke, Peter O. Chotjewitz, Elfriede Jelinek oder Hubert Fichte zum Adoleszenzdiskurs.

Der Adoleszenzroman als neue Gattung

Infolge der weiteren Ausdifferenzierung des Handlungs- und Symbolsystems Literatur sind seit den 70er-Jahren im Subsystem KJL vergleichbare Gattungen entstanden, wie sie sich in der Allgemeinliteratur mit dem ausgehenden 18. Jh. herausgebildet haben. Dazu gehört als neue Subgattung der Adoleszenzroman (vgl. Gansel 1999, 2008).

Dem sich abzeichnenden kulturellen Umbruch und der starken Nachfrage unter Jugendlichen nach Texten, die ihre Selbstfindung in den Mittelpunkt stellten, trugen Jugendverlage zunehmend Rechnung, indem sie – verstärkt in den 70er-Jahren – zunächst Adoleszenzromane aus den USA publizierten (Warren Millers „Kalte Welt. Ein Bandenchef berichtet", 1959/ dt. 1979; Barbara Wersba „Ein nützliches Mitglied der Gesellschaft 1970/ dt. 1972; Susan E. Hintons „Kampffische", 1975/dt. 1975).

Während also zunächst noch amerikanische Übersetzungen eine besondere Rolle spielten, verschafft der Erfolg von Ulrich Plenzdorfs „Die neuen Leiden des jungen W." (1973) dem Adoleszenzroman im deutschen Sprachraum einen Durchbruch und führt in der Folge zu seiner „jugendliterarischen Eingemeindung" (H.-H. Ewers). Dafür stehen Texte wie Leonie Ossowskis „Die große Flatter (1977), Otto F. Walters „Wie wird Beton zu Gras" (1979), Irina Korschunows „Die Sache mit Christoph" (1978), Rudolf Herfurtners „Rita, Rita" (1984), Dagmar Chidolues „Lady Punk" (1985), Reinhard Kochs „Elvis Germany" (1989). Von besonderer Bedeutung sind auch die aus dem Schwedischen übersetzten Titel von Inger Edelfeldt „Briefe an die Königin der Nacht" (1985/dt. 1986), „Jim im Spiegel" (1985) oder „Kamalahs Buch" (1986/dt. 1988). Außerdem zählen dazu die auf dem deut-

Durchbruch des Adoleszenzromans in Deutschland

schen KJL-Markt erfolgreichen Adoleszenzromane des Schweden Mats Wahl: „Der lange Lauf auf ebener Erde (1993), „Winterbucht (1995), „Die Lüge" (1996).

Mit diesen Texten wird ein zunächst für die Erwachsenen- bzw. Allgemeinliteratur kennzeichnendes Erzählmuster für die spezifische Jugendliteratur gattungsprägend. Es kommt zur Ausbildung des modernen (jugendliterarischen) Adoleszenzromans. Die Übernahme der für den modernen Roman charakteristischen radikalen Subjektkonzeption hat Folgen für das „Was" und „Wie" des Erzählens, mithin für das, was man *story* und *discourse* nennt. Die jugendlichen Helden sind – anders als in vielen Texten der sogenannten problemorientierten Jugendliteratur – als Individualitäten gestaltet, die selbstreflexiv ihre widersprüchliche Rolle, ihre krisenhafte Entwicklung und innere Zerrissenheit bedenken.

Offener Leserbezug

Dem Ziel, eine solche innere Widersprüchlichkeit literarisch zu erfassen, dient der Einsatz von modernen Techniken psychologischen Erzählens wie der Ich-Erzählform, des personalen Erzählverhaltens, innerer Monolog, Bewusstseinsstrom, erlebte Rede, Traumsequenzen. Mit der Nutzung der entsprechenden Erzähltechniken kommt es sukzessive zu einer Profilierung der Jugendliteratur und dazu, dass die Grenzen zwischen Allgemein- und Jugendliteratur fließender werden. Der moderne Adoleszenzroman ist bei aller Jugendspezifik keine dezidierte Zielgruppenliteratur mehr, sondern zeichnet sich durch einen offenen Leserbezug aus.

Ab den 90er-Jahren schließlich setzen vor dem Hintergrund des rasanten kulturellen Wandels und der Erfahrung von zunehmender Individualisierung wie Pluralisierung unter Bedingungen einer (post)modernen Risiko- und Erlebnisgesellschaft Veränderungen im Typus des Adoleszenzromans ein. Der kulturelle Wandel von Adoleszenz wirkt sich auf die Literatur aus, und eine Reihe von Texten erfasst nun jene Erfahrungen, die junge Leute in einer postmodernen Gesellschaft machen.

All-Age-Texte

Freilich muss eingestanden werden, dass die erfolgreicheren Texte ab Ende der 90er-Jahre nicht mehr im System Kinder- und Jugendliteratur, also in KJL-Verlagen, publiziert werden. Die im Verlag Kiepenheuer & Witsch aufgebaute KiWi-Reihe wird dabei zu einer Art Trendsetter und markiert mit den erfolgreichen Popromanen von Christian Kracht und Benjamin von Stuckrad-Barre einen Trend zu „All-Age-Texten", Texten also, die – abseits von der Stilisierung als KJL – das ganze Spektrum junger Leute von der Adoleszenz bis zur Postadoleszenz zu erreichen suchen.

Betrachtet man jene Texte, die explizit als Jugendliteratur ausgewiesen wurden und in Kinder- und Jugendbuchverlagen erschienen, dann zeigt sich, wie in den 80er-Jahren eine zurückhaltende Näherung an die Gattung erfolgte und die Romane zunächst eine Mischung zwischen sogenannter problemorientierter Jugendliteratur und dem Adoleszenzroman darstellten. Da die Texte einen offen erkennbaren Gegenwarts- bzw. Wirklichkeitsbezug aufwiesen, kam der Darstellung von Jugendsubkultur eine maßgebliche Rolle zu. Dies hing damit zusammen, dass gerade für die Phase der Adoleszenz die Jugendsubkultur wegen ihrer Absetzung von etablierten Instanzen eine gewichtige Rolle spielt und in diesem Rahmen nach Möglichkeiten gesucht wird, einem uniform empfundenen Leben der Erwachsenen zu entkommen.

Innerhalb der KJL zeigen Texte wie KLAUS PETER WOLFS „Neonfische" (1985) oder RUDOLF HERFURTNERS „Rita, Rita" (1984) aber auch exemplarisch die Schwierigkeiten bei der „Eingemeindung" des für die Jugendliteratur neuen literarischen Musters. In „Neonfische" sieht der jugendliche Held für sich bereits alle erstrebenswerten Plätze durch die Vätergeneration besetzt. Darum hat er sich den Vater, einen Bankdirektor, zum Feindbild hochstilisiert. Ihn will er treffen, als er in dessen Bank einen vermeintlichen Raub begeht. Der homodiegetische bzw. Ich-Erzähler drückt diesen Anspruch auch explizit aus: „Tja, Alter, heute hat dir dein Sohnemann eins ausgewischt. Der erste Teil der großen Abrechnung. Bis jetzt hast du mein Leben dominiert. Jetzt geht's mal umgekehrt. Jetzt hab ich dich an der Leine. Nun wird mein Schatten über deinem liegen. Dich fertigmachen. Erdrücken. Der Lächerlichkeit preisgeben. Wenn du wüßtest, wie sehr ich mich auf die Schlagzeilen morgen früh in der Presse freue!" (8)

KLAUS PETER WOLF: „Neonfische"

Was im Weiteren folgt, ist eine Odyssee des Protagonisten durch sämtliche subkulturelle Szenen der Bundesrepublik: Punker, linke Protestbewegung, Bürgerbewegung gegen die Startbahn West, schließlich eine alternativ-spirituelle Gruppe. Die soziologische Reise dient letztlich der Aufklärung, will mit Klischeevorstellungen aufräumen und bringt – über einen auktorialen (heterodiegetischen) Erzähler vermittelt – für den Protagonisten (und damit den Leser) mit der Gruppenerfahrung jeweils eine Wertung der jeweiligen Szene.

Offensichtlich ist, wie der Autor die aus der Allgemeinliteratur stammenden Muster des Entwicklungs- und Adoleszenzromans mit dem des problemorientierten Jugendromans kombiniert. Das für das KJL-System seit der Literatur der Aufklärung funktionierende Prinzip der moralischen Belehrung behält – wenn auch in abgeschwächter Form – seine Gültigkeit. Der jugendliche Protagonist kehrt schließlich um viele Erlebnisse reicher nach Hause zurück. Die Erfahrungen in den diversen Szenen werden ihm bei der

Prinzip der moralischen Belehrung behält Gültigkeit

Ablösung vom Vater helfen und ihn möglicherweise einen eigenen Weg finden lassen. Trotz des offenen Endes steht eine gelungene Identitätsfindung in Aussicht, denn der jugendliche Held ist bei seiner Suche nach dem „wahren Ich" erfolgreich. Dies wird von Wolf auch als „Erkenntnis" im Text direkt präsentiert. Ganz in diesem Sinne reflektiert der Protagonist:

> *Aber ich habe Dir jetzt etwas voraus; einen Vorsprung, den Du so bald nicht aufholen wirst: Ich weiß jetzt, daß man bei allem, was man tut, versuchen muß, man selbst zu bleiben, weil man sonst zu einem leeren Gefäß wird, in das andere Leute Farbe gießen können. Ganz wie es ihnen gefällt. Mal blau, mal gelb, mal rot. Ich laß mich nicht mehr von mir isolieren. Laß mir nicht mehr euren Mist als meine Bedürfnisse verkaufen. Ich bin ich. Rainer Römbell.*
> (K. P. Wolf 1985, 185)

Klaus Peter Wolfs „Neonfische" zeigt, wie schwer es für die Kinder- und Jugendliteratur ist, sich wirklich von der Allgemeinliteratur zu emanzipieren und welche literarischen Wege dabei zunächst gegangen werden. Auf der Oberflächenstruktur bezieht der Text sich auf die gesellschaftliche Wirklichkeit der 70er- und 80er-Jahre – sämtliche alternative Szenen, Alternativbewegungen, Bürgerproteste sind erfasst. Aber die Tiefenstruktur verweist auf die 50er- und 60er-Jahre. Der frühexpressionistische Vaterkonflikt wie auch die Form des Erzählens will nicht so recht zu dem passen, was eigentlich erzählt wird.

Rudolf Herfurtner: „Rita, Rita"

Rudolf Herfurtners „Rita, Rita" (1984) ist ein weiterer Text, der darauf abzielt, über die Darstellung von jugendlichen Subkulturen die Phase der Adoleszenz ins Zentrum des Erzählens zu rücken. Der Text, der etwa zeitgleich mit Wolfs „Neonfische" entstand, führt allerdings schon eher zur für die KJL neuen Gattung des Adoleszenzromans, weil er authentisch zeigt, wie es zu einem Wandel der Jugendkultur und damit der Adoleszenz gekommen ist. Offensichtlich wird nämlich, wie sich für junge Leute ein Wechsel von der Appellfunktion zur Ausdrucksfunktion vollzieht. Nicht mehr die Agitation und Überredung ist maßgeblich, sondern Phänomene einer Mediengesellschaft gewinnen für die Phase der Adoleszenz an Bedeutung. Dementsprechend ordnet die Protagonistin, Rita, ihren „Traummann" ironisierend seinem äußeren Erscheinungsbild nach in das vermutete jugendkulturelle Milieu ein:

Du hast eine Matratze in einer WG. Zum Frühstück gibt's Müsli – Kern und Korn aus dem Ökoladen. Gelesen wird die TAZ. Abends: Teestube oder linke Musikkneipe – Schickis raus! Und zum Einschlafen: Michael Ende. Ja, und am Wochenende: Infostand auf dem Stadtteilfest. Noch was? fragte er. Ja, sagte sie: Friedensdemo mit Friedens-Rock und Friedensmüsli. Fertig? Sie war ganz zufrieden. Sie hatte gut geraten, auf ihre Vorurteile konnte sie sich verlassen. (R. Herfurtner 1984, 58)

Auch das humorvolle Anspielen auf MICHAEL ENDES Kultbücher („Momo", „Die unendliche Geschichte") ist ein Symptom für das verblassende Bedürfnis nach globalen Sinnangeboten und Utopien. Das Lebensgefühl von Adoleszenten findet seinen Ausdruck weniger im gemeinsamen Lesen eines Kultbuches, es neigt sich vielmehr optischen Signalen zu (Videoclips, Filme, Bars, Kleidung, Frisuren). Die Faszination, die für die Rita-Figur vom Flipper-Automaten ausgeht, ist nur ein Ausdruck dafür. Der Abstand der jugendlichen Protagonistin zur Alternativ-Szene ist im Text keineswegs nur als Vorurteil einer „yuppisierenden" Flipper-Queen interpretierbar. Die Krise eines gegenkulturellen Images wird mit der Alternativ-Figur Rollo angedeutet. Er, der nachts Graffitis an die Betonwände der Fußgängerzone sprayt, gesteht ein: „Ist doch Scheiße, wir Alternativen sind ja dafür bekannt, daß wir ewig problematisieren wie die Weltmeister ..." (64).

Damit ist durchaus eine Tendenz reflektiert, mit der junge Leute in der Adoleszenz es ab Mitte der 70er-Jahre zu tun bekommen: Mit Zersplitterungstendenzen in der „Linken Bewegung" nimmt die Faszination des soziologischen Diskurses ab. Die Figur des Rollo will dies nicht wahrhaben und hält trotzig-vereinfacht an ihren Idealen fest. Dies wird in einer fast didaktisch zu nennenden Rede auch explizit ausgedrückt. „Es gibt Leute", notiert er, „die wollen dich totmachen. Und trotzdem arbeitest du für die Aufgabe, die du hast: Aufklärung. Die müssen ja alle hier durch, wenn sie tagsüber konsumieren, tagsüber. Ist ein riesiger Platz zum Sprayen. Hier kannst du echt Gegenöffentlichkeit schaffen, wenn alle Medien gleichgeschaltet sind." (66)

Rollos Haltung wäre ein Grund dafür, dass diese Figur von einigen der jugendlichen Rezipienten als „vergreist" eingeschätzt würde. Da, wo die Hochzeit von alternativen Szenen, Basisbewegungen, Utopien verblasst oder an die Stelle von sozialem Engagement zunehmend selbstbezogener Lebensgewinn tritt, kann die „Vision" von Rollo antiquiert wirken. In den Augen einer sogenannten postmodernen Jugend nämlich sind alle Formen kollektiven Widerstands, wie Rollo sie sieht, gescheitert.

Obwohl HERFURTNERS Roman im Gegensatz zu WOLFS „Neonfische" mögliche Bewusstseinszustände Jugendlicher sensibler erfasst, ist auch bei ihm die in der Tiefenstruktur des Textes erfolgte Wertsetzung nicht zu übersehen. Offensichtlich arbeitet der Autor mit der von ihm entworfenen Erzähler- und Figurenanlage gegen eine *feeling*-Dominanz (Ritas Eingangshaltung) ebenso an wie gegen radikalen Aktivismus. Das Misslingen der Spray-Aktion mit Sprüchen wie: „Gegen alle Väter und Betonierer der Welt! ... Gegen den Beton der Väter" (148) mag einerseits das „Überlebte", Überzogene oder Aussichtslose dieser Art jugendlichen Protestes andeuten. Andererseits wird mit dem dargestellten Entwicklungs- und Bewusstwerdungsprozess am Modell des „soziologischen Diskurses" und der Vorstellung von notwendigem gemeinschaftlichem Engagement und Aufklärung festgehalten. Der Text betreibt damit eine Art „Doppelspiel", das dem jugendlichen Leser wie einem möglichen erwachsenen Vermittler Signale zur Konkretisation bietet.

Die Texte von HERFURTNER und WOLF zeigen, wie schwer es ist, Zugang zu den veränderten Jugendkulturen mit ihren Denk- und Verhaltensweisen zu bekommen und über moderne Adoleszenz zu erzählen. Einmal selbst jung gewesen zu sein ist keine Garantie dafür, spätere Jugend zu verstehen und literarisch erfassen zu können.

DAGMAR CHIDOLUES mit dem Deutschen Jugendliteraturpreis ausgezeichneter Roman „Lady Punk" (1985) wie auch „Magic Müller" (1992) sind zwei Texte, die im „Was" und „Wie" des Erzählens zeigen, dass der Adoleszenzroman im KJL-System „angekommen" ist.

DAGMAR CHIDOLUE: „Magic Müller"

Die Struktur von „Magic Müller" folgt – anders als bei WOLF und HERFURTNER – dem Erzählmuster des amerikanischen Initiationsromans und ist episodisch gebaut (M. SCHULTE). Zu einer Identitätsfindung im klassischen Sinne kommt es nicht mehr. Zudem zeigt der Text, in welchem Maße Musik und Medien seit den 90er-Jahren die Ausbildung der Ich-Identität von jungen Leuten bestimmen. In Form einer Analepse, also einer Rückwendung, erinnert die Ich- bzw. homodiegetische Erzählerin die Erlebnisse während der Abiturabschlussfahrt nach Italien und danach. Dass das Erzählte rückblickend bewertet wird, ist bereits am Textanfang erkennbar, wenn es heißt: „Das Leben ist schon verrückt. Ich weiß jetzt Bescheid." (10) Und am Ende notiert die Ich-Erzählerin: „An dem Tag begriff ich. Das Leben ist verrückt. Nichts ist in Ordnung. Aber alles hat seinen Sinn." (188) Dazwischen liegen die Erlebnisse der adoleszenten Ich-Erzählerin, erste sexuelle Erfahrungen, Medienbestimmtheit, die Abgrenzung von den Eltern und Lehrern und vor allem die erfahrene Orientierungslosigkeit. Zum Ende des Romans kommt Magic Müller, der vom Außenseiter zum Klassenclown avanciert, fast unter die Räder. Er trinkt sich bei der letzten Klassenfeier ins Koma und stirbt beinahe. Die Ich-Erzählerin reflektiert das Geschehene so:

Er war doch bloß den Spielen der Erwachsenen auf den Leim gegangen und hatte nicht gerafft, daß es kein Kino war, das Leben, die Liebe, nicht so groß, nicht so allgewaltig. Es war live. M. M. hatte sich in den Stricken der Freiheit verfangen und gedacht, daß die erbarmungslos softgewaschenen und katalysierten Rituale Halt geben würden. What's the name of game? April, April. Vielleicht hatte er sich bei dem Sturz nur die Nase aufgeschlagen. Ich wünschte ihm das so sehr. Uns allen. Aber aufgepasst, mein Freund, you only live twice. Ich betrachtete die Pflanzen in der Gartenanlage vor dem Krankenhaus. Der Sommer kam mit Macht. Die Bäume und Sträucher krachten und platzten aus allen Nähten. An dem Tag begriff ich. Das Leben ist verrückt. Nichts ist ohne Ordnung. Aber alles hat seinen Sinn.

(D. Chidolue 1992, 187f.)

Das Textende zeigt, inwiefern durchaus eine Orientierung am Fundament der Moderne erfolgt und entscheidende Prämissen moderner Subjektivität eine Rolle spielen: Die Suche nach einem festen Wesenskern, nach einer unverwechselbaren Persönlichkeit, nach Handlungsautonomie und sozialer Verantwortung. Gleichwohl kann nicht die Rede davon sein, dass das Ich zu einer festen Identität gelangt. Offensichtlich wird mit der Figur der Ditte, in welchem Maße diese „Kinder der Freiheit" (BECK/BECK-GERNSHEIM) orientierungslos bleiben und zu keiner Autonomie gelangen.

Zu betonen ist, dass CHIDOLUES „Magic Müller", „Lady Punk" wie auch „London, Liebe und all das" sowie HERFURTNERS „Rita, Rita" oder INGER EDELFELDTS „Kamalas Buch" Übergänge zur emanzipatorischen Mädchenliteratur bzw. zum Adoleszenzroman mit weiblicher Protagonistin markieren. (vgl. GRENZ/WILKENDING 1997).

Vom klassischen zum postmodernen Adoleszenzroman

Die kulturellen Umbrüche wie die psychologischen, physiologischen und soziohistorischen Kennzeichen von Adoleszenz berücksichtigend, lassen sich gattungstypologisch verschiedene Ausprägungen unterscheiden.

Die Übergänge zwischen den verschiedenen Typen sind fließend, wenngleich es durchaus eine historische Abfolge gibt. In diachroner Perspektive ist eine Differenzierung in den klassischen bzw. traditionellen, den modernen und den postmodernen Adoleszenzroman möglich.

Klassische Adoleszenztexte

Als klassische Adoleszenztexte können die bereits genannten Schulromane und -erzählungen der Jahrhundertwende von EMIL STRAUSS, HERMANN HESSE, ROBERT MUSIL, RAINER MARIA RILKE, FRIEDRICH HUCH oder ROBERT WALSER bezeichnet werden. Auch HANS FALLADAS Romanerstling „Der arme Goedeschal" (1920) kann noch als traditioneller Adoleszenzroman gelten.

Charakteristisch für diese Texte ist der Umstand, dass die jugendlichen Helden sich nicht mehr in die bürgerliche Gesellschaft einpassen lassen. Während der Adoleszenz kommt es zum Bruch mit der bürgerlichen Gesellschaft. Die Helden bei RILKE, HESSE oder MUSIL scheitern, Identitätsbildung und Sinnfindung sind unter den gegebenen Umständen nicht mehr möglich. Der unlösbare Konflikt zwischen den zumeist männlichen Protagonisten und den Vätern sowie der Institution Schule mündet im tragischen Ende, ja in der Katastrophe. Insofern ist die Adoleszenzkrise der jungen Männer ein Paradigma für das Scheitern in der Gesellschaft selbst.

Prototypische Merkmale der Schule als literarischem Raum

Als bevorzugter Schauplatz/Raum für die gestalteten Adoleszenzkrisen fungiert die Schule, die auf diese Weise symbolische Bedeutung erlangt. In der Schule als literarischem Raum ballen sich gewissermaßen die gesellschaftlichen Widersprüche und treten prototypische Merkmale des klassischen Adoleszenzromans zutage:

- Die Schule funktioniert als Zwangsanstalt, die die Schüler peinigt, schikaniert, diszipliniert und mitunter zu Tode quält.
- Die Lehrer werden von den Schülern als Feinde empfunden. Sie sind unmenschlich, autoritär, brutal und halten sich an eingeschliffene Rituale.
- In der Lehrerhierarchie stehen die am höchsten, die durch besondere Militanz, Brutalität, Gewalt, Gefühllosigkeit gekennzeichnet sind. Es herrscht eine Art Sozialdarwinismus, nur die Brutalsten können sich durchsetzen.
- Den schwachen jugendlichen Helden sind Freunde zur Seite gestellt, die sie gegen die Umwelt zu schützen suchen. Sie funktionieren gewissermaßen als ihr Alter Ego und bringen entgegengesetzte Eigenschaften in die Freundschaften ein. Erzählt wird über die Leiden in der Schule zumeist aus dem Blickwinkel der gequälten Schüler.

Besonders also für diese historische Erscheinungsform des Adoleszenzromans ist von einer „existentiellen Krise" der jugendlichen Protagonisten zu sprechen, die nicht selten mit dem Tod des Helden endet. Fünfzig bzw. siebzig Jahre später kann von einer Entdramatisierung der Adoleszenz gesprochen werden, die ihr zwar nichts von ihrer Krisenhaftigkeit nimmt, aber den Tod als Ausweg unwahrscheinlich macht.

Insofern sind die epochengeschichtlichen Voraussetzungen für Veränderungen im Gattungstypus des Adoleszenzromans wie seine neue Blüte innerhalb des Handlungs- und Symbolsystems KJL ab den 70er-Jahren im Rahmen der Modernisierungsphänomene seit Mitte des 20. Jh.s zu sehen. Die sich abzeichnenden jugendkulturellen Veränderungen boten – zwar immer noch begrenzt – jungen Menschen neue Möglichkeiten. Der Modernisierungsvorsprung der amerikanischen Gesellschaft, der vor dem Hintergrund der Abbremsung der deutschen bzw. europäischen Moderne durch Nationalsozialismus und Zweiten Weltkrieg entsteht, führt dazu, dass in den USA nunmehr die gattungsprägenden literarischen Realisierungen entstehen. Dazu gehört als prototypischer Text JEROME D. SALINGERS „Der Fänger im Roggen". Einen weiteren Schub erhält die Entwicklung der Gattung dann durch die neuen sozialen Bewegungen ab Ende der 60er-Jahre, die Studenten- und Frauenbewegung.

Von Bedeutung für das Gattungsmuster des modernen Adoleszenzromans ist das Muster des Initiationsromans (*novel of initiation*), der in MARK TWAINS „Huckleberry Finn" (1885), STEPHEN CRANS „The Red Badge of Courage" (1895) und WILLIAM FAULKNERS „Go Down Moses" (1942) wichtige Beispiele besitzt. PETER FREESE definiert die Initiation als einen Prozess, der sich in die Phasen von Ausgang, Übergang, Eingang unterteilt und einen menschlichen Wandlungs- und Entwicklungsvorgang zum Gegenstand hat. Die Initiation laufe im „menschlichen Bereich als Individuationsprozeß, im zwischenmenschlichen, gesellschaftlichen [...] als Sozialisationsprozeß und im religiösen als Offenbarungsprozeß" (FREESE 1971, 155 f.) ab. Bereits 1973 wird dann von HELLER der Begriff des Adoleszenzromans für eine neue Textgruppe genutzt. Es handelt sich hier um Texte, in denen „die unruhige Suche nach einem tieferen Persönlichkeitszentrum und das Bemühen um dessen Bewahrung und Entfaltung" zum Ausdruck komme. Für Texte diesen Typs ist eine „pikaresk-episodische Strukturform" kennzeichnend, die unter Aufnahme von Elementen des Bildungsromans zu einer neuen Form führt. Die Aufnahme von pikaresken Elementen führt dazu, dass der modern zu nennende Adoleszenzroman schon zu diesem Zeitpunkt die Schwere, die „radikale Negativität" der Texte der Jahrhundertwende verliert.

Moderner Adoleszenzroman

Dichotomie von Jugend- und Erwachsenenwelt

Gleichwohl geht es im modernen Adoleszenzroman weiter um die Dichotomie von Jugend- und Erwachsenenwelt. Die jugendlichen Protagonisten opponieren gegen die Normen, Werte, die einseitigen Leistungsanforderungen der Gesellschaft. Einer als festgefügt empfundenen phantasielosen, kalten Welt der Erwachsenen steht jene andere Welt der Jungen entgegen, die voll von Freiräumen für Phantasie, Spiel, Selbstständigkeit, Emotionalität ist. Doch zumeist obsiegt am Textende die Generation der Eltern bzw. Erwachsenen. Insofern sind weiterhin Ausstieg wie Scheitern der Protagonisten systemprägende Merkmale des modernen Adoleszenzroman der frühen 70er-Jahre. Die Geste der Verweigerung findet ihren Ausdruck nicht zuletzt in einer äußerlich festzumachenden Abgrenzung von der Welt der Erwachsenen. Zum Indikator der Protesthaltung avanciert neben den langen Haaren ein Kleidungsstück: die Jeans. Dabei standen die Jeans für mehr, sie standen für ein neues Lebensgefühl, einen anderen Lebensstil einer Gruppe von jungen Leuten, die spezielle Musik hörte, zu Popfestivals ging, sich in ihrer Kleidung von jenen abhob, die einzig mit Hemd und Krawatte, mit Rock und Bluse glaubten auftreten zu können. Diese jungen Leute interessierten sich für die Beatles, sahen mit Begeisterung das Musical „Hair", waren fasziniert von Bob Dylan, Joan Baez bis hin zu Jimi Hendrix, wurden geprägt von Woodstock und Hippie-Bewegung.

Ulrich Plenzdorfs Held aus „Die neuen Leiden des jungen W.", Edgar Wibeau, brachte systemübergreifend die hinter den Jeans steckende Gemeinsamkeit auf den Punkt: „Ich meine, Jeans sind eine Einstellung und keine Hose." Das Markenzeichen Jeans gab dann auch das Merkmal für jene Gattungsbezeichnung ab, unter der die Texte zunächst in den 70er-Jahren firmierten: „Jeansliteratur". Klaus Doderer bestimmte die „Helden der Jeansliteratur" als „Jugendliche oder jugendliche Erwachsene, welche die übliche, weithin fremdbestimmte Lebensführung in der modernen leistungsorientierten Industrie- und Massengesellschaft ablehnen, an ihr scheitern oder sich von ihr zurückziehen" (Doderer 1982, 320).

Orientierung an Prämissen moderner Subjektivität

Bei allen Unterschieden basieren die modernen Adoleszenzromane wie ihre klassischen Vorgänger auf dem Fundament der Moderne und orientieren sich an entscheidenden Prämissen moderner Subjektivität. Adoleszenz bedeutet hier wie da in erster Linie die Suche nach einem festen Wesenskern, nach einer unverwechselbaren Persönlichkeit, nach Individualität, kurz, es geht um den Erwerb von Identität, Handlungsautonomie und sozialer Verantwortung. Dies zeigt sich selbst noch in Jay McInerneys „Ein starker Abgang" (1986), in dem ein jugendlicher Protagonist im Zentrum steht, dessen Leben zweigeteilt ist: Tagsüber geht er einer unbefriedigenden Arbeit bei einer New Yorker Zeitschrift nach, während er nachts versucht, mit Hilfe von Drogen dem Alltag zu entfliehen. Eroberungen in Bars und auf Partys sollen ihn über seine krisenhafte Situation hinwegtäuschen: Seine Frau, ein Fotomodell hat ihn vor kurzem verlassen. Er provoziert seine Entlassung, und sein Seelenleben schätzt er selbst als chaotisch ein: „Deine Seele ist so unordentlich wie deine Wohnung, und ehe du nicht dazu kommst, ein bißchen aufzuräumen, willst du niemanden hereinlassen." (44) Zu diesem „Aufräumen" ringt sich die Hauptfigur letztlich durch, nachdem sie hinreichend Sauf- und Schnieftouren sowie eine Reihe von gescheiterten Verführungsversuchen hinter sich hat. Der namenlose Erzähler gerät in eine Existenzkrise, er „fühlt" sich „wie eine Ziffer in einer beliebigen Zahlenreihe" (72). Sein Bruder Michael ist es, der ihn dazu bringt, zu sich zu kommen. Kraft und Orientierung gibt ihm schließlich eine neue Liebe, Vicky Hollins, die er auch in seine „Seele läßt".

Betrachtet man die Rolle der Jugendkulturen als einen wichtigen Indikator für die Darstellung von Adoleszenz in der Literatur, dann zeichnet sich mit den 80er-Jahren eine erneute Veränderung ab. Jung-Sein gilt in einer (post-)modernen Erlebnisgesellschaft als Sinnbild, ja als Wert schlechthin. Der Begriff Jugend beginnt sich zunehmend vom biologischen Alter zu trennen, er wird förmlich zu einer Persönlichkeitseigenschaft.

Aus der durch Abgrenzung motivierten Sub- und Gegenkultur der 70er- und frühen 80er-Jahre ist die statusbetonte Alltagskultur der 90er-Jahre geworden. Der traditionelle Generationenkonflikt hat weiter an Schärfe verloren, es ist zur Normalisierung und Entdramatisierung gekommen. Zudem hat eine Gewöhnung an immer neue kulturelle Modernisierungen stattgefunden. Was früher provozierte, wird unter postmodernen Bedingungen von den Generationen der Älteren toleriert. An die Stelle einander bekämpfender Gegensätze ist eine kulturelle Koexistenz verschiedenster Stile getreten. Von daher ist es nötig, sich von früheren Frontenbildungen zu verabschieden, wonach eine „unbewegliche Mehrheitsgesellschaft" mit den innovativen Potentialen der jungen Generation konfrontiert wird.

Was sich Ende der 80er-Jahre erst in Ansätzen in der Literatur für junge Leute abzeichnete, hat inzwischen vielfach literarische Gestaltung gefunden. Vor dem Hintergrund der kulturellen Veränderungen ist damit eine weitere Spielart der Gattung des Adoleszenzromans entstanden, die man als postmodern bezeichnen kann und die Oberflächen- wie Tiefenstruktur der Texte betrifft. Der postmoderne Adoleszenzroman ist nicht zuletzt Reflex auf eine Tendenz in der Spät- bzw. Postmoderne. Dort nämlich hat sich der Perspektivismus der Wahrnehmungen und Thematisierungen weiter zuge-

Postmoderner Adoleszenzroman

spitzt. Mit anderen Worten: Unter dem Dach des vergesellschafteten Allgemeinen lebt der Einzelne, auch der Jugendliche, gleichzeitig in Partialwelten, Subsystemen und Öffentlichkeiten. Deren Struktur bestimmt mit, inwiefern allgemeine Probleme in „milieubezogener Perspektive" interpretiert und bewertet werden. Dies erklärt, warum die Übergänge fließend, jeweils traditionelle moderne wie postmoderne Elemente in der Adoleszenz eines Jugendlichen vereint sein können oder aber auch sich Jugendliche gegenüberstehen, für die gänzlich unterschiedliche Bedingungen und Bedürfnisse gelten.

Als postmoderne Adoleszenzromane lassen sich so verschiedene Texte bezeichnen wie Bret Easton Ellis' „Unter Null" (1985/dt. 1986), „Einfach unwiderstehlich" (1987/dt. 1988), „Glamorama" (1998/dt. 1999); Christian Trautmanns „Die Melancholie der Kleinstädte" (1990); Dagmar Chidolues „Lady Punk" (1985) und „Magic Müller" (1992); Christian Krachts „Faserland" (1995); Blake Nelsons „Cool Girl" (1994/dt. 1997); Banana Yoshimotos „Kitchen" (1988/dt. 1992) und „N. P." (1993); Irvine Welsh' „Trainspotting" (1993/dt. 1996) und „Ecstasy" (1996/dt. 1997); Guiseppe Culicchias „Knapp daneben" (1994/dt. 1997); Alexa Hennig von Langes „Relax" (1998) oder Enrico Remmerts „Looove Never Dies" (1998).

Gattungsprägend:
Bret Easton
Ellis' *„Einfach*
unwiderstehlich"

Das für Adoleszenzromane traditionelle Thema der Suche nach der eigenen Identität findet in diesen Texten im modernen Verständnis allerdings nicht mehr statt. Die meisten Figuren sind nicht mehr auf dem Weg zu sich selbst oder nach dem Sinn des Daseins, vielmehr geht es – vor allem in den angloamerikanischen Romanen – um die immer wieder neue Suche nach Erlebnissen. Gattungsprägend in diesem Sinne haben die Texte des amerikanischen Autors Bret Easton Ellis gewirkt. Sein Adoleszenzroman „Einfach unwiderstehlich" (1987/dt. 1988) stimmt schon mit dem Motto auf das Nachfolgende wie die literarische Struktur ein:

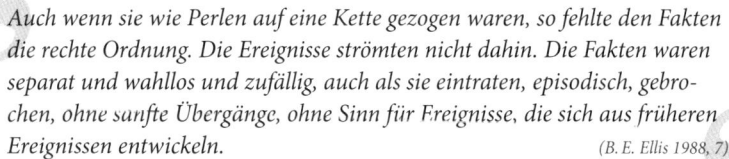

Auch wenn sie wie Perlen auf eine Kette gezogen waren, so fehlte den Fakten die rechte Ordnung. Die Ereignisse strömten nicht dahin. Die Fakten waren separat und wahllos und zufällig, auch als sie eintraten, episodisch, gebrochen, ohne sanfte Übergänge, ohne Sinn für Ereignisse, die sich aus früheren Ereignissen entwickeln. (B. E. Ellis 1988, 7)

Verschiedene Ich-Perspektiven der jugendlichen Protagonisten werden im Weiteren nebeneinandergereiht, eben „separat", „wahllos", „zufällig", ohne dass damit eine Geschichte erzählt würde. Das Zusammenspiel der fragmentarischen Redeteile ergibt einzig den Sinn, dass es keinen Sinn gibt. Hinter der von den Jugendlichen auf der Darstellungsebene beschworenen Action steckt in Wahrheit Bewegungslosigkeit. Die Protagonisten selbst sind nur noch Zeichen und Oberfläche, es handelt sich um keine autonomen Charaktere, die ihr Leben selbstbewusst zu gestalten suchen. Sie kennen keine Erinnerung oder Geschichte, was zählt ist die Gegenwart. Das Leben als Endlosparty und die Welt als Erlebnispark. Ein vergleichbares Muster findet sich in JILL EISENSTADTS „Rockaway" (1985/dt. 1991).

Im deutschen Sprachraum kann CHRISTIAN TRAUTMANNS „Die Melancholie der Kleinstädte" (1990) als frühes Beispiel für die Art des postmodernen Adoleszenzromans gelten. Von der intelligent provokanten Abiturientenpose der drei Protagonisten Robert, Schlesinger und Paul ist in diesem Text nicht viel mehr geblieben als Lähmung und Apathie. Varianten von Gegenverhalten werden nicht mehr beschrieben, weil sie als bekannt vorausgesetzt und als durch Abnutzung verschlissen empfunden werden. Der ehemals jugendliche Protest ist zur Konvention geworden und endet in einer permanenten Katerstimmung. Alles ist schon bis zur Langeweile durchgelebt, Partys, Kneipen, endlose Diskussionen, Drogen. Der Ausbruch eines Protagonisten „Diese Partys sind der pure Dreck. Ich hasse das Wort ‚Party'" ist mehr als eine cholerische Geste. Wie Drogen hat alles den Hauch des „Geheimnisvoll-Verbotenen" verloren, den „es in den Sechzigern gehabt haben mußte." (26) – „Life ist xerox, we are just a copy" – das könnte in etwa das hinter der Trauerstimmung steckende postmoderne Gefühl sein. Nicht nur das Kunstwerk ist im BENJAMINSCHEN Sinne beliebig, reproduzierbar, sondern auch der Einzelne, seine Erfahrungen, Stimmungen, Frustrationen. Alles ist schon einmal da gewesen, das Subjekt als Dutzendware. Eine Sinnzuweisung oder gar eine welthistorische Perspektive ist von den Protagonisten nicht mehr auszumachen, sie wird auch nicht angestrebt. Der „Utopiediebstahl" (M. HORX) findet seine Entsprechung in der Gestaltung einer gewissen Auswegslosigkeit gerade jener Figuren, die für die Protagonisten eigentlich Haltepunkte darstellen.

CHRISTIAN TRAUTMANN: „Die Melancholie der Kleinstädte"

Diese „Entmächtigung des Subjekts" (W. HELSPER) kann auch für jene Texte zutreffen, bei denen die Erzählhaltung eher humorvoll, ironisch, ja zynisch ist und die sich stark am komischen Familienroman sowie der pikaresken Erzähltradition orientieren. Die Protagonisten erzählen locker-witzig, mit postmoderner Happyness und Coolness über durchaus krisenhafte Prozesse. Dies trifft etwa für die Adoleszenzromane von BROCK COLE („Celine") und BLAKE NELSON („Cool Girl") zu oder gilt in der deutschen Literatur auch für ALEXA HENNIG VON LANGES „Relax".

BROCK COLE: „Celine" Im Zentrum dieser drei Texte stehen weibliche Protagonistinnen. Diese Figuren sind mit den postmodernen Veränderungen von Kindheit und Jugend konfrontiert, und sie nehmen die Pluralisierung von Familien- und Geschlechterrollen, die Entdramatisierung des Generationenkonflikts, das Leben in verschiedenen Realitäten, die Mediatisierung von Kindheit und Jugend gelassen und ohne Trauer oder Weltschmerz zur Kenntnis. Vor allem die Protagonisten in „Celine" gewinnen den mitunter chaotischen Verhältnissen – in dieser Hinsicht mit dem komischen modernen Kinder- bzw. Familienroman vergleichbar – ihre witzige Seite ab und wissen sie für sich zu nutzen. Die Ich-Erzählerin, Celine, ist sechzehn Jahre alt und im vorletzten Jahr der Junior High School. Sie berichtet mit Witz und Ironie von den Problemen in Schule und Familie. Bereits zu Beginn des Textes wird offensichtlich, in welchem Maße sich der Text von traditionellen, partiell auch modernen Adoleszenzromanen unterscheidet. So hat Celine ihren Aufsatz über SALINGERS „Der Fänger im Roggen" – er ist während des Zappens am Fernseher entstanden – als unzureichend zurückbekommen und soll ihn nun noch einmal schreiben. Doch sie hat Schwierigkeiten mit der Aufgabe, weil die Probleme Holdens einfach nicht mehr ihren Erfahrungen entsprechen. So gesteht sie ein: „Das Aufsatzthema ist mir von Anfang an komisch vorgekommen. Es schien mir nicht richtig, ‚Der Fänger im Roggen' als Klassenlektüre lesen zu müssen. Es geht um diesen Jungen, der wahnsinnig feinfühlig ist und mit der Welt nicht zurechtkommt. Er heißt Holden Caulfield, und er ist mir nicht sehr sympathisch, denn ich finde er jammert zuviel, und manchmal, wenn er diesen wirklich rührenden Kitsch von sich gibt, habe ich das Gefühl, er gratuliert sich, daß er ein so süßer mißverstandener Junge ist." (COLE 1996, 26) Damit beginnt ein intertextuelles Spiel, ein postmodernes Zitieren mit dem Gattungsmuster des Adoleszenzromans, das sich durch den gesamten Text zieht und jeweils die Besonderheiten von (post)moderner Adoleszenz markiert.

Bei COLE wie auch in den anderen (post)modernen Adoleszenzromanen wird zwar durchaus von Subkulturellem, von aktuellen Moden, der Szene oder Trends erzählt, aber dies ist es nicht, was die Texte zu authentischen Zeugnissen von postmoderner Adoleszenz macht. Der Erfolg etwa von HORNBY, WELSH, CULICCHIA, VON LANGE oder REMMERT bei jungen Lesern hat vor allem damit zu tun, dass sie für das durch eine Medien- und Erlebnisgesellschaft geprägte Lebensgefühl, das Bewusstsein wie Unterbewusstsein der Jungen adäquate erzählerische Formen finden: Die Autoren treten gänzlich hinter ihre Figuren zurück, es wird auf jegliche Kommentierung oder versteckte Wertungen verzichtet, der „implizierte Autor", das Wertsetzungszentrum des Textes ist mit den Jugendfiguren identisch. Wie in den Medien, der Werbung, der Musik, den Videoclips spielen Oberflächen eine entscheidende Rolle.

Die Typen des Adoleszenzromans lassen sich mit ihren sozialgeschichtlichen Merkmalen wie folgt in einem Schaubild zusammenfassen:

Merkmale	klassischer Adoleszenzroman (frühes 20. Jh.)	moderner Adoleszenzroman (um 1970)	postmoderner Adoleszenzroman (1990 ff.)
sozialer Hintergrund (Wirklichkeitsentwurf)	(vor)moderne Gesellschaft; Monarchie	moderne Gesellschaft zweiten Grades	Postmoderne
Utopie	keine eigene Utopie	eigener Utopieentwurf	schwarze Utopie, Utopieverzicht
Gesellschaftliche Werte	Existenz von „ewigen Werten" in einem Obrigkeitsstaat	Existenz von festen Werten in einer demokratischen Gesellschaft	Pluralität der Werte und Normen
Verhältnis der Protagonisten zu den Werten	Pars-pro-toto-Kritik an Eltern, Lehrern, Schule; letztlich Akzeptanz und Verinnerlichung	explizite Kritik an der Gesellschaft	Ignorierung der gesetzten Werte/Normen; Distanz, Spiel
Konsum	entfällt	Konsumkritik, alternative Orientierungen	Konsumieren als Genuss und Erlebnis
Medien	entfällt	Medienkritik und -verweigerung	lustvolles Spiel mit den Medien; Medienerfahrung
Familienstruktur und -status	Befehlsfamilie patriarchalisch-autoritär	zunehmende Gleichberechtigung	Verhandlungsfamilie
Generationenverhältnis	existenzieller Generationskonflikt (Vater-Figur)	Abnahme der Generationsunterschiede	Entdramatisierung des Generationenkonflikts
Zeitpunkt der Ablösung von der Herkunftsfamilie	Späte Ablösung von der Herkunftsfamilie	Frühe Ablösung von der Herkunftsfamilie	Späte Ablösung von der Herkunftsfamilie („Nesthockersyndrom")

Typen des Adoleszenzromans im Vergleich

Merkmale	klassischer Adoleszenzroman (frühes 20. Jh.)	moderner Adoleszenzroman (um 1970)	postmoderner Adoleszenzroman (1990 ff.)
Sexualität	spielt untergeordnete Rolle	spielt zentrale Rolle	selbstverständlich, bereits hinreichend erprobt
Leitziel	Suche nach einer festen Persönlichkeit, Bemühen um Ich-Findung in der Gesellschaft	Selbstverwirklichung als autonomes Ich, wenn nötig außerhalb der Gesellschaft	Patchwork- und Bastelidentität
Konfliktlösung	oft Scheitern, Tod	oft Selbstverwirklichung	offen
Figurenanlage	oft „schwache" Persönlichkeit mit eindeutig fixierten Eigenschaften: Klage, Depression, existenzielle Gefährdung	oft „starke" Persönlichkeiten mit eindeutig fixierten Eigenschaften: Melancholie, Daseinsernst, partiell Humor, Ironie, Allmachtphantasien	Persönlichkeit mit wechselnden Eigenschaften (Stilbricolage): Humor, Ironie, Zynik, Selbstreflexivität
Erzähler	zumeist auktorial	oft Ich-Erzähler	Formen der Montage, mehrere Erzählerstimmen, Polyphonie

Fortsetzung: Typen des Adoleszenzromans im Vergleich

Adoleszenz- und Popliteratur – Neue Entwicklungen ab Ende der 90er-Jahre

War die jugendliterarische „Eingemeindung" des Adoleszenzromans als kennzeichnend für Entwicklungen des KJL-Systems in den 70er- und 80er-Jahren herausgestellt worden, so zeichnet sich ab Mitte der 90er-Jahre ab, dass die literarisch innovativen und die Diskussion bestimmenden Texte zunächst außerhalb des jugendliterarischen Handlungssystems entstanden und verbreitet wurden. Dazu gehören die erfolgreichen Texte von BENJAMIN VON STUCKRAD-BARRE („Soloalbum", 1998; „Livealbum", 1999), BENJAMIN LEBERT („Crazy", 1999; „Der Vogel ist ein Rabe", 2003 „Kannst Du", 2006) ebenso wie jene Adoleszenzromane von ALEXA HENNIG VON LANGE („Relax", 1997; „Ich bin's", 2000; „Erste Liebe" (2004), „Leute, ich fühle mich leicht" (2008), „Peace" (2009). Bezeichnenderweise erhielt ALEXA HENNIG VON LANGE für ihren

Adoleszenzroman „Ich habe einfach Glück" (2001) den Deutschen Jugendliteraturpreis. Auffällig ist dabei auch der Umstand, dass die Adoleszenztexte zunächst unter einem neuen Label erschienen, sie firmierten nämlich als Popliteratur bzw. -roman und markierten einen Generationswechsel in der deutschen Literatur.

Die Suche nach inhaltlichen Merkmalen des Popromans führt selbst bei unterschiedlichen Herangehensweisen durchaus zu vergleichbaren Ergebnissen. Wenn KATHARINA RUTSCHKY das Gemeinsame der Texte im „Abschied von der unschuldigen Kindheit und den Eintritt in die Welt der Erwachsenen" sieht, dann werden damit jene Merkmale getroffen, die im Kern eigentlich den Adoleszenzroman auszeichnen. Entsprechend verwundert es nicht, wenn als das „Urbild aller Popromane" erneut GOETHES „Werther" gilt.

Inhaltliche Merkmale des Popromans

Der junge Autor TOBIAS HÜLSWITT vermerkte 1999 mit Blick auf die in der alten Bundesrepublik sozialisierten jungen Autoren: „Die junge Westliteratur ist Jugendliteratur im doppelten Sinne". Im doppelten Sinne deshalb, weil sie zum einen von „Jugendlichen geschrieben" werde und zum anderen „von jungen Menschen" handele und „deren oft mühsames und gefährdetes Zurechtkommen in einer komplexen undurchsichtigen Welt [spiegelt]". Man kann es auch so sagen: Die neue deutsche Popliteratur ist in ihrem Kern Adoleszenzliteratur, ja eine Reihe von Texten stehen exemplarisch für den (post)modernen Adoleszenzroman (vgl. GANSEL 2003, 2008).

Wenn es in den Popromanen um Inhalte wie Jungsein, Marginalisiertsein, alltägliche Machtkämpfe, politische Auseinandersetzungen, sexuelle Konflikte, schließlich die ganze Palette von Pubertäts-, Jugend- und Lebensbewältigungen geht, dann steht außer Frage, dass sie kennzeichnend für jene Phase des „Abschieds von der Kindheit" sind, also die Adoleszenz.

Ein markantes Beispiel für den neuen Poproman bzw. den Typ des postmodernen Adoleszenzromans ist CHRISTIAN KRACHTS „Faserland" (1995). Auf der Oberflächenebene des Textes tourt der namenlose Ich-Erzähler über acht Stationen vom Norden in den Süden Deutschlands, wobei jede Station jeweils ein Kapitel ausmacht. Dem Modell des amerikanischen Initiationsromans verpflichtet, weist der Text eine pikareske Struktur auf und zeigt den Helden auf der Suche. Zum Bild des Protagonisten – der dem Holden-Caulfield-Typus folgt – gehört eine bissig-ironische Gesellschafts- und Kulturkritik. Für den modernen Adoleszenzroman kennzeichnend, treibt der Held orientierungslos durch die Wirklichkeit der 90er-Jahre. Auf der Reise, die wiederum Initiationscharakter hat, macht er durchgängig desillusionierende Erfahrungen, weswegen die Odyssee im Rückzug in die Schweiz endet.

CHRISTIAN KRACHT: „Faserland"

Dass Krachts Figur nicht dem Habitus eines Altachtundsechzigers entsprechen kann, sondern sich vielmehr von der Übermacht dieses Kulturmusters absetzen, es destruieren muss, ist nur legitim, ja es entspricht grundsätzlich der Rolle von Adoleszenz, in der „die angeblich gesicherten Bestände der Tradition auf neue Weise zu sehen" (Erdheim 1996, 86) sind. So reflektiert der Ich-Erzähler über einen Taxi-Fahrer, den er der „überkommenen" linken Protestkultur zuordnet:

> *Obgleich, wenn ich es mir überlege, hätte ich gerne mit ihm geredet und ihm gesagt, daß ich auch auf Demonstrationen gehe, nicht, weil ich glaube, damit würde man auch nur einen Furz erreichen, sondern weil ich die Atmosphäre liebe. Es gibt nämlich nichts besseres als den Moment, in dem die Polizei sich überlegt loszuschlagen, [...] und dann stolpert ein Demonstrant, irgend so ein armes Schwein, der sich die Schnürsenkel an seinen blöden Doc Martens nicht gescheit zugebunden hat, und dann fallen ungefähr achtzig Polizisten über den her und prügeln auf ihn ein. Davon gibt es dann Fotos in der Zeitung, und dann wird wieder diskutiert, ob die Polizei zu gewalttätig ist, oder die Demonstranten oder beide und ob die Gewaltspirale eskaliert.*
>
> (C. Kracht, Faserland, 1995, 33f.)

Für Krachts Ich-Erzähler ist diese Art von medialer Inszenierung wiederum ein Grund, um die gegenwärtige Weltsituation radikal unter Kritik zu stellen. Dem Taxi-Fahrer allerdings traut er eine in seinem Sinne reflexiv-kritische Bewertung nicht zu. Nach dem Prinzip „Sage mir, wie Du Dich kleidest, und ich sage dir, wer du bist" geht er davon aus, dass der „sonst ja auch ein Kiton-Jackett tragen würde, sich die Haare anständig schneiden und kämmen und seinen Regenbogen-Friedens-Nichtraucher-Ökologen-Sticker von seinem Armaturenbrett reißen würde." (34)

Die Sicht von Krachts Ich-Erzähler unterstreicht einmal mehr, wie seit 1968 der Weg von einer Betonung der Appellfunktion zu einer Favorisierung der Ausdrucksfunktion gegangen wurde. Der politische Protest ist für den Protagonisten in „Faserland" zum Pop-Ereignis geworden und wird als eine Art ästhetisches Erlebnis genossen. Der Selbstdarstellung, der Inszenierung, der Bricolage und der Regelverletzung kommen entscheidende Funktionen zu. Markenprodukte wie ein Kiton-Jackett, rahmengenähte Schuhe und vor allem die Barbourjacke stehen für jenen Markenfetischismus, der – zumindest oberflächlich betrachtet – Bezüge zu Bret Easton Ellis herstellt.

Für postmoderne Gesellschaften ist kennzeichnend, dass für größere Gruppen offenere Optionen für die Lebensplanung entstehen und der Zeitraum der Erprobung sich verlängert. Insofern gewinnt die sogenannte Postadoleszenz an Bedeutung, die mitunter bis in das dritte, sogar vierte Lebensjahrzehnt hineinreicht. Nimmt man nur jenen Text, der – was den Ausgangspunkt des Erzählens betrifft – das Modell für BENJAMIN VON STUCKRAD-BARRES „Soloalbum" abgibt, NICK HORNBYS „High Fidelity", so geht es eigentlich um die Geschichte eines Postadoleszenten. Rob Fleming ist bereits Mitte dreißig, Mitinhaber eines schlecht laufenden Plattenladens in London, der weder Ambitionen noch Kraft hat, sich beruflich zu verändern oder Karriere zu machen. Rob gerät in eine Lebenskrise, als seine Freundin ihn ohne erkennbaren Grund verlässt. Mit der ungewohnten Situation vermag er nicht fertig zu werden, er erkennt, wie wichtig ihm Laura ist und bemüht sich mit allen Mitteln, sie zurückzugewinnen. Dass der Text über einen Postadoleszenten dennoch zu einem Kultbuch wurde, hängt neben den zeitdiagnostischen Qualitäten damit zusammen, dass er dem Lebensgefühl einer jüngeren Generation authentisch Ausdruck verleiht.

Postadoleszenz nimmt an Bedeutung zu

In ALEXA HENNIG VON LANGES „Relax" wird über ein Wochenende erzählt, in dem das Feiern im Zentrum steht. Der Text besteht aus zwei Teilen, bei denen es sich um eine Mischung aus inneren Monologen bzw. einem Bewusstseinsstrom sowie Figurenrede handelt. Erzählt wird jeweils über den gleichen Zeitraum einmal aus der Sicht des männlichen Protagonisten, Chris und zum anderen aus der Perspektive der weiblichen Heldin, die keinen Namen hat, sondern nur als „die Kleine" auftritt. Beide Ich-Erzähler sind um die zwanzig. Eine Handlung im herkömmlichen Sinne existiert nicht, vielmehr entstehen durch den beständigen Wechsel zwischen innerem Monolog und Figurenrede schnelle Schnitte, die einer Film- und Clip-Ästhetik vergleichbar sind und den Leser vor die Notwendigkeit stellen, beständig die Perspektive zu wechseln. „Mann. Ich bin ein Rockstar", so setzt Chris' Monolog ein, und auch beim Abfeiern fühlt er sich nach dem Einschmeißen von Pillen immer wieder wie eine Popgröße:

ALEXA HENNIG VON LANGE: „Relax"

Ich bin ein Rockstar und gehe jetzt tanzen.
„Jungs, ich geh jetzt tanzen!"
„Biste sicher?"
„Warum nicht?"
„Du bist doch komplett zu!"
„Kann doch trotzdem tanzen, oder nich?"
„Wenn de meinst!"   (A. Hennig von Lange 1997, 125)

Der Protagonist kümmert sich um keine Einwände und notiert:

> *Klar. Tanzen geht immer. Ich gehe jetzt tanzen. Im Nebel tanzen, ich tanze jetzt im Nebel. Ist doch nett. Ich tanze jetzt. Mit 1000 Leuten tanzen. Heute wird gefeiert und getanzt. Tanzen, tanzen, tanzen. Schwitzen, schwitzen, schwitzen. Man ist mir heiß. Ich ziehe mal meine Jacke aus. Zahnpasta auf der Jacke. Ich schenke meiner Kleinen eine Zahnpastatube. Ist alles das gleiche Zeug. Zahnpasta ist Zahnpasta und ich tanze jetzt.*
>
> (A. Hennig von Lange 1997, 125)

Offensichtlich wird: Ein rationaler Diskurs findet nicht statt, die Protagonisten reflektieren zwar durchgängig, aber ihre Gedanken kreisen in beständigen Wiederholungen und Schleifen ausschließlich um Banalitäten des Alltags, sie stehen in keinem direkten Zusammenhang und stellen das Gegenteil von der Suche nach der eigenen Identität dar. Über die Welt, wie sie sich lokal außerhalb der Wohnung und dem Party-Ort darstellt und zeitlich innerhalb der Woche abläuft, erfährt der Leser nichts. Arbeit, Beruf, Politik spielen keine Rolle, Generationskonflikte existieren nicht, das Verhältnis etwa zu den Eltern wird nicht explizit thematisiert, die Notwendigkeit zur Rebellion fällt weg. Stattdessen steht das Ausleben von Hedonismus im Zentrum, es geht um Sex, Drogen, „Abhängen", Kiffen. Ganz in diesem Sinne notiert Chris: „Ich finde das klasse. Das Leben ist zum Feiern da." (23) Seine Maxime formuliert er so: „Du mußt doch ein bißchen Spaß haben im Leben. Sonst hat das alles gar keinen Wert. Ich meine, solange du niemandem wehtust, ist alles erlaubt. Was soll das? Diese ganzen blöden Gesetze. Wenn du die alle beachten wolltest, müßtest du dein ganzes Leben damit verbringen, Gesetze zu beachten. So ein Quatsch." (25) Dass Chris permanent etwa der „Kleinen" wehtut, ja sie das Wochenende geradezu fürchtet, erkennt er nicht. Die Feier des Augenblicks wird von Chris begründet durch eine Hoffnung auf Gemeinschaft. „Ist doch schön, wenn alle zusammen tanzen", findet er.

Die Spannung bei HENNIG VON LANGE und anderen Jungautoren entsteht gerade nicht – wie man vermuten könnte – aus „dramaturgisch profihaften Handlungsverläufen", sondern eher „aus dem Hineinstellen der Helden in Versuchsräume, in denen die Dinge der Welt auf sie treffen und aus der Frage, wie sie darauf reagieren." (T. HÜLSWITT) Zu diesem Zweck wird – so kann man mit BORIS GROYS sagen – der „Raum des Profanen" ausgeschritten und auf diese Weise „Neues" produziert.

Die Mythen bzw. Helden der „Kleinen" in HENNIG VON LANGES „Relax" entsteigen im Sinne von LESLIE FIEDLER den Welten der Filme, der Comics und des obszönen Zeichenstifts. Wenn wie hier eine Außen- und Innenwelt literarisch erfasst wird, die einzig aus einer (An)Sammlung von Tätigkeiten wie Warten, Abhängen, Trinken, Kiffen, Wichsen usw. besteht, wird man diese wohl mit einigem Recht als banal oder profan bezeichnen können. Nur wäre es verfehlt, dies schlechthin als Vorwurf an die Autorin und den Text zu formulieren. Im Gegenteil: Man mag im „Inventarisieren" ein auffälliges Merkmal der neuen Popliteratur sehen. Aufwachsen im Westen Deutschlands war eben nur vermeintlich konfliktfrei, weswegen sich bei der literarischen Verarbeitung „Abgründe" auftun und ein offensichtlicher Mangel an Werten und Orientierungen zeigt. Eine moderne Suche nach Identität erfolgt bei HENNIG VON LANGE nicht bzw. nur verdeckt, stattdessen gibt es ein lockeres Spiel mit jenen Angeboten, die eine Erlebnisgesellschaft zur Selbstinszenierung des Ichs zur Verfügung stellt.

Weil das so ist, müssen in den Texten der „profane Raum", die Oberflächen einer Erlebnisgesellschaft präsentiert werden. Dies macht – so paradox es auf den ersten Blick auch anmuten mag – das „Neue" der Texte einer Reihe von Jungautoren aus und prägt ihre Schreibweisen. Das trifft ganz besonders auf die Popromane von BENJAMIN VON STUCKRAD-BARRE zu, für die das Prinzip des Sammelns, Inventarisierens und Archivierens zentrale Bedeutung besitzt. Auch in „Soloalbum" geht es um einen (Post)Adoleszenten. Katalysator für seine Aufzeichnungswut ist – wie bei HORNBY – die Trennung von der Freundin, denn die hat ihn nach vierjähriger Beziehung verlassen. Was den Ich-Erzähler so erschüttert, ist neben dem Verlust die Art und Weise der Aufkündigung der Beziehung. Mit *„The killer in me is the killer in you"* kritzelt die Verflossene eine Zeile aus dem Smashing Pumpkins-Song „Disarm" auf das Fax mit dem Abschiedsbrief. Damit ist einmal mehr auf die Bedeutung verwiesen, die Popmusik für das Alltagsleben des Postadoleszenten besitzt. Es geht dabei nicht nur um Anspielungen, intertextuelle Bezüge, Referenzen, vielmehr erhält Pop(Musik) symbolische Bedeutung und wird zum Wertungsraster, mit dem der Protagonist (mediale) „Wirklichkeit" kategorisiert und deutet. Songs der Britpop-Band „Oasis" wirken leitmotivisch als Überschriften der einzelnen Kapitel. Dabei sind sie nicht zufällig gewählt, sondern entsprechen in Inhalt wie Form der Stimmungslage sowie der Werthaltung des Protagonisten. Insofern ist der Bezug zu HORNBY offensichtlich, doch STUCKRAD-BARRE interessiert anderes. Denn: „Der Liebeskummer ist nichts als die Lizenz für das enzyklopädische Verfahren." (M. BASLER) Ausgeschritten wird in „Soloalbum" der Raum der Medien- und

BENJAMIN VON STUCKRAD-BARRE: *Prinzip des Sammelns, Inventarisierens und Archivierens*

Jugendkultur der 90er-Jahre, und entsprechend werden auch hier Adoleszenzerfahrungen markiert, gesammelt, archiviert. Es geht um das ganze Spektrum von Pubertäts-, Jugend- und Lebensbewältigungen. Von einer adoleszenten Identitätssuche im klassischen Sinn kann freilich nicht die Rede sein, im Gegenteil, genau genommen werden vom Ich-Erzähler beständig Defizite auch in Hinblick auf die eigene Person notiert.

Der Adoleszenzroman in der DDR

Der Erfolg von Ulrich Plenzdorfs „Die neuen Leiden des jungen W." darf nicht darüber hinwegtäuschen, dass es Adoleszenz im traditionellen wie modernen bürgerlichen Sinne in der DDR so nicht gab. Wenn „moderne bürgerliche" Adoleszenz den Prozess der Identitätssuche Jugendlicher zum Gegenstand hat und sie dabei als Phase der Erprobung, der Grenzüberschreitung, der Regellosigkeit, des Tabubruchs gilt, hatte diese Form im „geregelten" DDR-Alltag in dieser Weise keinen Platz. Es ist daher kein Zufall, wenn Uwe Johnsons postum erschienener Romanerstling „Ingrid Babendererde" (1956/1985) in den erfahrenen politischen Einschränkungen der jugendlichen Protagonisten in der frühen DDR der 1950er Jahre thematisch wie strukturell an den Adoleszenzroman der Jahrhundertwende anknüpft.

Fritz Rudolf Fries:
„Der Weg nach Oobliadooh"

Fritz Rudolf Fries' „Der Weg nach Oobliadooh" (1966/1989) kann daher nicht nur als ein früher Adoleszenzroman gelten, sondern auch als erster Poproman in der DDR – dort hatte er daher keine Veröffentlichungschance.

Arlecq und Paasch, Fries' junge Helden, genießen die Wochen, die ihnen zwischen Studienabschluss und Berufseinstieg bleiben. Sie schwelgen in Jazz-Rhythmen, konsumieren reichlich Alkohol, blödeln, reden Nonsens, verulken Staatsbeamte, haben Kontakt zu „Formalisten", „Revisionisten" und „Staatsfeinden". „I knew a wonderful Princess in the land of Oobliadooh", eine Zeile aus dem Stück des Jazz-Trompeters Dizzy Gillespie unterstreicht die Sehnsucht der beiden. Die Spezifik einer „real-sozialistischen" Adoleszenz bringt Arlecq so auf den Punkt:

> *Arlecq ... notierte sich nichtgelebte Biographien, um zu sehen, was dann noch übrigbliebe. Also: keine psychologischen Konflikte großen Stils. Die Generationsfrage hatte den Krieg nicht überdauert. Wo gab es den jungen Mann, der sich bildend, die Welt bereist ... Was blieb ließ sich zu Papier bringen. Geburtsurkunde, Meldelisten, Polizeikarten, Ausweise, Mitgliedskarten, Lesekarten, eine Examensbescheinigung, eine Eintragung auf dem Finanzamt zwecks Steuerklassifizierung, eine Sozialversicherung für Freischaffende. Erst die Krankengeschichten gaben Profil.* (F. R. Fries 1989, 76)

Damit ist der Unterschied von westlicher und östlicher Adoleszenz wie ihrer Darstellung in der Literatur frühzeitig – und bis an das Ende der DDR – gültig auf den Punkt gebracht: Unter Bedingungen eines „selektiven Moratoriums" folgt die Bildungszeit einem festgelegten Zeitplan, aus dem nicht auszubrechen ist, der Übergang ins Arbeitsleben ist detailliert vorgeplant. Das „selektive Moratorium" kennt nur einen stark eingeschränkten Raum für Jugend als eine Zeit von Krisen und der chaotischen Suche nach Identität.

Stark eingeschränkter Raum für Jugend

Vergleicht man den frühen Text von FRIES mit späteren wie ULRICH PLENZDORFS „Die neuen Leiden des jungen W." (1972) oder VOLKER BRAUNS „Die unvollendete Geschichte" (1975/1988), dann zeigt sich, wie Adoleszenz in der DDR weiter eingeengt und kontrolliert wurde. Eben das schlägt sich auf Parameter von Oberflächen- und Tiefenstruktur der Texte nieder, wobei es zu keinem Wandel kam, sondern nur zu einer Bestätigung des frühen Urteils von FRIES.

VOLKER BRAUN lässt seine jugendliche Protagonistin ganz bewusst aus der „Welt der Gewöhnungen" herausfallen und Stationen eines „gebremsten Lebens" erleben. Allein die „Fabel" der Erzählung bot in der DDR gesellschaftlichen Sprengstoff: Karin, die Tochter eines Vorsitzenden des Rates des Kreises, soll sich unbedingt von ihrem Freund trennen, denn der „habe irgendwas vor". Was es konkret ist, bleibt im Dunkeln. Schließlich stellt sich heraus, dass die Staatssicherheit – völlig unbegründet – gegen Frank wegen des Verdachts der „Republikflucht" ermittelt. Die Vorwürfe werden allerdings nicht ausgesprochen, bleiben undurchschaubar und geradezu kafkaesk. Die Geschichte zeigt dann, wie die staatlichen Eingriffe grundlos in Gang gesetzt werden und die beiden jungen Leute fast zerstören. Dabei entlarvt sich das zunächst noch anonym auftretende Staatswesen auch durch die Verhaltensweisen seiner Repräsentanten als unmenschlich.

VOLKER BRAUN: „Die unvollendete Geschichte"

Die Anspielungen und Zitate, mithin die intertextuellen Verweise in der „Unvollendeten Geschichte" signalisieren, in welchem Maße der *Glaube* früherer literarischer Protagonisten unter den erstarrten Bedingungen nicht mehr funktionieren kann. In diesem Sinne kommt es zu einer Konfrontation von „real-sozialistischer Wirklichkeit" mit Idealen und Zukunftsversprechen der DDR-Anfangsjahre. Was entsteht, ist ein *Riss*, der bis in die Privatsphäre hineinwirkt. Mit dem „Wibeau-Ton" war der zunehmenden Entfremdung nicht mehr beizukommen. So liest BRAUNS jugendliche Heldin in einem Text, der eindeutig als PLENZDORFS „Die neuen Leiden des jungen W." auszumachen ist, und setzt sich von ihm ab. Die Karin aus der „Unvollendeten Geschichte" spürt, dass PLENZDORFS Wibeau sich in seiner

Adoleszenz an Äußerlichkeiten abarbeitet, aber nicht – wie GOETHES „Werther" – an den Kern der Widersprüche herankommt.

VOLKER BRAUNS Adoleszenznovelle warnt – immer noch der Utopie einer sozialistischen Gesellschaft verpflichtet – geradezu beschwörend vor dem Zerfall. Hier ist es nämlich erneut die junge Generation, die – wie schon bei UWE JOHNSON – durch den Staat und seine Repräsentanten in eine existentielle Krise gerät, obwohl sie an diesen Staat glaubt. Sie erkennen die gesetzten Normen an und haben die proklamierten Werte des Sozialismus verinnerlicht. Dieses Einverständnis ist nicht als billiges Mitläufertum zu denunzieren, sondern hat seine Ursache darin, dass die bisherigen Grunderfahrungen eben keine grundsätzlichen Widersprüche provozierten. An Karin wird gewisssermaßen stellvertretend der Weg der Emanzipation eines größeren Teils der DDR-Bevölkerung bis zum Herbst 1989 vorweggenommen. Dabei ist es das Paradoxe, dass erst die erlebte eigene Entfremdung und durchlittene Angst in wirklichem Sinne die Augen öffnet.

ROLF SCHNEIDERS „Reise nach Jaroslavl" (1974), der eine Adaption des PLENZDORF-Musters mit weiblicher Protagonistin darstellt, zeigt einmal mehr die DDR-spezifische Variante von Adoleszenz in ihrer Reglementierung durch staatliche Instanzen. Fragen von adoleszenter Identitäts- und Ich-Findung im weitesten Sinne spielen aber auch in Texten von GÜNTER GÖRLICH („Den Wolken ein Stück näher", 1971), GERHARD HOLTZ-BAUMERT („Trampen nach Norden", 1975), JOACHIM WALTHER („Ich bin nun mal kein Yogi", 1975), HANS WEBER („Bin ich Moses", 1976), BENNO PLUDRA („Insel der Schwäne", 1985), JUTTA SCHLOTT („Roman und Juliane", 1985) und GUNTER PREUß („Feen sterben nicht", 1987) eine Rolle. Sämtliche dieser Texte erschienen in Jugendbuchverlagen.

In den späten 70er-Jahren hat LUTZ RATHENOW in einer Reihe von kurzen Erzählungen dann den gerissenen Faden von FRIES wieder aufgegriffen und an die Pop-Elemente des Westens angeknüpft. In der Sammlung „Mit dem Schlimmsten wurde schon gerechnet" – 1980 nur in der Bundesrepublik erschienen – findet sich die Kurzgeschichte „Ohne Anfang". Janis Joplin, Jimi Hendrix und ihre Songs werden zitiert und zur Grundlage für die Inszenierung von jugendlicher Rebellion gegen den Staat.

THOMAS BRUSSIG:
„Wasserfarben" –
DDR-Variante
des „selektiven
Moratoriums"

Mit JURIJ KOCHS „Augenoperation" (1988) und CORDT BERNEBURGERS (d. i. THOMAS BRUSSIG) „Wasserfarben" (1990) liegen zwei Romane vor, die am Ende der DDR den für den „Real-Sozialismus" brisanten Fragen nach Adoleszenzkrisen Jugendlicher nachgehen. So agiert BRUSSIGS jugendlicher Protagonist gänzlich anders als die Karin in BRAUNS „Unvollendeter Geschichte". „Wasserfarben" stellt eine DDR-typische Variante des „selektiven Moratoriums" am Ende der 80er-Jahre dar. Das zeigt sich u. a. am Verhältnis von

Kinder- bzw. Jugend- und Erwachsenenwelt, dem Generationenverhältnis, den Vater-Sohn- bzw. Mutter-Sohn-Beziehungen, den eingeschriebenen moralischen Werten und Normen.

Schon zu Beginn des Romans wird aus der Sicht des jugendlichen Protagonisten, Anton Glienicke, die Institution „Schule" bewertet und festgestellt, dass es sich um eine „ziemlich durchschnittliche EOS" handelt, die „nichts Außergewöhnliches darstellt". Im Widerspruch dazu steht das Selbstverständnis des Direktors, der zu suggerieren sucht, dass hier die „Elite der Nation" und die „Führungsgarde von morgen herangezogen" werde. Mit „und blablabla" wird dieser Anspruch von Anton kommentiert. Das Vertrauensverhältnis zwischen Lehrern und Schülern tendiert gegen null. In UWE JOHNSONS „Ingrid Babendererde" (1956/1985) hat Direktor Pius Siebmann „die Macht, mit seinen Worten etwas gut und böse zu machen". In BRUSSIGS Text ist es nicht anders. Jemand, der wie Anton politische Maßgaben zur Ableistung eines längeren Wehrdienstes nicht erfüllen will und noch keinen Studienwunsch hat, kann in den Augen des „real-sozialistischen" Direktors Schneider nur als „Luftikus" gelten. Was im Bildungsmoratorium unter modernen Verhältnissen allgemein anerkannte Voraussetzung und legitimer Ausdruck der Suche nach dem eigenen Ich ist, wird unter den selektiv modernen Bedingungen des Staatssozialismus als „nicht normal" eingestuft. Hinzu kam, dass die Teilhabe an Öffentlichkeit anders als im westdeutschen Bildungsmoratorium nur begrenzt möglich war.

Die westdeutschen Adoleszenzromane der 80er-Jahre zeigen, wie Jugendliche souverän an der Öffentlichkeit als Konsumenten teilnehmen. Die Kontrolle durch gesellschaftliche Instanzen ist dabei auf die Schule reduziert, es dominieren Kontakte zu Gleichaltrigen. Genau das ist die Grundlage für eine – zwar marktgesteuerte bzw. -beeinflusste – vielgestaltige, relativ autonome Jugendkultur. Diese findet sich in DDR-Texten nur begrenzt, weil unter den partiell modernen Verhältnissen eine jugendliche Öffentlichkeit nicht autonom existierte und jeweils durch Kontrollinstanzen (Schule, Pionierorganisation, FDJ) reglementiert und gesteuert wurde.

> **Wichtig**
> Die Darstellung von Beengung ist typisch für alle Adoleszenzromane in der DDR, die kritisch die Verhältnisse erfassten und nicht einer gesellschaftlichen Wunschvorstellung zu entsprechen suchten.

Die Erfahrung von Begrenzung und der sich daraus ergebende Ausbruchsversuch – zumeist in Form einer unvermittelten Reise bzw. Flucht – ist symptomatisch für jugendliterarische Adoleszenz in der DDR und produziert entsprechende literarische Konfigurationen.

Politisierung des Alltags

Ein weiteres maßgebliches Merkmal sämtlicher Texte, die über Adoleszenz in der DDR erzählen, ist die Politisierung des Alltags: Entsprechend sind die Konflikte, die die jugendlichen Protagonisten in der Adoleszenz erfahren, Folge einer militanten Politisierung des Lebens, der staatlichen Kontrolle und Beschneidung individueller Lebensstile sowie autonomer kindlicher- bzw. jugendlicher Welten. Dadurch werden selbst privateste Probleme zu politischer Bedeutsamkeit aufgebläht.

Das Besondere am Ende der 80er-Jahre besteht darin, dass ein Protagonist wie Anton Glienicke in Brussigs „Wasserfarben" das Wissen um seine Machtlosigkeit bereits als gegeben hinnimmt und weiß, wie hilflos er dem ausgeliefert ist. Daher verzichtet er gleich ganz auf Gegenbewegung, Rebellion, Konfrontation. Es erscheint ihm nützlicher, sich beobachtend zurückzuziehen. Das geht allerdings nur, wenn man „unauffällig" bleibt und nicht „aneckt". Jugendliche Spontaneität ist seine Sache nicht, weil er nüchtern die Möglichkeiten analysiert. In dieser Hinsicht sind Antons Wertorientierungen hedonistisch-materialistisch orientiert, deuten Veränderungen in der Mitte der 80er-Jahre an und nehmen das Ende der DDR vorweg.

Ausblick – Kindheit und Adoleszenz in der Erinnerung

Florian Illies: *„Generation Golf"*

Neben den Texten von Stuckrad-Barre, Lebert und Hennig von Lange wurden Ende der 90er-Jahre vor allem zwei „dokufiktionale" Kindheits- bzw. Adoleszenztexte zu Bestsellern innerhalb der jüngeren Generation: Florian Illies' „Generation Golf" und Jana Hensels „Zonenkinder". Beide Texte kann man auch als „Kollektive Autobiographien" bezeichnen; es handelt sich also nicht um Adoleszenzromane. Dennoch signalisieren sie den Wandel in der Adoleszenz wie ihrer literarischen Darstellung.

Florian Illies' Ich-Erzähler (homodiegetischer Erzähler) in „Generation Golf" (2000) – er beschreibt Kindheit und Adoleszenz im Westen – notiert folgende westtypische Generationserfahrung:

> *Mir geht es gut. Es ist Samstag Abend, ich sitze in der warmen Wanne, im Schaum schwimmt das braune Seeräuberschiff von Playmobil. Ich schrubbe mit der Bürste meine Knie, die vom Fußballspielen grasgrün sind. Das Badezimmer ist unglaublich heiß, seit zirka drei Uhr nachmittags heizt meine Mutter vor, damit ich mich nicht erkälte. Nachher gibt's Wetten, dass ...? mit Frank Elstner.*
>
> (F. Illies 2000, 9)

Wenig später wird – hinreichend eingestimmt – vom „Ich" zum „Wir" gewechselt:

Wir vermuteten [...] dass auch die weiteren Geheimnisse des Lebens vor allem etwas mit der Kleidung zu tun hatten. Der zentrale Einschnitt war demzufolge, dass wir uns plötzlich alle weigerten, im Winter Pudelmützen zu tragen und weiterhin, mit unseren Müttern Hosen und Nickis kaufen zu gehen. (F. Illies 2000, 21)

FLORIAN ILLIES spricht für eine Gemeinschaft, ausgedrückt werden gruppenbezogene Erfahrungen und Erinnerungen. Das macht eine Festlegung auf Generationstypisches möglich. Dabei wird eine Kindheit und Adoleszenz erinnert, der jegliche existentielle Störungen fehlen, es gibt auch keine radikalen Einschnitte und Traumata. Die Basis für diese in gewisser Weise erinnerte Entindividualisierung kann man darin sehen, dass die Generation der Dreißigjährigen „Kinder des Friedens" sind, die im Schatten der Mauer und in einer als „Biedermeier" empfundenen Zeit aufwuchsen, die durch die Kanzlerschaft von Helmut Kohl gekennzeichnet ist. Generationsprägend für größere Teile dieser jungen Generation war allem Anschein nach die Auffassung, dass „die Geschichte selbst [...] als bewegende Größe [...] zum Stillstand gekommen" sei (S. SCHLAK).

ILLIES' faktualer, also dokumentarischer, Erinnerungstext unterscheidet sich nur wenig von einer Vielzahl fiktionaler Geschichten, die ab Ende der 90er-Jahre über Kindheiten wie Adoleszenz in der alten Bundesrepublik erzählen. Dazu gehören Texte wie TOBIAS HÜLSWITTS „Saga" (2000), KOLJA MENSINGS „Wie komme ich hier raus? Aufwachsen in der Provinz" (2002), PETER RENNERS „Griff in die Luft" (2003), MARCUS JENSENS „Oberland" (2004), SVEN REGNERS „Neue Vahr Süd" (2004). Erzählt wird auch in diesen Texten von einem eher paradiesisch anmutenden Aufwachsen, einer Kindheit, die auf den ersten Blick so idyllisch erscheint wie jene, die ASTRID LINDGREN in ihren „Bullerbü"-Bücher entworfen hat. Selbst in der Adoleszenz fehlen Risse und Brüche. Doch wenn man diese Texte genauer betrachtet, dann zeigt sich: Mit dem erinnerten Raum der Provinz wird eine Art „ethisches Modell" entworfen.

Kindheit und Adoleszenz in der Bundesrepublik

Vor dem Hintergrund einer permanenten Verunsicherung in der Gegenwart des neuen Jahrhunderts wird die eigene Kindheit und Jugend sentimentalisch als verlorenes Paradies erinnert. BURKHARD SPINNEN hat zu Recht vermutet, dass die „absolute oder universelle Kindheit" als „Metapher für ebenjenen Zustand einer kindlichen Schicksalslosigkeit" steht, die man der „Generation der Nach-68er" gewissermaßen verordnet hat und in der sich die jungen Leute letztlich „ebenso geborgen wie unbehaust" fühlen. Die erinnerte Adoleszenz in der Provinz ist somit Ausdruck des „Unbehagens an einer Gegenwart, die als immer unsicherer empfunden wird". Das ändert sich ab etwa 2010. Nunmehr erscheinen zunehmend Romane, die von Brüchen und Störungen in der Adoleszenz erzählen und in die die Jahre zwischen 1970 bis 2000 zurückführen: Hansjörg Schertenleib: „Cowboysommer" (2010); Thomas Lang „Bodenlos" (2010); Bov Bjergs „Auerhaus"; John von Düffel „Klassenbuch" (2017); Wolf Haas' „Junger Mann" (2018) oder Yannic Han Biao Federer „Und alles wie aus Pappmaché" (2019).

Adoleszenzgeschichten zum Untergang der DDR

Offensichtlich wird, dass es ab Ende der 90er-Jahre in Literatur wie Film vor allem Adoleszenzgeschichten sind, die von der untergegangenen DDR erzählen. In „Sonnenallee" oder „Good Bye, Lenin", in „NVA" oder in „Der rote Kakadu" kann man teilhaben am einem „Verlachen" und einer „Komödisierung" der DDR. Nicht zu Unrecht ist angesichts der erfolgreichen Filme davon gesprochen worden, dass es der „Reiz des Absurden" und die travestiehafte Überzeichnung sind, die diese Texte so erfolgreich gemacht haben und eine genussvolle Verkostung von DDR möglich machen. THOMAS BRUSSIG sucht dafür in seiner Adoleszenzgeschichte „Sonnenallee" (1999) eine einfache Begründung. „Denn die Erinnerung", so lässt er seinen Ich-Erzähler sagen, „[...] vollbringt beharrlich das Wunder, einen Frieden mit der Vergangenheit zu schließen, in dem sich jeder Groll verflüchtigt und der weiche Schleier der Nostalgie über alles legt, was mal scharf und schneidend empfunden wurde" (157).

Weitere Texte, in denen DDR-Adoleszenz Gegenstand des Erzählens ist, sind KATHRIN AEHNLICHS „Wenn ich groß bin, flieg ich zu den Sternen" (2003), JAKOB HEINS „Mein erstes T-Shirt" (2002), JULIA SCHOCHS Erzählungen in „Der Körper des Salamanders" (2001); Falko Hennigs „Alles nur geklaut" (1999) und „Trabanten" (2002) oder André Kubiczeks Debütroman „Junge Talente" (2002).

Dies trifft auch für jene erfolgreichen Romane zu, die exemplarisch für die Darstellung von postkommunistischer Adoleszenz stehen, nämlich DOROTA MASŁOWSKAS „Schneeweiß und Russenrot" (2002) und CLEMENS MEYERS „Als wir träumten" (2005). Beide gehören allerdings auch nicht zur spezifischen Jugendliteratur. Die polnische Jungautorin DOROTA MASŁOWSKA erhielt für ihren Adoleszenzroman – wie 2002 schon ALEXA HENNIG VON LANGE für „Ich habe einfach Glück" – dennoch 2005 den Deutschen Jugendliteraturpreis. In der Jurybegründung wurde entsprechend hervorgehoben, dass der Roman „das Lebensgefühl einer verunsicherten jungen Generation auf der Suche nach Sinn, Werten und Liebe" offenbart.

DOROTA MASŁOWSKA: „Schneeweiß und Russenrot"

Erzählt wird von jungen Leuten im postkommunistischen Polen des Jahres 1999. Die Protagonisten sind einsam und haben keine konkreten Pläne für die Zukunft. Obwohl sie sich in der Adoleszenzphase befinden, findet keine Suche nach der eigenen Identität statt, und es geht auch nicht um die Entfaltung eines selbstständigen Ichs. Vielmehr dominiert – wie in postmodernen Adoleszenztexten aus den USA – Hedonismus und die Suche nach Erlebnissen. Dabei spielen Sex, Drogen und Alkohol eine zentrale Rolle. Die Verhältnisse im postkommunistischen Polen werden vom Ich-Erzähler Andrzej – er nennt sich der „Starke" – zynisch kommentiert. Doch die jungen Helden rebellieren nicht gegen die herrschenden Normen, Werte oder die Welt der Erwachsenen, sondern sie sind nahezu gelähmt und apathisch. Hinter der auf der Darstellungsebene beschworenen Action steckt in Wahrheit Bewegungslosigkeit. Andrzej glaubt, dass es für ihn und seine Freundin Magda, die ihn verlassen hat, keine Zukunft gibt. So reflektiert er bereits am Beginn des Textes: „All meine Gefühle leben in mir auf. Der ganze Schlamassel. Der soziale und wirtschaftliche im Land." (14)

In der Begründung zur Preisverleihung war die Rede vom „faszinierenden Sog einer ungebändigten, kraftvollen Sprache, die in Metaphern, hochpoetischen Bildern und Neologismen schwelgt". Mit dieser Bewertung, die sich auch auf die deutsche Übersetzung bezieht, sind auch zahlreiche jugendsprachliche Sprechstile gemeint, die die Autorin auf der einen und der Übersetzer, OLAF KÜHL, auf der anderen Seite jeweils über den jugendlichen Ich-Erzähler fixieren. Einer äußerst sparsamen Gestaltung sozialer Räume steht eine Sprache der Figuren gegenüber, die reflexiv die Wahrnehmung der Wirkung gesellschaftlicher Zustände auf junge Menschen, ihre Lebensräume und die Lebensgestaltungsmöglichkeiten vermittelt.

Auch in CLEMENS MEYERS Roman „Als wir träumten" wird von einer „verlorenen Generation" erzählt, die ohne Illusionen zwischen Tristesse, Zukunftsangst und Depression pendelt. Die jugendlichen Protagonisten geraten mit der Wende des Jahres 1989 in eine neue Welt. Aus DDR-Pionieren werden BRD-Halbstarke, „Kämpfer ums Erwachsenwerden, ums Revier, um das Reinkommen in die Gesellschaft" (E. FALCKE). Daniel, Rico, Mark, Paul, Walter und Stefan wachsen im Leipzig der Nachwendezeit auf. Drogen, Autodiebstähle, Gewalt und Arresterfahrungen sind prägend für diese jungen Leute, die gemeinsam von einem anderen Leben träumen. Doch sämtliche Träume zerplatzen. Rückschauend berichtet der Ich-Erzähler Daniel, „warum alles so gekommen ist" (14).

CLEMENS MEYER: „Als wir träumten"

In Jugendbuchverlagen zeichnen sich folgende Trends ab, erstens: Die literarisch innovativen Texte ab Anfang 2000 stammen zunächst bevorzugt aus dem englischsprachigen Raum. Dies unterstreichen Nominierungen für die Auswahlliste zum Deutschen Jugendliteraturpreis oder die Auszeichnungen mit diesem für die KJL wichtigsten Preis. Dazu zählen die Adoleszenzromane des Briten KEVIN BROOKS, der für „Lucas" 2006 den Deutschen

Jugendliteraturpreis erhielt und auch mit nachfolgenden Adoleszenztexten wie „Candy" (2007) und „Kissing the rain" (2007) oder dem Western-Thriller „The road of the Dead" (Jugendliteraturpreis 2009) seine herausragende Rolle unterstrich. Vergleichbares trifft für den Australier MARKUS ZUSAK zu, der für „Der Joker" 2007 mit dem Deutschen Jugendliteraturpreis ausgezeichnet wurde. Der Roman „was wäre wenn" der Engländerin MEG ROSOFF, der über die frühe Adoleszenz erzählt, erhielt 2008 den Jugendliteraturpreis. „Paradiesische Aussichten" der Französin FAIZA GUÈNE (2007) schaffte es ebenso auf die Auswahlliste wie IVA PROCHÁZKOVÁ mit „Nackt" (2009). Mit „Eine wie Alaska" (2008, Auswahlliste) und dann mit „Das Schicksal ist ein mieser Verräter" (2012), der 2014 als Film in die Kinos kam, erreichte JOHN GREEN weltweit ein Millionenpublikum. Susanne Krellers Adoleszenzroman "Schneeriese" (2015) erhielt ebenfalls den Deutschen Jugendliteraturpreis. Zweitens: Bei den deutschsprachigen Adoleszenzromanen zeichnete sich schon ab Ende der 1990er Jahre die Tendenz ab, die Texte mit dem problemorientierten bzw. komischen Jugendroman zu mischen. Zu denken ist zunächst an Romane von ZORAN DRVENKAR, der mit „Niemand so stark wie wir" (1998) und „Der Bruder" (1999) den Durchbruch schaffte und „Touch the flame" (2001) und „Cengiz und Locke" (2002) folgen ließ. Die Verbindung von Adoleszenz und Komik findet sich vor allem in Romanen des früh verstorbenen CHRISTIAN BIENEK („Total verzaubert", 2003; „Knutschen erlaubt", 2004) oder in JOCHEN TILLS „Ohrensausen" (Deutscher Jugendliteraturpreis 2003). Auch der bekannte Poetry-Slam Autor JAROMIR KONECNY liefert mit „doktorspiele" (2009) ebenso wie TOBIAS ELSÄSSER mit „Abspringen" (2009) einen im Grunde komischen Adoleszenzroman, der gezielt die Phantasien heranwachsender Jung-Männer ins Zentrum stellt. Drittens: Mit ALINA BRONSKYS Debüt „Scherbenpark" (2008) setzte eine neue Entwicklung ein, die einen Höhepunkt mit dem Bestseller des 2013 verstorbenen WOLFGANG HERRNDORF „Tschick" erreichte (2010, Deutscher Jugendliteraturpreis 2011). Der Roman stellt eine grandiose Modernisierung der Gattung dar. ROLF LAPPERTS „Pampa Blues" (2012) und RAINER MERKELS „Bo" (2013) sind weitere herausragende Beispiele für den (post)modernen Adoleszenzroman. Viertens: Wenn von neuen Entwicklungen die Rede ist, dann ist auf Romane zu verweisen, in denen junge Autoren über Adoleszenz in der DDR erzählen. Die meisten dieser Texte erscheinen allerdings nicht in KJL-Verlagen. Dazu gehören Romane wie JOCHEN SCHMIDTS „Schneckenmühle" (2013), TORSTEN SCHULZ „Nilowsky" (2013), GREGOR SANDERS „Was gewesen wäre" (2014) oder ANGELIKA KLÜSSENDORFS „Das Mädchen" (2011) und „April" (2014). Schließlich sind André Kubiczeks „Skizze eines Sommers" (2016) und "Straße der Jugend" (2020) zu nennen.

Literatur

Ausgewählte Primärliteratur

Boie, Kirsten (1999): Nicht Chicago. Nicht hier. Oetinger: Hamburg.
Dies. (1995): Sophies schlimme Briefe. Oetinger: Hamburg.
Dies. (1994): Nella-Propella. Oetinger: Hamburg.
Dies. (1990): Mit Kindern redet ja keiner. Oetinger: Hamburg.
Bojunga-Nunes, Lygia (1992): Maria auf dem Seil (1979). Dressler: Hamburg.
Brussig, Thomas (1996): Helden wie wir. Volk und Welt: Berlin.
Ders. (d. i. Cordt Berneburger) (1991): Wasserfarben. Aufbau: Berlin.
Chidolue, Dagmar (1992): Magic Müller. Dressler: Hamburg.
Cole, Brock (1996): Celine oder Welche Farbe hat das Leben. Hanser: München, Wien.
Cross, Gillian (1996): Auf Wiedersehen im Cyberspace. Ueberreuter: Wien.
Dayre, Valérie (2005): Lilis Leben eben. Carlsen: Hamburg.
Donnelly, Elfie (1977): Servus Opa, sagte ich leise. Dressler: Hamburg.
Ellis, Bret Easton (1988): Einfach unwiderstehlich. Rowohlt: Reinbek.
Ende, Michael (1973): Momo. Thienemann: Stuttgart, Wien.
Enzensberger, Hans M. (1998): Wo warst du, Robert? Hanser: München, Wien.
Fries, Fritz R. (1966): Der Weg nach Oobliadooh. Suhrkamp: Frankfurt/Main
Funke, Cornelia (2003): Tintenherz. Dressler: Hamburg.
Gaarder, Jostein (1996): Durch einen Spiegel, in einem dunklen Wort. dtv: München.
Ders. (1993): Sofies Welt. Hanser: München.
Grass, Günter (1986): Die Blechtrommel (1959). Volk und Welt: Berlin.
Härtling, Peter (1975): Oma. Beltz & Gelberg: Weinheim.
Ders. (1992): Das war der Hirbel (1973). dtv: München.
Haugen, Tormod (1978): Die Nachtvögel. Benziger: Zürich.
Hennig von Lange, Alexa (1998): Relax. Rowohlt: Hamburg.
Herfurtner, Rudolf (1984): Rita, Rita. Sauerländer: Aarau.
Hornby, Nick (1996): High Fidelity. Knaur: München.
Illies, Florian (2000): Generation Golf. Eine Inspektion. S. Fischer: Frankfurt/Main.
Jacobsson, Anders/Olsson, Sören (1990): Berts gesammelte Katastrophen. Oetinger: Hamburg.
Johnson, Uwe (1985): Ingrid Babendererde. Reifeprüfung 1953. Suhrkamp: Frankfurt/Main.
Kästner, Erich (1998): Emil und die Detektive. In: Görtz, Franz Josef (Hg.): Erich Kästner. Werke. Bd. VII, S. 193–302. Hanser: München, Wien.
Ders. (1998): Pünktchen und Anton. In: Görtz, Franz J. (Hg.): Erich Kästner. Werke., Bd. VII, S. 451–546.
Ders. (1998): Der 35. Mai oder Konrad reitet in die Südsee. In: Görtz, Franz J. (Hg.): Erich Kästner. Werke. Bd. VII, S. 547–618.
Ders. (1998): Das doppelte Lottchen. In: Görtz, Franz J. (Hg.): Erich Kästner. Werke. Bd. VIII, S. 161–254.
Kracht, Christian (1995): Faserland. Kiepenheuer & Witsch: Köln.
Kuijer, Guus (1995): Erzähl mir von Oma (1978). Ravensburger: Ravensburg.
Lindgren, Astrid (1973): Die Brüder Löwenherz. Oetinger: Hamburg.
Dies. (1967): Pippi Langstrumpf (1948). Oetinger: Hamburg.
Dies. (1955): Mio, mein Mio. Oetinger: Hamburg.
Martin Gaite, Carmen (1994): Rotkäppchen in Manhattan. Suhrkamp: Frankfurt/Main.
Martinez-Menchen, Antonio (1990): Pepito und der unsichtbare Hund. Dressler: Hamburg.
McInerney, Jay (1986): Ein starker Abgang. Rowohlt: Reinbek.
Meyer, Clemens (2007): Als wir träumten. S. Fischer: Frankfurt/Main.
Nöstlinger, Christine (1994): Olfi Obermeier und der Ödipus. Oettinger: Hamburg
Dies. (1990): Nagle einen Pudding an die Wand! Oetinger: Hamburg.
Overbeck, Christian A. (1781): Fritzchens Lieder. Hamburg.
Plenzdorf, Ulrich (1973): Die neuen Leiden des jungen W. Suhrkamp: Frankfurt/Main.

Pludra, Benno (1985): Das Herz des Piraten. Kinderbuch: Berlin.
Pratchett, Terry/Briggs, Stephen (1996): Die Scheibenwelt von A–Z. Goldmann: München.
Rayban, Chloë (1996): Echt unecht. C. Bertelsmann: München.
Richter, Jutta (2008): Hechtsommer. dtv: München.
Dies. (2000): Der Tag, als ich lernte die Spinnen zu zähmen. Hanser: München, Wien.
Schlüter, Andreas (1994): Level 4 – Die Stadt der Kinder. Altberliner: Berlin, München.
Steinhöfel, Andreas (2008): Rico, Oskar und die Tieferschatten. Carlsen: Hamburg.
Stoffels, Karlijn (2009): 1:0 für die Idioten. Beltz & Gelberg: Weinheim.
Stuckrad-Barre von, Benjamin (1999): Soloalbum. KiWi: Köln.
Ders. (1998): Livealbum. KiWi: Köln.
Timm, Uwe (1989): Rennschwein Rudi Rüssel. Nagel & Kimche: Zürich.
Tolkien, John R. R. (2009): Der kleine Hobbit (1937). dtv: München.
Trautmann, Christian (1990): Die Melancholie der Kleinstädte. S. Fischer: Frankfurt/Main.
Wahl, Mats (1995): Winterbucht. Beltz & Gelberg: Weinheim.
Wasserfall, Kurt (1997): Digital Life oder Laras Lieblingsbuch. Beltz & Gelberg: Weinheim.
Weeks, Sarah (2007): So B. It (2005). dtv: München.
Welsh, Irvine (1996): Trainspotting. (1993). Rogner & Bernhard: Hamburg.
Wölfel, Ursula (1982): Die grauen und die grünen Felder (1970). Ravensburger: Ravensburg.
Wolf, Klaus Peter (1985): Neonfische. Spectrum: Stuttgart.

Ausgewählte Sekundärliteratur

Ariès, Philippe (1975): Geschichte der Kindheit. dtv: München.
Baacke, Dieter (1987): Jugend und Jugendkulturen. Darstellung und Deutung. Juventa: Weinheim, München.
Bachmann-Medick, Doris (1998): Weltsprache der Literatur. In: Jahrbuch der deutschen Schillergesellschaft 42, S. 463–469.
Beck, Ulrich (1993): Die Erfindung des Politischen. Zu einer Theorie reflexiver Modernisierung. Suhrkamp: Frankfurt/Main.
Ders. (1986): Risikogesellschaft. Auf dem Weg in eine andere Moderne. Suhrkamp: Frankfurt/Main.
Beck, Ulrich/Beck-Gernsheim, Ursula (Hg.) (1994): Riskante Freiheiten. Suhrkamp: Frankfurt/Main.
Böhme, Hartmut (1998): Zur Gegenstandsfrage der Germanistik und Kulturwissenschaft. In: Jahrbuch der deutschen Schillergesellschaft 42, S. 476–485.
Ders. (1981): Romantische Adoleszenzkrisen. Zur Psychodramatik der Venuskult-Novellen von Tieck, Eichendorff und E. T. A. Hoffmann. In: Text & Kontext (SR, Bd. 10), Kopenhagen, München, S. 133–176.
Bosse, Heinrich (1981): Autorisieren: Ein Essay über Entwicklungen heute und seit dem 18. Jahrhundert. In: Zeitschrift für Literaturwissenschaft und Linguistik 11/42, S. 120–134.
Brecht, Bertolt (1968): Über Realismus. Verlag Philipp Reclam jun.: Leipzig.
Brüggemann, Theodor (1990): Galanterie und Weltschmerz in ‚Fritzchens Lieder' (1781) von Chr. A. Overbeck. In: Philobiblon. Eine Vierteljahresschrift für Buch- und Graphiksammler. (34. Jg.), Heft 4, S. 300–308.
Busse, Jan-Philipp (2004): Zur Analyse der Handlung. In: Wenzel, Peter (Hg.): Einführung in die Erzähltextanalyse. Kategorien, Modelle, Probleme. Trier: Wissenschaftlicher Verlag, S. 23–50.
Callois, Roger (1974): Das Bild des Phantastischen. Vom Märchen bis zur Science Fiction. In: Phaicon 1. Hg. von Rein A. Zondergeld. Suhrkamp: Frankfurt/Main.
Chatman, Seymour (1978): Story an Discourse: Narrative Structure in Fiction an Film. Cornell UP: Ithaca, London.
Conrady, Peter (1990): Bücher sind zum Lesen da. In: Conrady, Peter (Hg.): Zum Lesen verlocken. Klassenlektüre für die Klassen 1–4. Arena: Würzburg, S. 8–16.
Dahrendorf, Malte (1988): Aufklärung und Kinderliteratur. Was ist aus der sozialkritisch-emanzipatorischen Kinderliteratur der 70er-Jahre geworden? Eine Skizze. In: 1000 und 1 Buch. Heft 6, S. 41 ff.
Doderer, Klaus (1982): Jeansliteratur. In: Doderer, Klaus (Hg.): Lexikon der Kinder- und Jugendliteratur, Bd. 4, Beltz & Gelberg: Weinheim, Basel.
Dreher, Ingmar (1975): Die deutsche proletarisch-revolutionäre Kinder- und Jugendliteratur zwischen 1918 und 1933 (Studien zur Geschichte der deutschen Kinder- und Jugendliteratur 6/7) (Berlin), S. 10–54.

EBERLE, THOMAS S. (1995): Auf den Spuren des verschwundenen Autors. In: INGOLD, FELIX P./WUNDERLICH, WERNER (Hg.): Der Autor im Dialog. Beiträge zu Autorität und Autorschaft. UVK: St. Gallen, S. 73-102.
ECO, UMBERTO (1986): Nachschrift zum „Namen der Rose". dtv: München
EGGERT, HARTMUT (1998): Literarische Bildung ohne Schule? Überlegungen zur Spätphase literarischer Sozialisation. In: Der Deutschunterricht (Seelze), Heft 6, S. 38–45.
EIBL, KARL (2004): Animal Poeta. Bausteine einer biologischen Kultur- und Literaturtheorie. Paderborn.
EISENSTADT, SHMUEL N. (2006): Theorie und Moderne. Soziologische Essays. VS Verlag für Sozialwissenschaften: Wiesbaden.
ERDHEIM, MARIO (1996): Psychoanalyse, Adoleszenz, Nachträglichkeit. In: BOHLEBER, WERNER (Hg.): Adoleszenz und Identität. Verlag Intern. Psychoanalyse: Stuttgart, S. 86.
EWERS, HANS-HEINO (2000): Literatur für Kinder und Jugendliche. Eine Einführung. Wilhelm Fink Verlag: München.
DERS. (1995): Themen-, Formen- und Funktionswandel der westdeutschen Kinderliteratur seit Ende der 60er, Anfang der 70er Jahre. In: Zeitschrift für Germanistik N. F., Heft 2, S. 257–278.
DERS. (1992): „Hier spricht, wenn ich's gut gemacht habe, wirklich ein Kind". Anmerkungen zu Theorie und Geschichte antiautoritärer Kinder- und Jugendliteratur. In: Informationen Jugendliteratur und Medien, Heft 4, S. 165–179.
DERS. (Hg.) (1990): Kinder- und Jugendliteratur der Aufklärung. Eine Textsammlung. Verlag Philipp Reclam jun.: Stuttgart.
FERCHHOFF, WILFRIED (1993): Jugend an der Wende des 20. Jahrhunderts. Lebensformen und Lebensstile. Westdeutscher Verlag: Opladen.
FINGERHUT, KARLHEINZ (2004): Integrierte Unterrichtseinheiten als Kompetenzmodelle. In: KÄMPER-VAN DEN BOOGAART, MICHAEL (Hg.): Deutschunterricht nach der PISA-Studie. Reaktionen der Deutschdidaktik. Verlag Peter Lang: Frankfurt/Main u. a., S. 117–142.
FLAAKE, KARIN/KING, VERA (Hg.) (1995): Weibliche Adoleszenz. Zur Sozialisation junger Frauen. Campus: Frankfurt/am Main/New York.
FOUCAULT, MICHEL (1991): Schriften zur Literatur. S. Fischer: Frankfurt/Main.
FREESE, PETER (1971): Die Initiationsreise. Studien zum jugendlichen Helden im modernen amerikanischen Roman mit einer exemplarischen Analyse von J. D. Salingers „Catcher in the Rye". K. Wachholtz: Neumünster.
FREUND, WINFRIED (1980): Verfallene Schlösser – Ein gesellschaftskritisches Motiv bei Kleist, E. T. A. Hoffmann, Uhland und Chamisso. In: Diskussion Deutsch, 54, S. 361–369.
GANSEL, CARSTEN/KORTE, HERMANN (Hg.) (2009): Kinder- und Jugendliteratur und Narratologie. Vandenhoeck & Ruprecht: Göttingen.
GANSEL, CARSTEN (2012a): Storytelling from the Perspective of Evolutionary Theory. In: Carsten Gansel/ Dirk Vanderbeke (Eds.): Telling Stories/Geschichten erzählen. Literature and Evolution/Literatur und Evolution. Berlin/Boston 2012, S. 77–179.
DERS. (2012b): Alle-Age-Trends und Aufstörungen in der aktuellen Literatur für junge Leser. In: Carsten Gansel (Hg.): Jugendliteratur. Der Deutschunterricht, Heft 4/2012. Seelze 2012, S. 2–11.
DERS. (2008): Der Adoleszenzroman. In: WILD, REINER (Hg.): Geschichte der deutschen Kinder- und Jugendliteratur. 3., vollst. überarb. und erw. Aufl. Metzler: Stuttgart/Weimar, S. 359–378.
DERS. (2005): Kompetenzen und integrativer Deutschunterricht – Ein ‚schulpolitischer Paradigmenwechsel' und seine Folgen. In: Didaktik Deutsch, Heft 19, S. 23–49.
DERS. (2003): Adoleszenz, Ritual und Inszenierung in der Popliteratur. In: TEXT+KRITIK. Sonderband: Popliteratur. Hg. von Heinz-Ludwig Arnold/Jörgen Schäfer. edition text+kritik: München, S. 234–257.
DERS. (2002): Demokratisierung der Genies oder Von der moralischen Instanz zum Popstar – Zu Fragen von Autorschaft zwischen Vormoderne und Mediengesellschaft. In: GANSEL, CARSTEN/ENSLIN, ANNA-PIA (Hg.): Literatur – Kultur – Medien. Facetten der Informationsgesellschaft. Weidler Buch Verlag: Berlin, S. 243–271.
DERS. (1999): Moderne Kinder- und Jugendliteratur. Ein Praxishandbuch für den Unterricht. Cornelsen Scriptor: Berlin.
DERS. (1998): Von Gespenstern, Cyberspace und Abgründen des Ich – Zu Aspekten von Spannung und Phantastik im Subsystem Kinder- und Jugendliteratur. In: Tausend und Ein Buch (Wien). Heft 2, S. 15–27 (Teil 1) und 3 (Teil 2), S. 4–15.

Ders. (1997): Kinder und Jugendliteratur in der SBZ/DDR in modernisierungstheoretischer Sicht. Aufriß eines Problemfeldes. In: Wild, Reiner (Hg.): Gesellschaftliche Modernisierung und Kinder- und Jugendliteratur. Röhrig Universitätsverlag: St. Ingbert, S. 177–199.
Ders. (1995): Systemtheorie und Kinder- und Jugendliteraturforschung. In: Ewers, Hans-Heino u. a. (Hg.): Kinder- und Jugendliteraturforschung 1994/95. Metzler: Stuttgart, Weimar, S. 25–43.
Ders. (1994): Die moderne Kinderliteratur als literaturdidaktische Herausforderung. In: Deutschunterricht (Berlin), Heft 7/8, S. 352–362.
Geißler, Rainer (1992): Die Sozialstruktur Deutschlands. Westdeutscher Verlag: Opladen.
Genette, Gérard (1998): Die Erzählung. 2. Aufl. W. Fink: München.
Gesellschaft für Konsumforschung (GFK): Jahrespräsentation Kinder- und Jugendbücher 2007, 27.03.2008 (unv.).
Gesing, Fritz (1994): Kreativ Schreiben. Handwerk und Techniken des Erzählens. Dumont: Köln.
Grenz, Dagmar/Wilkending, Gisela (Hg.) (1997): Geschichte der Mädchenlektüre. Mädchenliteratur und die gesellschaftliche Situation der Frauen. Juventa: Weinheim, München.
Grenz, Dagmar (2011): Edward und Bella – der ‚sanfte' Vampir und das ‚emanzipierte' Opfer. Geschlechterrollen und Geschlechterbeziehungen in der Twilight-Serie. In: Gansel, Carsten u. a. (Hg.): Zwischen didaktischem Auftrag und grenzüberschreitender Aufstörung. Zu aktuellen Entwicklungen in der deutschsprachigen Kinder- und Jugendliteratur. Heidelberg, S. 263–298.
Haas, Gerhard (Hg.) (1984): Kinder- und Jugendliteratur. Ein Handbuch. Reclam Verlag: Stuttgart.
Hage, Volker (1999): Propheten im eigenen Land. Auf der Suche nach der deutschen Literatur. dtv: München.
Ders. (1978): Struktur und Funktion der phantastischen Literatur. In: Wirkendes Wort, Heft 5, S. 340–356.
Hauptmeier, Helmut/Schmidt, Siegfried J. (1985): Einführung in die empirische Literaturwissenschaft. Viehweg: Braunschweig, Wiesbaden.
Heydebrand, Renate von/Winko, Sabine (1996): Einführung in die Wertung von Literatur. Schöningh: Paderborn, München, Wien, Zürich.
Hurrelmann, Bettina (1992): Stand und Aussichten der historischen Kinder- und Jugendliteraturforschung. In: IASL, 17, 1, S. 105–142.
Jahn, Manfred/Nünning, Ansgar (1994): A Survey of Narratological Models. In: Literatur in Wissenschaft und Unterricht 27 (1994), S. 283–303.
Jannidis, Fotis (2004): Figur und Person. Beitrag zu einer historischen Narratologie. Walter de Gruyter: Berlin, New York.
Jauß, Hans R./Köhler, Erich (Hg.) (1973): Grundriß der romanischen Literaturen des Mittelalters. Bd. 1, Universitätsverlag Winter: Heidelberg.
Kaulen, Heinrich (1999): Jugend- und Adoleszenzromane zwischen Moderne und Postmoderne. In: 1000 und 1 Buch, Heft 1, S. 4–12.
King, Vera (2002): Die Entstehung des Neuen in der Adoleszenz, Westdeutscher Verlag: Opladen.
Klingberg, Göte (1973): Kinder- und Jugendliteraturforschung. Eine Einführung. Böhlau: Wien, Köln, Graz.
KMK (2004): Vereinbarung über Bildungsstandards für den Mittleren Schulabschluss (Jahrgangsstufe 10). Beschluss der Kultusministerkonferenz vom 04.12.2003. http://www.kmk.org/fileadmin/ veroeffentlichungen_beschluesse/2003/2003_12_04-BS-Deutsch-MS.pdf (letzter Zugriff am 16.11.2009)
Krause, Detlef (2005): Luhmann-Lexikon. Lucius & Lucius: Stuttgart.
Lehnert, Gertrud (1990): Träume, Fluchten, Utopien. Modelle phantastischer Kinder- und Jugendliteratur der letzten 40 Jahre. In: Dankert, Birgit (Hg.): Vom Flüchtlingskind zu Lady Punk.. Evangelische Akademie: Sankelmark, S. 53–65.
Lotman, Jurij M. (1974): Aufsätze zur Theorie und Methodologie der Literatur und Kultur. Hg. von Karl Eimermacher. Scriptor Verlag: Kronberg Ts.
Ders. (1986): Die Struktur literarischer Texte. W. Fink: München.
Ludwig, Hans-Werner (Hg.) (1995): Arbeitsbuch Romananalyse. Narr Verlag: Tübingen.
Ludz, Peter Christian (1980): Mechanismen der Herrschaftssicherung. dtv: München.
Luhmann, Niklas (2004): Einführung in die Systemtheorie. Carl-Auer: Heidelberg.
Ders. (2001): Soziale Systeme. Grundriß einer allgemeinen Theorie. Suhrkamp: Frankfurt/Main.
Lypp, Maria (1989): Der Blick ins Innere. Menschendarstellung im Kinderbuch. In: Grundschule, Heft 1, S. 24–27.
Dies. (1984): Einfachheit als Kategorie der Kinderliteratur. Dipa: Frankfurt/Main.

Martinez, Matias/Scheffel, Michael (1999): Einführung in die Erzähltheorie. C. H. Beck: München.
Mattenklott, Gundel (1989): Zauberkreide. Kinderliteratur seit 1945. Metzler: Stuttgart.
Metzler Literaturlexikon (2000): Begriffe und Definitionen. Hg. von Günther und Irmgard Schweikle. 2., überarb. Aufl. J. B. Metzler: Darmstadt.
Metzner, Joachim (1980): Die Vieldeutigkeit der Wiederkehr. Literaturpsychologische Überlegungen zur Phantastik. In: Thomsen, Christian W./Fischer, Jens M.: Phantastik in Literatur und Kunst. Wissenschaftliche Buchgesellschaft: Darmstadt, S. 79–110.
Münch, Richard (1998): Globale Dynamik, lokale Lebenswelten. Der schwierige Weg in die Weltgesellschaft. Suhrkamp: Frankfurt/Main.
Nünning, Ansgar (Hg.)(2008): Metzler Lexikon Literatur- und Kulturtheorie. 4. Aufl. Stuttgart/Weimar.
Ders (Hg.) (2004): Literaturwissenschaftliche Theorien, Modelle und Methoden. Eine Einführung. Wissenschaftlicher Verlag: Trier.
Ders. (Hg.) (2008): Metzler Lexikon Literatur- und Kulturtheorie. Ansätze – Personen – Grundbegriffe. Metzler: Stuttgart.
Ders. (Hg.) (1998): Unreliable Narration. Studien zur Theorie und Praxis unglaubwürdigen Erzählens in der englischsprachigen Erzählliteratur. Wissenschaftlicher Verlag: Trier.
Ders. (1996): Englische Literaturwissenschaft. Grundstrukturen des Fachs und Methoden der Textanalyse. Klett Verlag: Stuttgart, Dresden.
Nünning, Ansgar/Nünning, Vera (Hg.) (2002a): Neue Ansätze in der Erzähltheorie. Wissenschaftlicher Verlag: Trier.
Dies. (Hg.) (2002b): Erzähltheorie transgenerisch, intermedial, interdisziplinär. Wissenschaftlicher Verlag: Trier.
Paulenberg, Herbert (Hg.) (1998): ABC des Buchhandels. Wirtschaftliche, technische und rechtliche Grundbegriffe für den herstellenden und verbreitenden Buchhandel, 9., überarb. und erw. Aufl. Lexika Verlag: Würzburg.
Penning, Dieter (1980): Die Ordnung der Unordnung. Eine Bilanz zur Theorie der Phantastik. In: Thomsen, Christian W./Fischer, Jens M. (Hg.): Phantastik in Literatur und Kunst. Wissenschaftliche Buchgesellschaft: Darmstadt, S. 34–51.
Petersen, Jürgen H. (1993): Erzählsysteme. Eine Poetik epischer Texte. Metzler: Stuttgart, Weimar.
Pfister, Manfred (1997): Das Drama (1977). UTB: München.
Preyer, Gerhard (2008): Soziologische Theorie der Gegenwartsgesellschaft III (3. Bd.) Mitgliedschaft und Evolution. VS Verlag für Sozialwissenschaften: Wiesbaden.
Reallexikon der deutschen Literaturwissenschaft (2007). Neubearbeitung des Reallexikons der deutschen Literaturgeschichte. Hg. von Klaus Weimar u. a. Walter de Gruyter: Berlin, New York.
Remschmidt, Helmut (1992): Adoleszenz. Entwicklung und Entwicklungskrisen im Jugendalter. Georg Thieme Verlag: Stuttgart, New York.
Rimmon-Kenan, Shlomith (1983): Narrative Fiction. Contemporary Poetics. London Methuen & Co. Ltd.: London.
Roeder, Caroline (2012): Die Dystopie als Dschungelcamp. Traditionelle Zukunftskritik und postapokalyptische Arenaszenarien in aktueller All-Age-Literatur. In: Carsten Gansel (Hg.): Jugendliteratur. Der Deutschunterricht, Heft 4/2012. Seelze: 2012, S. 36–45.
Scherf, Walter (1978): Strukturanalysen der Kinder- und Jugendliteratur. Klinkhardt: Bad Heilbrunn.
Schmidt, Siegfried J. (1991): Grundriß der Empirischen Literaturwissenschaft. Suhrkamp: Frankfurt/Main.
Ders. (1989): Die Selbstorganisation des Sozialsystems Literatur im 18. Jahrhundert. Suhrkamp: Frankfurt/Main.
Schneider, Tina (2009): Zwischen Klassiker und Bestseller – erfolgreiche Kinder- und Jugendliteratur in evolutionspsychologischer Perspektive. Diss. Gießen.
Schönert, Jörg (1993): Zur Kategorie der Modernisierung in kultur- und literaturgeschichtlichen Diskussionen. In: Differenzierung und Integration. Sprache und Literatur deutschsprachiger Länder im Prozeß der Modernisierung. Mitteilungsbulletin Nr. 2, S. 30–53.
Schwarze, Hans-Wilhelm (1995): Ereignisse, Zeit und Raum, Sprechsituationen in narrativen Texten. In: Ludwig, Hans-Werner (Hg.): Arbeitsbuch Romananalyse. Gunter Narr Verlag: Tübingen, S. 145–188.

SELBMANN, ROLF (1994): Der deutsche Bildungsroman. Metzler: Stuttgart (1984).
SPINNER, KASPAR H. (2006): Literarisches Lernen. In: Praxis Deutsch. 33. Jg., Heft 200, S. 6–17.
STANZEL, FRANZ K. (1995): Theorie des Erzählens. Vandenhoeck & Ruprecht: Göttingen (1979).
DERS. (1987): Typische Formen des Romans. Vandenhoeck & Ruprecht: Göttingen.
STEFFENS, WILHELM (1998): Der psychologische Kinderroman. In: Kinder- und Jugendliteratur. Ein Lexikon. 5., erg. Lfg., Corian Verlag: Meitingen, S. 1–21.
DERS. (1996): Formen des Erzählens in den realistischen Kinderromanen KIRSTEN BOIES – gespiegelt in der Darstellung von Kindheit und Familie. In: FRANZ, KURT/PAYRHUBER, FRANZ-JOSEF (Hg.): Blickpunkt Autor. Schneider Verlag: Hohengehren, S. 84–117.
DERS. (1995): Beobachtungen zum modernen realistischen Kinderroman. In: LANGE, GÜNTER/STEFFENS, WILHELM (Hg.): Moderne Formen des Erzählens in der Kinder- und Jugendliteratur der Gegenwart unter literarischen und didaktischen Aspekten. Königshausen & Neumann: Würzburg, S. 25–49.
STEINLEIN, RÜDIGER (2001): Inszenierungen männlicher Adoleszenz im deutschsprachigen Kunstmärchen des 18. Jahrhunderts und der Romantik. In: KÖPPEN, MANUEL/STEINLEIN, RÜDIGER (Hg.): Passagen. Literatur – Theorie – Medien, Berlin, S. 39–74.
STIERLE, KARLHEINZ (1975): Text als Handlung. Perspektiven einer systematischen Literaturwissenschaft. Fink Verlag: München.
STRASEN, SVEN (2004): Zur Analyse der Erzählsituation und der Fokalisierung. In: WENZEL, PETER (Hg.): Einführung in die Erzähltextanalyse. Kategorien, Modelle, Probleme. Trier: Wissenschaftlicher Verlag, S. 111–140.
TABBERT, REINBERT (1992): Phantastische Kinder- und Jugendbücher in Westdeutschland. In: Deutschunterricht, Heft 2, Berlin, S. 74–84.
TODOROV, TZVETAN (1992): Einführung in die fantastische Literatur (1970). Suhrkamp: Frankfurt/Main.
TITZMANN, MICHAEL (1993): Strukturale Textanalyse. Theorie und Praxis der Interpretation. Fink, UTB: München.
DERS. (1991): Skizze einer integrativen Literaturgeschichte und ihres Ortes in einer Systematik der Literaturwissenschaft. In: Ders. (Hg.): Modelle literarischen Strukturwandels. Niemeyer: Tübingen, S. 395–438.
VAX, LOUIS (1974): Die Phantastik. In: Phaicon 1. Hg. von Rein A. Zondergeld. Suhrkamp: Frankfurt/Main.
VOGT, JOCHEN (1990): Aspekte erzählender Prosa. Eine Einführung in Erzähltechnik und Romantheorie. Westdeutscher Verlag: Opladen.
VOLLHARDT, FRIEDRICH (1995): Selbstreferenz im Literatursystem: Rhetorik, Poetik, Ästhetik. In: FOHRMANN, JÜRGEN/ MÜLLER, HARRO (Hg.): Literaturwissenschaft. Fink, UTB: München, S. 249–272.
VOSSKAMP, WILHELM (1998): Die Gegenstände der Literaturwissenschaft und ihre Einbindung in die Kulturwissenschaften. In: Jahrbuch der deutschen Schillergesellschaft 42, S. 503–507.
WEBER, DIETRICH (1998): Erzählliteratur. Vandenhoeck & Ruprecht: Göttingen.
WENZEL, PETER (Hg.) (2004): Einführung in die Erzähltextanalyse. Kategorien, Modelle, Probleme. Trier: Wissenschaftlicher Verlag.
WILD, INGE (1995): Kindsein heute – zwischen Lachen und Weinen. Renaissance kinderliterarischer Komik. In: DAUBERT, HANNELORE/EWERS, HANS-HEINO (Hg.): Veränderte Kindheit in der aktuellen Kinderliteratur. Westermann: Braunschweig, S. 81–94.
WILD, REINER (Hg.) (2008): Geschichte der deutschen Kinder- und Jugendliteratur. 3. Aufl. Metzler: Stuttgart.
DERS. (Hg.)(1997): Gesellschaftliche Modernisierung und Kinder- und Jugendliteratur. St. Ingbert.
DERS. (1994): Wer ist der Räuber Orbasan? Überlegungen zu Wilhelm Hauffs Märchen. In: Athenäum. Jb. für Romantik, S. 349–364.
DERS. (1993): Kind, Kindheit, Jugend. Hinweise zum begriffsgeschichtlichen Wandel. In: Beiträge Jugendliteratur und Medien, 4. Beiheft, S. 9–16.
WILLEMS, GOTTFRIED (1989) Anschaulichkeit. Zu Theorie und Geschichte der Wort-Bild-Beziehungen und des literarischen Darstellungsstils. Niemeyer: Tübingen.
ZIEHE, THOMAS (1991): Vom vorläufigen Ende der Erregung – Die Normalität kultureller Modernisierungen hat die Jugend-Subkulturen entmächtigt. In: HELSPER, WERNER (Hg.): Jugend zwischen Moderne und Postmoderne. Westdeutscher Verlag: Opladen, S. 57–72.
ZINNECKER, JÜRGEN (1991): Jugend als Bildungsmoratorium. In: MELZER, WOLFGANG/HEITMEYER, WILHELM/LIEGLE, LUDWIG/ ZINNECKER, JÜRGEN (Hg.): Osteuropäische Jugend im Wandel. Juventa: Weinheim und München, S. 9–25.
DERS. (1985): Jugendkultur 1940–1985. Westdeutscher Verlag: Opladen.

Register

A

Adaption (an Adressaten)   17–18, 23–30, 95, 194
Adressat   13, 19–21, 26, 37–41, 103, 158, 171
Adressatenspezifik   19, 33, 162
All-Age-Bücher   8–9, 19–20, 39, 42, 131, 172
Allgemeinliteratur   12, 19, 63, 77, 103, 112, 135, 155, 171–174
Analepse   54, 59, 61, 68, 106, 120–123, 176
Anschlusskommunikation   32, 34
Anti-Utopie *siehe* Utopie
Außenweltdarstellung *siehe* Innen-
Axiologische Werte   21–22, 25, 29–30

B

Belehrung (moralische)   12, 22, 27, 57, 91, 103, 173
Bewusstseinsdarstellung   62, 65–66, 121
Bewusstseinsstromtechnik   7, 68, 101, 106, 120, 172, 189
Bildungsmoratorium   167, 170, 193–195
Bildungsroman   161, 179
Bildungsstandards   45–47
Briefroman   125–126, 162
Buchhandel   15, 39–41, 44
Buchverlag   39–43, 172–173

C

Clip-Ästhetik   149, 185, 189
Cyberspace-Novel   146–147, 150–151

D

Darstellungsebene   75, 88, 107, 148, 151, 199
Darstellungsgegenstand   39, 99, 106, 111, 161
Darstellungsweise   7, 12, 21–23, 33, 59, 105–106, 112, 114, 121, 143
Dokumentarliteratur   104, 112, 162
Du-Thema   81, 114, 132, 135

E

Entwicklungsroman   161, 168
Erwachsenenliteratur   12–13, 17, 19, 101, 104–105, 160
Erzählebene   7, 10, 59
Erzähler
- auktorialer *siehe* heterodiegetischer
- autodiegetischer   70, 72–73, 80, 117, 120, 123, 130
- Autor-   113–116
- heterodiegetischer   24–25, 55–59, 62–63, 67–68, 80, 113–114, 116–118
- homodiegetischer *siehe* Ich-
- Ich-   24–25, 59–63, 69–74, 117, 120, 123–125
- kinderliterarischer   37–38
- Nacherzähler   14–15
- personaler   55–56, 62–69, 117, 120
- unzuverlässiger   72–75

Erzählforschung   50, 54, 66, 69, 76, 83, 88
Erzählgegenstand   63, 65
Erzählinstanz *siehe* Erzähler
Erzählmodell   66, 69, 143
Erzählmuster   162, 172
Erzählperspektive *siehe* Fokalisierung
Erzähltheorie   50–51, 69
Erziehungsfunktion   17
Erziehungsroman   161
Exempelmethode   27, 92, 115

F

Fantasy   140, 148, 151
Figur
- Analyse   81–83
- Anlage   63, 82, 93, 114–115, 176, 186
- Charakteristik   53–54, 78, 80
- Gestaltung   12, 81, 92, 115, 143–144
- Konstellation   10, 75–76, 91, 95, 97, 111, 129
- Reflektor-   63, 66

Figurenroman   160
Fokalisierung   66–71, 113–114, 120–121

G

Generationskonflikt   105, 111, 126, 181, 184–185
Geschehnisroman   160–161
Gesellschaftsroman   161

H

Handlung
- Ablauf   56, 65, 77, 87–88, 190
- Autonomie   177, 180
- Elemente   75, 141
- Kreis   147–148, 150
- Muster   76, 137

Horrorliteratur   85, 140, 149, 161

I

Ich-Thema *siehe* Du-Thema
Initiationsroman 176, 179, 187
Innenweltdarstellung 59, 63, 66, 68, 109, 119, 124, 127, 132–133
Intertextualität 135, 148, 184, 191, 193

J

Jeansliteratur 162, 166, 180
Jugendkultur 174, 176, 179, 181, 192, 195
Jugendliteraturpreis (Deutscher) 8, 61, 74, 176, 187, 198, 200

K

Kindheitsautonomie 95–97, 102–103
Kindheitsbild 78, 91–92, 98–99, 104, 118, 158
Kultbuch 8, 155, 165, 171, 175, 189

L

Lebenswelt (kindliche) 93, 98, 102, 107, 158–159
Lesart 112, 116, 120, 131
Lesekompetenz 20, 44–49, 90
Leseverhalten 44–45
Literarizität 16, 50, 107, 148
Literatur
- Kritik 15, 16, 21, 40, 157, 200
- Produktion 14, 15, 35
- Rezeption 20, 23, 44–46, 58, 61, 65, 89, 113
- Unterricht 20–21, 50, 101, 108, 113
- Vermittlung 14, 39–40, 51, 56, 62, 67, 69

M

Märchen 76, 79–80, 110, 137, 139, 140, 144, 148–149, 170
- Kunstmärchen 18, 20, 143–144, 155, 169
Medien
- Gesellschaft 48, 90, 150, 155–156, 164, 174, 184
- Kritik 149, 151, 185
- Produkt 156–157
Mind-Map 48
Modernisierung
- Prozess (gesellschaftlicher) 35–36, 91, 93–96, 103, 105, 126, 133, 167–170
- Theorie 94, 98
Monolog (innerer) 120–121

P

Parallelwelten 102, 105, 154
Pikaroroman 128, 179, 183, 187

Polyvalenzkonvention 16, 20, 22, 33, 120, 131
Popliteratur 9–10, 172, 186–189, 191–192

R

Raum
- Darstellung 83
- Funktion 85, 178
- Gestaltung 83, 85–86
- Wahrnehmung 83–84
Raumroman 160, 163
Rollenbild 91, 95, 104–106, 126, 129, 159
Romanforschung 160
Rückblende *siehe* Analepse

S

Schauerliteratur *siehe* Horrorroman
Schauplatz *siehe* Raum
Schelmenroman *siehe* Pikaroroman
Science-Fiction 140–141, 146, 149, 158, 161–162
Sozialisationsliteratur 17–18, 25, 27–29, 92, 107

T

Tagebuchroman *siehe* Briefroman
Textinterpretation 16, 25, 35, 66, 81

U

Utopie 85–86, 140, 151, 161, 175, 183, 185

W

Wirklichkeit
- Auffassung 91, 94, 144
- Auflösung 143
- Begriff 144
- Bezug 173
- Darstellung 92–93
- Ebene 119, 143, 152
- Erfahrung 21, 92, 108, 146, 163
- Erkundung 38–39, 93, 108, 113
- Kohärenz 8, 119
- Wahrnehmung 7, 62–63, 65, 90, 152, 181, 199
- „wirkliche Wirklichkeit" 10, 92, 111, 118, 154
Wirkungsintention 12–13, 27, 104, 111–112, 116, 161

Z

Zeitebene 7, 106, 120
Zielgruppenliteratur 19–20, 37, 172